21世纪高等院校工商管理精品教材

国际企业管理

International Business Management

（第五版）
5th Edition

韩 震 主编

东北财经大学出版社 大 连
Dongbei University of Finance & Economics Press

图书在版编目（CIP）数据

国际企业管理 / 韩震主编 . —5 版 . —大连：东北财经大
学出版社，2024.8 . —（21世纪高等院校工商管理精品教材）.
ISBN 978-7-5654-5342-7

Ⅰ．F276.7

中国国家版本馆 CIP 数据核字第 2024H5K487 号

东北财经大学出版社出版

（大连市黑石礁尖山街 217 号　邮政编码　116025）

网　　址：http://www.dufep.cn

读者信箱：dufep@dufe.edu.cn

大连永盛印业有限公司印刷　　东北财经大学出版社发行

幅面尺寸：185mm×260mm　　　字数：281千字　　　印张：16

2024 年 8 月第 5 版　　　　　　2024 年 8 月第 1 次印刷

责任编辑：蔡　丽　　　　　　　　责任校对：刘东威

封面设计：张智波　　　　　　　　版式设计：原　皓

定价：48.00 元

第五版前言

近些年来，世界经济正以知识为基础、以金融为中心、以信息技术为先导、以国际企业为依托，向全球化方向不断地发展。各个国家和地区的经济发展在相互依赖和国际分工下，不仅在生产、流通领域，而且在资本、技术、信息、交通运输等各个方面，都在加强合作交流，并不断走向国际化，这是不可逆转的世界潮流。国际企业作为经济全球化最活跃、最有影响的载体，有利于资金加速流动、资源优化配置、技术转移和国际贸易自由化，促进一体化国际市场的形成，从而推动世界经济不断增长。

随着"中国制造"的转型升级，越来越多的中国企业走向世界，通过并购、参股、合资、合作等方式，国际化程度不断提升与深入。但由于投资者所面临的宏观经济和政策的不确定性，全球经济国际化之路并不平坦，这对我国已经和正在进行国际化的众多企业来说，既是困难和威胁，更是机遇和挑战。目前，我国的多数企业仍未建立真正意义上的现代企业制度，与国际企业的标准还有差距。经过多年的努力，我国已经涌现出华为、格力、海尔、联想等一批特大型企业和企业集团，但与世界级的国际企业相比，在规模、实力、制度、效率、技术等方面还有所差距，提升我国国际企业在全球的竞争力是一项长期而艰巨的任务，其中最关键的工作就是培养出更多适应跨国投资环境、懂得跨国经营的管理人才。本教材就是要提供一个系统地学习和掌握国际企业管理理论的知识平台。

本教材从国际企业管理的战略、生产、营销、财务等多个方面介绍国际企业管理的相关知识内容，并着重从我国企业管理者的视角，来探讨企业国际化过程中遇到的问题和解决途径。本教材共设置8章内容，力求简明易懂、深入浅出。参与本教材编写的人员依次为：韩震（第1、3和4章），冯冠胜（第2章），丁宁、陈玉锋（第5章），赵昌平（第6章），冯琳（第7章），李琳（第8章）。

为了体现系统性、实用性和可操作性的特点，本教材在每章后都附有相关的案例，以供研究和讨论使用。小栏目"管理视野"是以二维码的互联网阅读方式提供给读者的。本教材在每章最后设置了"即测即评"二维码，里面是10道在线测试题，读者可以自主检测对本章的基础知识的掌握情况。

本教材注重思政引领，融入党的二十大精神。党的二十大报告指出："用社会主义核心价值观铸魂育人，完善思想政治工作体系，推进大中小学思想政治教育一体化建设。坚持依法治国和以德治国相结合，把社会主义核心价值观融入法治建设、融入社会发展、融入日常生活。"本教材在每章章末都安排了相关的"素养园地"栏目，结合党的二十大报告内容，引导学生深入社会实践，关注现实问题，使他们加强对专业知识的内化吸收与灵活应用，坚定中国特色社会主义道路自信、理论自信、制度自信、文化自信，努力践行习近平新时代中国特色社会主义思想进教材、进课堂、进头脑，达到价值塑造、知识传授、能力培养三位一体的育德树人之效。

本教材第五版对全书的文字内容进行了勘误，围绕国际企业经营和管理的新动态，对相关资料、数据进行了更新。

本教材既可供各类管理人员自学使用，也可供高等院校工商管理及各类管理专业的课程教学使用。

本教材在编写过程中，得到许多专家和学者的支持，他们提出了宝贵的意见；同时，本教材参考了若干资料，在参考文献中已经列出，在此一并表示感谢。由于编写时间仓促，编者水平有限，书中可能还有一些缺陷和不足，敬请读者批评指正。

编　者

2024 年 6 月

本书配有在线组卷系统，教师会员可以登录我社官网，进行单元测试、期中试题、期末试题的自主选择。

目　录

第3章 国际企业的全球战略/61

第4章 国际企业的组织结构及人员配备/86

第5章 国际企业的生产管理/118

第1章 国际企业概述

近些年来，随着经济全球化趋势的迅猛发展，国际企业日趋活跃，越来越多地在全球范围内进行资源配置和结构调整。国际企业的数量和它所带来的竞争力，已经成为衡量一个国家或地区科技实力、产业结构水平、经济发展速度的重要标志。

国际企业最早出现于19世纪60年代中期。经过100多年的发展演变，尤其是第二次世界大战以后，随着经济全球化进程的加快，国际企业已经成为当今社会一种巨大的经济力量。

国际企业的形成和发展，是经济全球化的必然结果，而其在全球范围内的生产经营活动，又推动着世界经济的发展和全球化的进程。国际企业在当代世界经济中的重要地位和作用令人瞩目。系统、深入地考察和研究国际企业及其特征，分析研究国际企业的产生与发展、企业经营的国际化规模以及在世界经济中的地位和影响，对适应世界经济的发展趋势，推动我国企业的国际化经营，促使其积极参与国际市场竞争，具有十分重要的理论和实践意义。

1.1 国际企业的界定

国际企业（international enterprise）是将各国经济联系在一起的重要力

量，是国际生产流动过程的中心环节。因此，国际企业主要是指从事涉及国际范围的产品、技术、服务、信息、资金等经营活动的企业。

从经营的角度看，国际企业应该包括：

①从事与国外有业务联系活动的企业；

②经营进口活动的外贸企业；

③多国性企业，即在母国之外拥有或控制生产或服务设施的企业。

前两种形态虽然本质上仍是国内企业，但可以看成国际企业发展的初级阶段，而在国际企业管理的学习过程中，我们将着重讨论其高级形态，即多国性企业。另外，国际企业不仅包括发达国家的大型国际企业，也包括发展中国家的各种类型的国际企业。

1.2　国际企业的相关概念

本教材主要介绍国际商务（国际企业的主体经营活动）、跨国公司（国际企业的主要代表类型）以及对外直接投资（跨国公司最重要的活动形式）。

1.2.1　国际商务

国际商务（international business）是指两国或多国参与的全部商业交易活动的总称。也有人认为，国际商务包括跨越国界的任何形式的商业活动，包括各种形式的商品、服务和资本的国际转移。一般来讲，参与商务活动的主体可能是企业，也可能是政府。企业参与商务活动往往是为了获取利润，而政府的参与不一定是为了利润。

1.2.2　跨国公司

1.2.2.1　跨国公司的含义

跨国公司是一种复杂的国际组织，其活动涉及不同国家的经济、法律乃至文化等多个方面，在不同的环境下呈现出不同的特征要求，至今在国际范围内还没有一个被普遍接受的定义。一般而言，跨国公司是指通过直接投资、筹资等方式，在国外设立子公司、分公司或控制东道国当地企业，从事跨国界的生产、经营、研发和其他经营活动的国际性企业。跨国公司以国内总公司或者国外某一地区总部为决策中心，实施公司内部一体化的经营决策及共同的发展战略，并在世界范围内把供应、生产、营销、研究与开发等关键环节相互联结起来。据联合国贸易和发展会议（UNCTAD）公布的《2023年世界投资报告》，2022年，全球外国直接投资额为1.3万亿美元，同比下降12%。这一下降主要是由发达国家的融资并购交易减少造成的。此外，发展中国家取得一定的增长，但仅局限于几个大型新兴经济体。中国的外国直接投资在2022年增长了5%，是全球第二大外国直接投资流入国。2022年，中国的对外直接投资额稳定在1 631.2亿美元，位居全球第二位，这离不开中国跨国企业的持续扩张和积极并购。以跨国公司为主要载体的对外直接投资在世界经济中发挥着重要且积极的作用。

1.2.2.2　跨国公司的作用

跨国公司是与对外直接投资同步出现和发展的，是全球投资和贸易的主角。跨国公司通过建立独资和合资企业、战略联盟以及其他合作形式，几乎渗透到各个国家和地区的所有产业领域和部门，其影响已遍及全球生产、流通和消费等各个领域。跨国公司依靠其雄厚的经济实力和其母国政府的支持，不仅左右着世界经济的发展，而且力图从民族、国家分享更多的财富甚至政治权力。

统计显示，发展中国家和转轨国家拥有的跨国公司数量有所增加，但盈利能力不及排行榜平均水平。在2019年《财富》世界500强中，中国公司的数量达到129家，历史上第一次超过美国（121家）。随着经济全球化日益发展，国际企业规模不断扩大，竞争力不断增强，其地位越来越重要，影响越来越大。在2023年《财富》世界500强中，中国142家、美国136家、日本41家、德国30家、法国24家、韩国18家、英国15家、加拿大14家、瑞士11家、荷兰10家、巴西9家、印度9家。中国142家上榜公司2022年的营收总额超11.7万亿美元，相比2022年145家上榜公司，营收总额提升1.7%。但是，上榜的美国企业平均利润是80亿美元，中国企业平均利润为39亿美元，不到美国上榜企业的一半，也未达到全榜单500家企业的平均利润（58亿美元）。

21世纪以来，跨国公司在母国的地位和影响日益重要。2020年，全球前五大搜索引擎占据约98%的市场份额；五大公司垄断了美国的军工行业。在2020年的总统大选中，91%的美国国会选举都是由获得最多资金支持的候选人赢得。2023年，三大汽车公司基本上控制了美国汽车业40%左右的市场份额。金钱对美国政治的影响是深入骨髓的。美国政治制度本身已经受企业的摆布，主要是受大公司和金钱利益的驱使，大公司不仅控制国家的经济和社会政策，而且在对外政策中拥有影响力。

❖ 管理实践 1-1

本田在欧盟的跨国经营

日本本田公司是一家生产摩托车和汽车的跨国公司。公司总部设在日本，其研发、生产和销售网络遍布亚洲、欧洲、大洋洲和美洲的约150个国家，其中约100家外资公司参与其营销、研发以及生产的全过程。

1961年，本田公司在德国开展营销与服务活动，从此开始了对欧洲的直接投资。1963年，本田公司在比利时开办了第一家海外生产子公司。虽然该子公司只制造汽车，但本田公司从中积累了宝贵的经验，学会了利用西方劳动力生产适合当地喜好和世界市场的产品。本田将研发中心设在德国、英国和意大利。利用欧盟国家之间贸易往来便利这一优势条件，本田将其在欧洲的业务一体化为一个庞大的网络，设在不同国家的工厂为欧洲和其他世界市场提供不同型号的产品，大约有60%的产品销往欧洲以外的地方，主要是中东、非洲地区。本田公司的欧盟网络如图1-1所示。

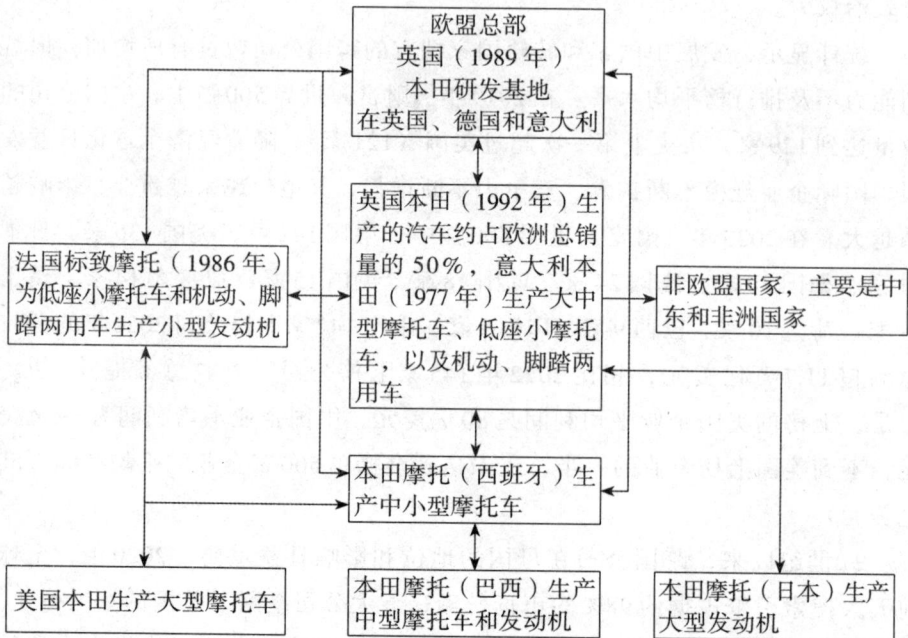

图 1-1　本田公司的欧盟网络

另外，跨国公司的研究与开发活动是全世界科技创新的主体。2022 年 12 月 13 日，欧盟委员会发布《2022 年欧盟产业研发投资记分牌》，分析了 2021 年全球研发投资金额最高的 2 500 家企业的国别分布和所属行业部门等情况。报告显示，全球研发投资重回正轨，美国、中国、欧盟及日本的产业研发投入较上一年增长 16.5%、24.9%、8.9% 和 6.6%，中国超越欧盟成为全球产业研发投入第二大经济体（中国和欧盟分别占比为 17.9% 和 17.6%），美国的产业研发投入的全球份额增加至 40.2%。在 2022 年授权的发明专利中，有一半（44%）是美国申请人发明的，另一半是其他 135 个国家和地区的人发明的。《中国制造 2025》中表明，美国在航空航天装备、新一代信息技术、电力装备、生物医药及高性能医疗器械、高档数控机床和机器人、节能与新能源汽车等领域保持明显的优势；中国在农机装备、新材料、海洋工程装备及高技术船舶及先进轨道交通装备等领域占优。许多跨国公司拥有数量巨大的知识产权，根据美国商业专利数据库发布的 2023 年度美国专利授权量 50 强名单，三星电子在 2023 年获得了 6 165 项专利，蝉联第一；高通跃升至第二位，获得了 3 854 项专利；台积电依旧名列第三位，获得了 3 687 项专利。知识产权已成为跨国公司控制世界经济的重要手段之一，特别是信息化、电脑化以及各种电子通信手段，起到增强跨国公司力量的作用，信息技术革命已经成为强化跨国公司影响力的重要手段。

1.2.3　对外直接投资

对外直接投资（foreign direct investment，FDI）是跨国公司对外扩张的主要手段和途径。

经济合作与发展组织（OECD）和国际货币基金组织（IMF）认为："国际直接投资是指一国或地区的居民（对外直接投资者）或实体（跨国公司母公司）与在另一国或地区的企业（国外直接投资企业、分支企业或国外分支机构）建立长期关系，具有长期利益，并对之进行控制的投资。"

日本学者小岛清认为："从经济学的角度来讲，所谓对外直接投资应理解为向接受投资的国家传播资本、经营能力、技术知识的经营资源综合体。"这里讲的经营资源是指在经营企业中发挥各种能力的主体，从表面上看是以经营者为核心的，更实质地讲，是指经营管理上的知识和经验，包括专利、技术秘密以及市场调查方法等广泛的技术性的专门知识，销售、采购原料、筹措资金等在市场上的地位，以及商标或信用、情报搜集、研究与开发等的组织。

上述关于对外直接投资内涵的界定各有侧重点，前者强调"控制权"，后者强调"经营资源"的转移。得到中国学者普遍认可的观点是，对外直接投资是一国或地区的投资者通过"经营资源"的国际转移，获得外国企业的经营控制权，最终实现其在全球范围内的利润最大化。关于对外直接投资理论的具体内容，本教材将在第2章详细阐述。

对外直接投资是跨国公司最重要的活动形式。跨国公司既是FDI的绝对主体，又是FDI的产物。由于两者之间有着天然的联系，人们往往用直接投资活动去描述跨国公司活动。

《2023年世界投资报告》显示，2022年，发达经济体的对外直接投资下降37%，发展中国家增长4%。就具体地域来说，2022年非洲对外投资额下降44%，北美洲下降26%，而亚洲基本维持不变，但仍超过占全球外国直接投资的一半。亚洲能够实现正增长主要依赖东亚地区的经济复苏，尤其是中国的快速增长。中国是全球第二大外国直接投资流入国，同时是全球第二大外国直接投资流出国，投资总额达1 631.2亿美元。中国的投资环境积极乐观。中国对外投资的增长体现了中国跨国企业的持续扩张以及"一带一路"的不断发展。中国继续开放投资，进一步扩大外国投资领域，将会吸引外资流入，尤其是高附加值的服务业。中国的外国直接投资将维持在非常高的水平，并持续稳定增长。

管理视野1-1

1.3　国际企业的类型

1.3.1　从决策的角度分类

①民族中心型国际企业，即以本国的权益或母公司的权益为决策前提的

国际企业。

②多元中心型国际企业，即以众多子公司的权益为决策前提的国际企业；

③全球型国际企业，即以企业在全球的权益为决策依据的国际企业。

1.3.2 从经营的角度分类

①资源型国际企业，即直接投资于资源国家，以取得本国所缺少的各种资源和原材料的国际企业。目前这类企业主要从事采矿业和石油开采业的投资与开发。

②制造型国际企业，即主要从事加工制造业经营的企业。其最初以加工装配为主，随着当地工业化程度的提高，投资转向资本货物部门和中间产品部门，生产诸如金属制品、钢材、机械、运输设备等产品。

③服务型国际企业，即提供技术、管理、诀窍等服务的企业，如多国银行、保险公司、咨询公司、会计师事务所。

1.3.3 从企业结构的角度分类

1.3.3.1 水平型国际企业

水平型国际企业是指公司内部母公司和子公司之间没有严格的专业分工，基本上生产同种产品，经营同类业务。其特点是利用各国的有利条件，通过内部转移技术、技能、商标、专利等无形资产，加强母公司与子公司合作，扩大经济规模。

1.3.3.2 垂直型国际企业

垂直型国际企业是指公司内部母公司和子公司之间实行分工，制造不同产品，经营不同业务，但其生产过程互相联系和衔接的国际企业。垂直型国际企业按经营内容又分两种：

一种是母公司和子公司生产经营不同行业的相互有关的产品，它们是一种跨行业的企业，主要涉及有关原材料、初级产品的生产和加工。如美国最大的石油公司埃克森美孚，不仅控制石油勘探和生产的上游部门，而且控制石油提炼和销售等下游部门，是典型的跨行业垂直型国际企业。这种企业规模大、分工复杂、联系密切，在内部转移中间产品，一个子公司的产出就是另一个子公司的投入。

另一种是母公司和子公司生产经营不同加工程度或不同工序的产品，它们属于同一行业，主要涉及那些分工已深化的行业，如汽车、电子行业等。

1.3.3.3　混合型国际企业

混合型国际企业是指母公司和子公司生产经营的产品不仅横跨许多行业，而且没有一定的范围，相互之间又不相关的国际企业。混合型国际企业也有两种：

一种是制造业中的混合结构，母公司和子公司生产多种产品，虽相互不相关，但没有超出制造业范围，如日本三菱重工公司。

另一种则混合范围更广，母公司和子公司生产经营的产品和行业几乎涉及国民经济的所有部门和行业，如美国ITT公司等。

1.4　国际企业的特征

不同国家的国际企业存在很大差异，即使同一个国家的国际企业，在规模、实力、从事的行业、涉及的领域和经营方式等方面，也不会完全相同。尽管如此，为数众多的从事国际经营管理的国际企业仍有很多共同特征。

1.4.1　在众多国家从事生产经营活动，实行全球经营战略

国际企业在两个或两个以上的国家或地区之间从事生产经营活动，大型的国际企业通常在20个以上的国家开展业务。很多生产型国际企业以世界为工厂、以各国为车间，充分利用国际分工和世界各地的技术、资源、劳动力及市场优势，以全球化发展的战略目光，将企业的生产和经营活动建立在全球基础上。在经营形式上，国际企业以对外直接投资为主，而经营范围十分广泛，涉及许多领域。国际企业的跨国生产经营活动是通过设在国外的众多分支机构或子公司进行的。这些子公司以股份为纽带互相联结，构成国际企业的网状组织。

国际企业在从事国际生产经营活动中，以世界市场为目标来制定全球经营战略，谋求在全球范围内最大限度地获得利润。国际企业有一个中央

决策体系，制定共同的政策和计划，这些政策和计划反映了企业的全球战略目标，并在各子公司的日常经营活动中得以贯彻。国际企业在制定其经营战略时，往往从全局出发，考虑企业在全世界的总体利益，而不计较某一国外子公司的盈亏得失，不但考虑企业的现状，而且考虑整个企业未来的发展。

管理视野1-2

1.4.2　经营灵活，管理集中，高度内部分工

国际企业能利用其遍布全球的分支机构，灵活地应对环境的变化，实现对投资、生产、出口、采购的转移。对战略重点和经营地区作相应的调整，还可以在不同地区进行利润调节，这是现代国际企业的一个重要特征。

国际企业的经营活动遍及全世界，它的子公司和分公司机构也相应在世界各国和地区建立。不管它的活动范围和涉及领域多么大，也不管它的组织多么庞大和复杂，作为国际企业的总公司通常是进行最高决策和最终控制的中心。总公司对整个公司的投资计划、生产安排、价格体系、市场分布、利润分配、研制方向以及重大的决策，所考虑的不是一时一地的局部得失，而是整个公司在全球的最大利益。

国际企业设立在世界各地的子公司、分公司及其他经营单位，实行内部专业化生产和国际分工，并彼此进行内部交易，利用国与国之间比较成本上的差异，获取比较利益。许多国际企业还通过转移定价来达到获得高额利润和转移风险的目的。科技成果国际转移的内部化在国际企业中也较为普遍，这样既可以避开外部市场的障碍和高成本，占据科技制高点，也可以凭借先进技术的优势，迅速对市场作出反应，在企业内部合理安排产品的生产和分配。

1.4.3　规模庞大，具有寡头独占性质

凭借雄厚的资金实力，利用遍布全球的公司网络，跨国公司可以从事更多的研究和开发活动，并搜集更多的信息作为决策参考。很多跨国公司通常具有庞大的企业规模，一些大型跨国公司的实力甚至超过许多国家。规模大有利于跨国公司降低产品成本，获得规模经济效益。根据IMF和《财富》公布的数据，在2023年前100个最大经济体中（国家或地区根据GDP排序，企业根据销售额排序），57个是国家，43个是企业。美国沃尔玛、中国国家电网、中国石化等公司的实力超过或等同于许多中等国家，如奥地利、丹麦、南非和希腊。

大型国际企业凭借先进技术、多样化产品、雄厚的资金、规模优势、较高的商业信誉和驰名品牌，以及遍布全球的广告宣传和机构网络，在其经营活动的市场中处于寡头垄断地位。这有助于国际企业抵御竞争、构筑进入壁垒，其他竞争者若要与国际企业展开竞争，打入其经营领域将会非常困难。

1.5　国际企业的作用

1.5.1　对世界经济的作用

国际企业加速了生产和资本的国际化进程，促进了国际贸易在原有基础上的更大发展，加快了科学技术的跨国转移。

1.5.2　对母国经济的作用

对母国经济的正面影响主要表现在：
①增强了本国产品在国际市场上的竞争力，扩大了对外贸易；
②保证本国所需资源的稳定供应；
③有助于本国经济结构调整。
对母国经济的负面影响主要表现在：引起资本外流，使竞争对手的技术实力增强，改变国际市场的竞争格局。

1.5.3　对东道国经济的作用

对东道国的正面影响主要表现在：

①有助于解决资金短缺问题，推动东道国经济发展；

②向东道国输入先进技术和管理经验；

③促进东道国对外贸易的发展。

对东道国的负面影响主要表现在：

①加剧东道国资金短缺的矛盾；

②不适宜技术的输入，存在不合理的条款、价格；

③对东道国对外贸易的发展会产生一定的局限作用；

④造成东道国对国际企业一定程度上的经济依赖。

1.6　企业国际化发展的不同阶段

企业进入国际市场，将面临与本国不同的外部环境，需要花费大量的时间和精力去研究分析外部环境的差异，以适应环境、降低经营风险。从纯粹的国内企业到成熟的国际企业，是一个跨度很大的企业国际化过程。这个过程是一个渐进的、逐步参与和发展的过程，且不同企业在其中的发展状况差别甚大。根据国际活动对企业管理决策的重要程度，企业国际化过程一般可以分为 4 个阶段。

1.6.1　第一阶段：间接的或被动的进出口阶段

在该阶段，企业没有直接与外商建立联系，而是利用国内其他公司的中介服务与国外建立间接的或被动的商务关系。所谓间接的商务关系，是指企业没有进出口权或者没有从事国际商务的经验，只能通过国内其他的中间机构才能接到订单，进出口商品。所谓被动的商务关系，是指企业的进出口业务完全掌握在中间商手里，没有国际网络，只能通过其他国内保险公司取得对某些国际风险的再保险机会。在这个阶段，企业国际业务不够充分，因此没有设立专门的进出口部门，而只是委托或依托企业内部原来部门（如经营部等）来处理进出口业务，企业保持原有的组织结构。

从本质上来看，处于这一阶段的企业仍然是国内企业，但从发展的角度看，如果没有这一阶段的经验积累，企业就不可能进入比较高级的国际化阶段。正是从这个意义上说，我们将间接的或被动的进出口阶段作为企业国际化的最初阶段或出发点。

1.6.2 第二阶段：直接的或主动的进出口阶段

在该阶段，企业依然是以商品和服务的进出口业务为主，需要依靠一些国际贸易专家进行国际商务的咨询。但是，处于这一阶段的企业不再需要以国内其他的专业进出口商作为中介，企业开始独立安排一些国际商务活动，可直接从事进出口活动，从而将国际贸易的命运掌握在自己的手里。在这种情况下，企业就能更加积极、主动、直接地到国际市场上寻找供应商或客户，与其建立长期的合作和联系。在我国，这类企业主要是国家授权的专业外贸公司和其他各种工业或贸易公司等。

从组织上看，在这一阶段，企业还没有在国外建立永久性的分支机构，但可定期派出一些"巡回大使"，实地考察和了解国际市场情况，掌握第一手资料。随着进出口业务量的增加，企业内部设置了专门性机构或进出口部门来处理进出口业务。虽然进出口贸易在这类企业全部业务中的比重逐步上升，国际利益关系也在日益发展，但处于这个阶段的企业还是以国内的商务活动为主，基本上是一个内向性突出的国内企业。

1.6.3 第三阶段：设立海外代理机构阶段

在该阶段，企业直接向海外市场进出口商品或服务。开始时一般都利用了境外的代理商或代理机构，但以后逐渐开始对外直接投资，在海外设立分支机构，以此作为"窗口"，为进出口贸易服务。在此基础上，根据业务的拓展，国际企业会进一步考虑利用东道国的各种资源和销售网络，就地生产产品，提供技术、服务和管理经验。例如，设在国外的银行、保险公司向东道国提供服务；向在海外从事制造业的子公司转移技术，在东道国生产产品。

这一阶段的显著特点是：国际企业虽然从本质上看仍以母国为导向、以母国为中心，但由于在海外设立了代理机构，投资兴办海外企业，因此可以直接在东道国购买原材料，从事生产经营活动，提供服务；在处理国际业务时，可以固定地利用自己在海外的代理机构。

与第二阶段相比，这一阶段的企业在国际化发展道路上已经有了一个较大的飞跃，企业积累了比较丰富的国际经营经验。其所经营的国际业务，无论在质上还是在量上，都有很大的提高。企业内部原先设立的进出口部显然已不能适应扩大了的国际经营业务，因此，许多企业就设立了国际部来替代进出口部，处理有关进出口贸易和对外投资业务。

1.6.4　第四阶段：成熟的多国导向型阶段

成熟的多国导向型阶段是企业国际化发展的高级阶段。在这个阶段，企业的国内业务部门已不再具有支配地位，国际贸易和投资的业务比重远远超过国内业务的比重。此时，企业不再是兼营国际业务的内向型企业，企业对采购、生产和销售在国内和国际市场之间的选择已不再抱有任何偏见，而是把国内业务当成企业整体业务的一部分。企业以全球观点进行管理，面向全球市场，建立全球结构，进而成为名副其实的跨国公司。

通过表1-1可以比较企业国际化各个阶段的差异及相互之间的联系。在实际经济生活中，各个企业的国际化进程是有差异的。有的企业在成长过程中由于某种原因，可能会跳过某个阶段，而直接进入较高一级的阶段。此外，一个阶段和另一个阶段之间的分界线有时也并不十分清晰，但从一个较长的时间段来看，某个企业国际化成长的各个阶段还是清晰的。在不同的阶段，企业介入国际化经营的程度不一样，决策的目标和组织也有明显的阶段性特征。因此，我们必须注意企业发展成长的过程，在过程中把握企业全部生产经营活动及组织。

表 1-1　　　　　　　　　　　　企业国际化的阶段

阶段	与国内外市场的联系	国际经营地点	企业导向	国际活动类型	组织结构
第一阶段	间接、被动	国内	国内	商品和服务的对外贸易	传统国内结构
第二阶段	直接、主动	国内	国内	商品和服务的对外贸易	出口部结构
第三阶段	直接、主动	国内和国外	主要是国内	外贸、对外援助合同、对外直接投资	国际部结构
第四阶段	直接、主动	国内和国外	跨国	外贸、对外援助合同、对外直接投资	全球性结构

管理视野 1-3

1.7 国际企业发展的趋势

历史上，在国外设立企业，实行跨国经营，可以追溯到 1600 年英国的东印度公司。跨国企业是世界经济发展到一定历史阶段的产物。17 世纪初到 1914 年第一次世界大战爆发前，是国际企业的诞生和发育阶段。1914 年之后跨国企业步入成熟阶段，其重要标志是从单中心向多中心和多业交叉结构转变。特别是在第二次世界大战以后，国际企业开始进入了高速发展时期，并在世界经济中发挥着越来越重要的作用。英国和美国的国际企业从第二次世界大战后开始并驾齐驱发展了 30 多年。进入 20 世纪 80 年代后，美国的地位相对下降，而后起的其他国家的地位迅速上升，形成美国、日本和西欧国家"三足鼎立"的格局。进入 20 世纪 90 年代以后，贸易、金融的全球化和自由化以及信息网络化，推进国际企业飞速发展。虽然在此期间，世界经济增长速度放慢，国际贸易和其他国际经济交往减少，但国际企业的发展一枝独秀，而且出现了美国、日本、英国、德国和发展中国家等群雄并起、相互竞争、快速发展的格局，国际企业成为一种全球现象。进入 21 世纪后，国际企业又出现了一些新的发展趋势。

1.7.1 国际企业的本土化趋势加剧

经济全球化使国际企业本土化趋势不断加剧。"本土化"的实质是国际企业将生产、营销、管理、人力资源等全方位融入东道国经济中的过程，它有利于国际企业降低海外派遣人员和跨国经营的高昂费用，与当地社会文化融合，减少当地社会对外来资本的危机情绪；同时，有利于东道国经济安全，增加就业机会，促进管理变革，加速与国际接轨。本土化是现代营销观念的反映，企业的一切经营活动以消费者为核心，而不是以商家的喜好、习惯为准绳，企业规范必须随地区性变化引起的顾客变化而改变。

近些年来，国际企业的本土化趋势在我国尤其明显。作为最大的发展中国家，中国以其持续稳定的发展、潜在的巨大市场、开放的政策、廉价的劳动力、优秀的高端人力资源，吸引着越来越多的国际企业涌入中国。而如何使国际企业不断发展壮大，避免水土不服，成为首要关注的问题。

❖ **管理实践1-2**

河钢集团塞尔维亚公司的成立与我国共建"一带一路"倡议密不可分，它是共建"一带一路"倡议和国际产能合作的忠实践行者。河钢集团国有企业的性质决定了其在制定海外企业经营策略时，在保证企业持续盈利时，兼顾当地企业和员工的长远利益以及当地经济社会的和谐发展。

成立于1913年的斯梅代雷沃钢铁厂曾经是塞尔维亚唯一的国有钢铁厂，被誉为"塞尔维亚的骄傲"。但由于国际市场竞争激烈、管理不善等原因，钢铁厂一度陷入困境，濒临倒闭。斯梅代雷沃钢铁厂于2003年被美钢联收购，但是钢铁厂未能持续实现盈利，运营管理陷入困境，2012年又被塞尔维亚政府收购。2016年，河钢集团与塞尔维亚政府正式签署协议，收购斯梅代雷沃钢铁厂，成立河钢集团塞尔维亚公司。被收购后，钢铁厂短时间内就扭转了连续7年亏损的局面。2018年，钢铁厂生产177万吨钢，创下建厂105年来的最高纪录，当年实现收入10.5亿美元，一举成为塞尔维亚第一出口创汇大户，钢铁厂因此获得重生。

河钢集团成功运营斯梅代雷沃钢铁厂，与河钢集团创新性的海外"本土化"策略密不可分。2023年，河钢集团塞尔维亚公司依托河钢集团全球研发平台，围绕工艺技术改进、高端材料研发、绿色低碳制造等方向深入开展技术创新攻关，自主创新能力持续提升，绿色低碳优势不断增强，生产经营保持稳健，绿色环保项目荣获欧盟和联合国开发计划署表彰。

在用人本土化方面，河钢集团塞尔维亚公司与原钢厂员工全部签订了劳动合同，日常生产经营主要依靠塞尔维亚员工，高管和部门负责人由本地人担任。管理团队注重互学互鉴，引入中国企业民主管理经验，鼓励塞尔维亚员工为企业发展建言献策，广大员工找到了企业主人翁的感觉。

在利益本土化方面，企业收益主要用于技术改造、规模提升和增加员工的收入，促进企业和员工的共同发展。在推进企业快速发展的同时，管理团队积极履行社会责任，累计投入100多万美元，用于当地的道路修建、村庄供水、捐资助学等方面，真正实现了一座钢厂惠及了一座城市。

在文化本土化方面，管理团队在经营管理中严格遵守当地的法律和法规，充分尊重当地的文化习俗，付出的真心换来了真挚的回报。当地的员工会自制钢铁艺术品和果酱送给中方员工，中方员工切实与当地员工和社会真正融为一体。

河钢集团塞尔维亚公司通过3种"本土化"策略，实现了企业的持续盈利，给5 000多名员工的家庭带来了稳定收入，带动了当地人的消费，整个城市的经济因此蓬勃发展。增加的财政收入又可以用来修建道路、投资医疗教育，实现了经济社会的良性循环。

资料来源　[1] 王晶，高峰. "一带一路"上的钢铁先锋——记河钢塞尔维亚公司执行董事宋嗣海 [J]. 国企，2021（A1）：110-111. [2] 翟伟峰，李萌雨，左跃荣. 中国制造业跨国公司的海外"本土化"策略——基于河钢塞尔维亚公司的案例研究 [J]. 石家庄学院学报，2021，23（2）：12-16.

另外，西方发达国家中一些颇具实力的大型跨国公司的研究与开发更趋本土化。为了适应世界市场的复杂性、产品的多样性以及不同国家消费者偏好的差异性的要求，充分利用世界各国现有的科技资源，降低新产品研制过程中的成本和风险，这些发达国家的跨国公司一改以往以母国为技术研发中心的传统布局，根据不同东道国在人才、科技实力以及科研基础设施上的比较优势，在全球范围内有组织地安排科研机构，以从事新技术、新产品的研发工作。这种趋势表现得日益突出，促使国际企业的研究与开发活动朝着国际化、全球化的方向发展，并在一定程度上推动了世界各国在高科技领域的交流与合作，对世界经济的发展和科学技术的进步都产生了极其重大又深远的影响。

1.7.2　服务业成为国际企业直接投资的热点

在知识经济时代，第三产业得到飞速发展，其中以服务行业的发展最为突出。拥有知识产权垄断优势、品牌优势和高效管理优势的大型跨国公司，纷纷加大投资力度涉足全球服务业。同时，国内已经形成的人才、技术、资金、数字基础设施等新的要素供给优势，也为跨国公司服务业投资创造了有利条件。

　　2012—2022年，我国第一、二、三产业实际使用外资金额占比由1.5%、43.3%、55.2%调整为0.3%、30.2%、69.6%。进入21世纪以来，服务业外资主要集中于生产性服务业中，生产性服务业外资大幅增长对我国技术创新、服务型制造和数字经济的发展都发挥了重要作用。制造业外资通过优胜劣汰不断迈向高端领域。国内制造企业的创新能力不断提升，加剧了市场竞争，促使外商投资由传统制造业不断转向高技术制造业。2022年，我国高技术制造业占制造业利用外资比重达36.7%，汽车、电子及通信设备和医药制造业吸收外资分别增长263.8%、56.8%和57.9%。

　　服务业之所以日益受到跨国公司青睐，成为跨国公司对外直接投资的重点、热点，其主要原因是：

　　其一，世界各国纷纷进行产业结构改革，大力发展第三产业，使服务业得到前所未有的重视，为各个跨国公司投资提供了前提。

　　其二，随着第三产业的快速发展，全球对第三产业特别是现代化服务需求增长很快，而目前现代化服务绝大部分由大型的发达国家跨国公司提供。

　　其三，当今世界对外直接投资不断成为世界经济当中的重要支柱，并且大多对外直接投资的流量和存量有一半以上发生在服务业中，跨国公司通过对外直接投资不断地发展服务业。

　　其四，随着科学技术不断应用到社会领域的方方面面，计算机和电信技术的变化使服务业的贸易性不断提高，这成为服务业国际直接投资快速增长的主要原因。

　　其五，服务业能够带动生产、就业、贸易和消费等的发展，产生良性效应，在整个国民经济中发挥积极作用。

　　另外，跨国公司开始在投资较多的发展中国家建立地区总部，也有利于东道国从事具有更高附加价值的服务环节。跨国公司对发展中国家的服务投资，将通过示范、竞争和人员流动等机制，大大提升发展中国家服务业的整体水平。

管理视野 1-4

1.7.3　战略联盟、跨国并购日益成为扩大规模、提高竞争力的重要形式

　　国际企业的战略联盟（strategic alliance）是指两个以上的跨国公司采取联合结盟的形式，在投资、科研、生产和开拓市场等方面进行密切合作以应对其他竞争对手的一种战略。随着世界经济区域集团化与国际化倾向的加强，跨国公司为了保持和发展自己的生存空间，纷纷组织战略联盟。跨国公司战略联盟在20世纪80年代显著增多，并且中小企业的参与不断增加。20世纪90年代，跨国公司战略联盟进入快速发展阶段。据OECD的统计，1990年发达国家内部和国际战略联盟数量至少有4 000个，至1995年统计数字已经超过9 000个，而1999年新增的战略联盟超过8 000个，其中国际战略联盟新增超过4 000个。1999—2009年，国际战略联盟数量累计达到43 000个，其中美国、日本和西欧所建立的联盟共占全球的90%，美国占35.5%。近年来，发达国家企业因其科技优势而具有专利优势，加上对专利（制度）的重视和投资，使国外非专利权人在竞争中处于十分不利的地位，出现了诸如已生产产品被诉侵权、产品进入市场受到专利和相关诉讼的阻碍等情形，即形成了专利壁垒。据统计，全球500强企业已有160个主要的专利战略联盟，通过联盟在群体内优势互补，成为行业中的佼佼者甚至占据垄断地位是联盟企业的最终目的。

　　国际企业的战略联盟形式包括合资企业、共同研发、许可贸易、特许专营、合作生产和销售等。其优势在于可以共同分担研发费用、分散与减少风险，取长补短，优势叠加，取得技术协作溢出效应，既加强各方的竞争地位，又避免两败俱伤。

　　20世纪80年代以来，跨国公司的战略联盟呈现诸多新的特点：

　　①从产品联盟发展成为以技术创新合作为主要目的和内容的技术联盟；

　　②从强弱互补型联盟发展成为强强合作型的竞争联盟；

　　③从实体联盟发展成为虚拟联盟。

　　当今跨国公司的战略联盟已变成庞大和复杂的联盟网络，联盟伙伴不仅包括跨国公司，而且包括大学、研究机构等，乃至其他的联盟。

　　跨国并购（cross-border mergers and acquisitions）即兼并与收购，是跨国公司惯用的投资手段，是取得其他国家有形和无形资产最方便快捷的途

径，并可使公司在全国或全球范围内优化其结构，联合其他公司，获得竞争优势。国际上许多著名的跨国公司在其成长过程中都通过大规模并购其他企业而迅速壮大起来。这种"大鱼吃小鱼"式的并购行动在 20 世纪 90 年代频频发生。例如，美国电信业的跨国公司为了在日趋开放的国际电信市场中取得较大的市场份额，积极利用兼并手段向前景广阔的欧洲市场进军。同样，1997 年美国波音公司对麦道公司的兼并，也是飞机制造业激烈竞争的必然结果和新一轮竞争的开始。进入 21 世纪，跨国并购的交易额已超过万亿美元，除了与现代生活仍密切相关的飞机、汽车、石油等产业外，钢铁、机械等传统产业，由于资源、环境等方面的限制，新型替代材料的出现等原因开始逐步退出世界经济领域，以第三产业（新闻媒体、金融服务业、文化娱乐等）和信息产业为标志的高新技术产业已经成为并购中的热潮。

1.7.4　跨国公司研发活动的国际化[①]

跨国公司研发的国际化开始于 20 世纪 80 年代，到 90 年代中后期，这一趋势得到了加速发展，成为跨国投资中引人注目的新现象。

跨国公司研发活动的国际化主要表现为海外研发投入的大幅增长。为了支持海外生产、适应当地市场的需求或寻求跟踪国外的先进技术，跨国公司不断地加大海外研发支出，其增长速度往往超过跨国公司在母国的研发增长速度。以美国为例，在相当长一段时间内，美国跨国公司几乎所有的研发活动都是在美国国内进行的。但自 20 世纪 90 年代以来，美国跨国公司在国外开展的研发活动的数量增长了好几倍，其地理分布也从德国、英国、日本和法国等发达国家扩展至中国和印度等发展中国家。根据欧盟的统计，2015 年跨国企业研发支出最多的 10 家公司分别是大众（131.2 亿美元）、三星（121.9 亿美元）、微软（99.2 亿美元）、英特尔（95.0 亿美元）、诺华（82.2 亿美元）、谷歌（81.0 亿美元）、罗氏（74.2 亿美元）、强生（70.0 亿美元）、丰田（68.6 亿美元）、辉瑞（68.4 亿美元）。而截至 2024 年 5 月，全球在过去一年里在研发支出方面投入最大的 10 家公司分别是亚马逊（852 亿美元）、谷歌母公司 Alphabet（459 亿美元）、Meta（391 亿美元）、苹果（303 亿美元）、默克（302 亿美元）、微软（282 亿美元）、华为（235 亿美元）、百时美施贵宝（235 亿美元）、三星（221 亿美元）和大众（180 亿美元）。对比来看，不

---

① 隆国强. 全球化下的中国产业如何升级（上）［EB/OL］.（2007-11-23）［2024-06-09］. http://www.drcnet.com.cn/DRCnet.Channel.Web/expert/showdoc.asp?doc_id=199275.

同跨国企业的研发投入都迅速增长。

另外，跨国公司海外研发机构规模、专利发明申请数量等指标都呈不断扩大的趋势。跨国公司为开发适应海外市场的产品或服务而设立海外研发机构，这种机构能够比母国的研发机构更有效地掌握当地的消费需求与趋势。欧洲许多国家，如英国、荷兰、比利时和瑞士等，50%以上的专利申请都来自跨国公司的海外研发机构。

研发的国际化是全球化背景下跨国公司应对激烈的国际竞争的企业战略的重要内容。

首先，信息技术进步及研发活动的模块化使得跨国公司进行海外研发成为可能。

其次，开展海外研发对跨国公司有诸多好处：

一是可以贴近东道国市场，增强企业研发的针对性，增强产品市场竞争力。

二是可以利用发展中国家廉价的研发资源，特别是人力资源，大幅度降低研发的成本。

三是有利于迎合东道国政策，改善企业形象及企业与东道国的关系。

中国是跨国公司设立研发机构的最重要的发展中国家。根据《中国发展报告2023》，外资企业以不到全国企业总数的2%，贡献了1/3的进出口和1/6的税收。跨国公司在华设立地区总部、研发中心累计超过2 000家。规模以上外资工业企业研发投入从2012年的1 764亿元增至2021年的3 377亿元，有效发明专利数从6.8万件增至24.1万件，为中国与全球的创新合作提供了重要路径。这既得益于我国有低成本、优质的研发人力资源，又得益于在华对外直接投资的巨额存量。随着中国经济的进一步高速发展，中国市场的吸引力持续增加，将会吸引更多的跨国公司在华设立研发机构。

一般而言，跨国公司的研发机构对东道国存在溢出效应，主要包括规范、人才与信息流动、合作、竞争等机制。溢出效应能否充分发挥，取决于东道国的战略、体制、吸收能力。如何充分发挥外资研发机构的溢出效应是发展中国家提升创新能力的一个重大课题。

全球化为发展中国家自主创新提供了诸多机遇：

一是可以在发达国家设立研发机构，充分利用发达国家的研发资源；

二是可以并购海外的研发机构或技术型公司，获取知识产权与研发能力；

三是可以引进海外专才，解决技术难题；

四是可以利用海外风险投资基金与资本市场，实现技术创新成果的产业化。

素养园地

"一带一路"与跨国公司的主体作用

"一带一路"是我国当前重要的国际合作倡议，是推动我国加快产业转型升级、消化过剩产能、开辟新的消费市场、实现经济社会持续稳定发展的重要途径。我国积极实施共建"一带一路"倡议，进一步加强与"一带一路"共建国家、地区交流与合作，对实现国内国际双循环具有重要的现实意义。共建"一带一路"倡议的顺利实施不仅需要政府积极倡导国际交流合作，也需要跨国公司运用经济手段予以推动。跨国公司可在对外投资、开发项目的过程中实现产品、技术、文化的输出，进而与"一带一路"共建国家和地区的企业共同挖掘合作潜力，探索深度合作，为共建"一带一路"倡议实施夯实基础。跨国公司在共建"一带一路"倡议中的主体作用表现为以下方面：

一、挖掘和扩大市场潜力

共建"一带一路"倡议提出的原因之一在于实现拓宽贸易出口渠道，通过构建以中国为主导的国际和区域市场，有效化解国内过剩产能，提升优质产品出口比率。"一带一路"共建国家的经济发展水平整体呈现"两头强、中间弱"的特点，中部国家当前大多处于欠发达状态，民众有较为强烈的消费欲望，消费需求并没有得到有效开发。而欧洲等国虽然经济发展水平较高，但制造业水平难以满足国民多样化的现实需要。因此，在共建"一带一路"倡议实施的过程中，为实现国内国际双循环，跨国公司应积极运用国际合作平台，助推我国高端产业和传统优势产业走出去，向"一带一路"共建国家提供优质的产品和服务，并深入挖掘市场，带动和提升"一带一路"共建国家的产业发展，实现共同发展。

二、疏解优势产能

改革开放以来，我国经济社会快速发展，产业链条不断延伸，产能水平不断提升。当前，我国钢铁、化工、煤炭、汽车、电解铝等行业存在严重产能过剩状况，但我国煤炭、石油、铁矿石等资源趋于匮乏，北方很多资源型城市面临转型挑战，经济增长乏力。因此，跨国公司通过新兴市场的拓展，在满足市场需求的同时，能够让中国商品迅速拓展市场，让国内过剩的优势产能得以有序缓解。待过剩产能缓解后，我国各产业才能获得更为优质的发展空间，才可以有序推进产业转型升级，进而有效化解当前供需之间的结构性矛盾，满足消费者对于高质量产品的需求，实现各产业总体趋于健康发展的大目标。

三、实施本土化策略

"一带一路"共建国家在文化、意识形态、价值观念等方面存在较大差异，应积极实施本土化策略，采用直接投资的方式在共建国家兴建企业、招募员工、守法经营、依法纳税，在发展中寻求合作、共识和共赢，在实现跨国公司本土化成长的同时，带动共建国家经济发展。通过本土化的方式，减少信息不对称，消除信任危机，有效化解国家间差异带来的贸易壁垒或经贸摩擦，推进国家间合作不断深入，从而为"一带一路"的长期健康稳定发展提供基础保证。

资料来源　徐明辉."一带一路"背景下跨国公司主体作用发挥研究［J］. 时代金融，2021（6）：78-80.

本章小结

从事国际商务活动的企业都可以被称为国际企业。与国际企业相关的概念包括跨国公司、对外直接投资、国际商务等。国际企业的发展过程一般来说分为4个阶段：①间接的或被动的进出口阶段；②直接的或主动的进出口阶段；③设立海外代理机构阶段；④成熟的多国导向型阶段。从这4个阶段可以看出，企业国际化之路是一个渐进的、逐步参与并阶段发展的过程。21世纪以来，国际企业本土化趋势明显，研发活动国际化，服务业投资进一步扩大，一些国际企业采取了战略联盟、跨国并购及虚拟化经营等手段和方法，以扩大规模、提高其全球竞争力。

关键术语

国际企业（international enterprise）　国际商务（international business）　对外直接投资（foreign direct investment）　战略联盟（strategic alliance）　跨国并购（cross-border mergers and acquisitions）

即测即评

第 1 章在线测试题

复习与思考

1. 什么是国际企业？其一般特征是什么？
2. 国际企业有哪些类型？企业国际化的不同阶段有哪些？
3. 讨论国际企业新的发展趋势。
4. 试讨论国际企业与国内经营企业的最大区别。
5. 试列举我国的知名国际企业，并讨论其经营和发展。

案例分析

《财富》世界500强上榜企业的态势分析

《财富》世界500强排行榜一直是衡量全球大型公司的最著名、最权威的榜单，被誉为"终极榜单"，由《财富》杂志每年发布一次。

2023年，500强榜单共有39家新上榜公司，其中23家公司首次上榜，包括美国华纳兄弟探索公司（第449位）、中国宁德时代新能源科技股份有限公司（第292位）和美团（第467位）；16家公司在至少缺席一年后重返榜单，包括哥伦比亚国家石油公司（第397位）和法国液化空气集团（第488位）。

在这份榜单中，全球能源行业实力凸显。受俄乌冲突引起的能源价格大涨影响，沙特阿美公司（第2位）差一点就赶上了零售巨头沃尔玛。埃克森美孚公司（第7位）和壳牌公司（第9位）也因此重回榜单前10位。2022年，沙特阿美赚了1 590亿美元，创《财富》世界公司500强历年盈利之最。

在同一时期，科技巨头仍然证明自己身处充满活力、善于盈利的行业。苹果公司、Alphabet公司和微软公司的盈利之和达2 330亿美元，苹果（第8位）盈利接近1 000亿美元，为美国公司史上盈利之最。

一、上榜企业区域分布情况

从2000—2023年的上榜企业数量前15位的国家来看，以中国为代表的新兴经济体上榜企业数量及排名迅速提升，而美国、日本等国家上榜企业数量有所下降。其中，2023年上榜数量排名前三的国家分别为中国、美国、日本，中国上榜企业142家，较上年减少3家；美国上榜企业为135家，与上年相比增加12家；日本上榜企业数量为41家，较上年减少6家。世界500强企业分布呈现出中美双头并进的局面，在大企业数量上共同领先全球其他国家和区域。

二、上榜企业行业分布情况

从榜单整体行业分布来看，金融、能源、商贸服务与批发零售始终是上榜企业数量最多的三大领域，2023年这三大领域上榜企业数量达231家，占比接近47%。从具体细分领域分布来看，2023年银行上榜数量最多，达到42家；其次是车辆与零部件企业、炼油企业，分别为34家和32家。从20多年来主要行业上榜企业的细分领域分布变化来看，部分领域产业转型与结构调整特征明显。如在TMT领域，传统电信领域企业数量相对减少，而半导体、电子元件等高端制造业与互联网零售与服务等新兴行业的企业数量相对增加，其中，2023年互联网零售与服务企业增加至8家，美团和Uber首次上榜。在金融领域，2008年全球金融危机后，无证券企业上榜，同时上榜银行和保险公司数量有所减少，多元化金融企业不断增加，2023年多元化金融企业有12家上榜。

从我国上榜企业数量的行业分布来看，2000年《财富》世界500强中国上榜企业仅有11家，仅分布于金融、能源、TMT、商贸服务与批发零售以及公用设施领域。到2023年，中国142家上榜企业的行业分布更加多元化：金融（21家）、金属（18家）、能源（17家）、工业制造（14家）、工程与建筑（13家）、TMT（13家）、商贸服务与批发（10家）、汽车（9家）、交通运输与物流（7家）、房地产（5家）、航天与防务（5家）、化学品（5家）、公共设施及替代能源（3家）、食品相关（1家）、医药保健（1家）。与美国对比来看，目前我国在金属、工程与建筑、能源、工业制造、房地产等基础行业及传统行业的上榜企业数量较多；TMT、医药保健等技术密集型行业以及金融、商贸等服务行业与美国相比上榜企业数量较少。

从龙头企业（细分领域排名第一的企业）来看，2023年，在57个细分领域中，中国占据龙头地位的细分领域有18个，较2022年有所提升，具体包括人寿与健康保险（股份）、多元化金融、银行、船务、运输及物流、邮件包裹及货物包装运输、炼油、房地产、工程与建筑、公共设施、化学品、金属产品、纺织、建材玻璃、航天与房屋、电信、网络通信设备、半导体电子元件。但我国领先行业数目仍落后于美国，且多集中于传统服务业、制造业领域；美国占据龙头位置的有23个，多分布于大消费、大健康与新兴产业领域。

从我国上榜企业各行业的经营情况来看，我国行业经营规模与盈利水平不均衡。在营收总和与利润总和方面，我国上榜企业的营收所占份额最大的始终是金融、能源领域，两者2023年营收合计占我国上榜企业总营收的33.62%。利润在金融领域的集中程度依然较高，2023年我国上榜金融企业利润总和占我国上榜企业利润总和的48.84%。在平均营收与平均利润方面，平均营收规模前三行业为公共设施及替代能源、能源、工程与建筑，而平均利润规模前三行业为金融、TMT与公共设施及替代能源。特别地，中国上榜金融企业的平均利润为13 068.16百万美元，是全球上榜金融业企业平均利润的1.91倍。金融行业利润高企，必定对其他行业的利润空间造成挤压。2023年，中国TMT领域上榜企业平均利润为7 603.62百万美元，仅相当于全球TMT上榜企业平均利润水平的70.88%、美国TMT上榜企业平均利润水平的46.58%。

透视《财富》世界500强榜单情况，可以看到我国加入世贸之后上榜企业在经营规模和实力上的快速提升，但2023年上榜中国企业数量增长停滞、总体排名下降，企业经营能力有待提升，同时在区域分布和行业分布方面依然有优化空间。提高创新能力和价值创造能力、塑造核心竞争优势是未来我国企业实现高质量发展的首要任务。

资料来源　中大咨询研究院．2023年《财富》世界500强揭晓！这些数据揭示了中国企业发展格局趋势［EB/OL］．（2023-08-03）［2024-03-13］．https://mp.weixin.qq.com/s/NiSfP1lmZblqOwj5XUZRpA．

问题：

（1）我国《财富》世界500强企业的行业分布与日本、美国相比有哪些不同？给我们什么启示？

（2）谈谈你对《财富》世界500强企业的未来趋势分析以及中国企业的应对策略。

第2章 国际企业的基本理论

学习目标

通过本章的学习，你应该掌握：国际市场的进入方式；对外直接投资的主要理论；区域经济一体化的有关知识；国际贸易的经典理论。

2.1 国际市场的进入方式

国际市场的进入方式是一种制度安排、规范化的部署，通过这种制度安排，企业将产品、技术、工艺、人力资源、管理经验和其他资源转移到国外市场。①企业进入国际市场的方式主要分贸易型进入、契约型进入和投资型进入方式。每种方式对企业的经营实力、国际化经验等的要求各不相同。研究国际市场进入方式的相关理论，能够帮助企业更好地将自己的产品、设备、技术、管理等资源进行合理配置，来选择一种适合自己的方式进入海外市场。

2.1.1 贸易型进入方式

贸易型进入方式是通过向目标国家或地区出口商品而进入该市场。这是企业经营国际化过程中最初级、最普遍的市场进入模式，也是中小企业经营国际化开始阶段最常用的一种进入海外市场的模式，主要包括间接出口与直

---

① ROOT. Entry strategies for international markets〔M〕. New York：Lexington Books，1994.

接出口。

2.1.1.1　间接出口

间接出口是指企业通过本国的中间商或其他国内代理机构来经营商品出口业务。企业与国外市场无直接联系，也不涉及国外业务活动，故不必专设机构和雇用专职人员经营出口，因而可以节约费用和不承担或少承担经营风险。但是，间接出口不能直接获得国际经营的经验和经营信息，并且无法对商品销售的整个过程进行控制。这种进入方式比较适用于中小企业和刚刚介入对外贸易活动的企业。

2.1.1.2　直接出口

直接出口是指企业把产品直接销售给国外客户或最终用户，而不是通过国内的中间机构转售给国外客户，企业直接与国际市场接触。因此，从严格意义上讲，直接出口才是国际经营的起点。例如，设在美国的某股份有限公司在巴基斯坦和泰国采用直接出口的方式来经营出口业务。该公司80%的销售收入来自出口，出口帮助公司摆脱了美国经济波动所带来的不利影响。与间接出口相比，直接出口须支付更多的费用，要设立专门的对外贸易部门，并配备相关的人员，还要独立承担国际市场的风险；但由于承担的风险变高，因此收益比间接出口要多。同时，直接出口可以部分或全部控制国际营销规划，更好地保护商标、专利、信誉和企业的其他无形资产等。采用这种出口方式的企业大多是一些实力雄厚的大中型企业。

国际企业采用贸易型进入方式的基本步骤是：

（1）评估在各国（地区）从事商业活动所面临的风险

这需要分析各国的经济实力、收入水平、是否存在贸易壁垒或文化障碍等。

（2）了解进出口的有关规定

各国有关进出口的法律和法规各不相同，在分析全球市场情况时应该考虑的主要法律和法规有反托拉斯法、反抵制法、反倾销法、食品和药品管理法、环保方面的法规、关税减免方面的法规、知识产权方面的法规和国际贸易争端的仲裁等。

（3）制定并使用出口货物清单

制定出口货物清单时可以向提货人、银行和进口公司咨询。

（4）选择运输公司

在选择运输公司时，一定要对这家公司有清楚的了解。

（5）了解短期融资

出口时遇到的最麻烦的问题，尤其是对于刚开拓国际市场的企业来说，就是要了解短期融资。

（6）使用信用保险

信用保险是一项企业用于风险管理的保险产品。其主要功能是保障企业应收账款的安全。其原理是把债务人的保证责任转移给保险人，当债务人不能履行其义务时，由保险人承担赔偿责任。

贸易型进入方式适用于不同规模的企业。对大型企业而言，不论在人力、物力、财力的供给条件方面，还是在国际经营所必需的经验方面，它们都具有充分的实力。对中小企业而言，专业技术人员的供给和国际经营经验的短缺是其走向世界市场过程中所面临的最大困难，而出口特别是间接出口进入对有关人力资本和经验的较少需求，可以帮助它们实现国际化经营。同时，这种进入方式介入程度低，风险较小。在出口经营过程中，企业无须投入大量的专项资本。此外，企业原有投入可以或已经在国内经营过程中得到了有效的分摊。

但是，贸易型进入方式存在很大程度上的弊端：

① 关税与非关税壁垒的影响。不论在发达国家还是在发展中国家，关税与非关税措施使每一家企业在以出口方式进入国际市场时都必须面对由此引发的成本支出的增加。

② 高额的运输和保险费用支出。面对这些非生产性成本支出，当企业经营收益不足以弥补时，势必会阻止其国际经营计划的实施。

③ 较低的控制程度。在出口进入方式下，中介机构往往要对多家企业提供服务。再加之，本企业难以对其行为进行直接干预等，企业对营销渠道及运行效率的控制必然被削弱，有关国际经营计划实施与发展所必需的稳定性也会受到影响。

④ 信息反馈的准确性和速度也是出口进入（特别是间接出口进入）常常会遇到的问题之一。

❖ **管理实践2-1**

涉美出口管制与经济制裁

拜登政府对华的一系列措施阻碍了美国的经济增长，还导致了美国微电子产品的短缺以及价格上涨。由于疫情导致的需求扭曲和半导体等关键部件产品的供应链中断，美国的通货膨胀率已达到40年来的最高水平。美国财政部长珍妮特·耶伦估计美国 1/3 的通胀来自新车和二手车市场，这都是由半导体短缺造成的。据不完全统计，截至 2023 年 12 月 25 日，除了未经验证清单（UVL）中中国实体因部分被移除导致跟 2022 年同期相比总量有所下降之外，实体清单、特别指定国民名单（SDN）等中的中国实体的数量均显著增加。其中，受影响的最大领域是电子行业，其次是工业与制造材料，接下来依次为服装、鞋类和纺织品，农业和加工产品，消费品与大型零售、制药、机械以及汽车。此外，中国高科技产业的重点研发方向包括对半导体和微电子、人工智能和量子计算技术等特定领域，也将成为美国在"去风险"政策下的重点监控与打击的领域。

资料来源　刘新宇，郭欢，等. 2023 年涉美出口管制与经济制裁年度回顾及展望［EB/OL］.（2023-12-26）［2024-06-02］. https://mp. weixin. qq. com/s? __biz=MzA4NDMzNjMyNQ== &mid=2653347731&idx=1&sn=9ca1a3d10c2dd95ead929f8ad4d0792d&chksm=856b14e3d0e813149d6be66469c47a362ea01d3d895081367cf1b100c8b0e067d267386ec531&scene=27.

2.1.2　契约型进入方式

契约交易也称许可合同交易，是指本国企业通过与目标国家或地区的法人之间订立长期的非投资性的合作协议而进入目标国家或地区。

契约交易的形式包括以下几个方面：

2.1.2.1　授权经营

授权经营包含一般授权经营和特许经营两个方面。一般授权经营是指企业在规定的期限内将自己的无形资产（专利、技术秘密、商标等），通过契约转让给海外法人，以换取授权费和其他补偿。发达国家的国际企业认为，在其国内市场上企业对授权经营可能有更多的控制权，因为在国内市场上有熟悉的法律机构可以保护授权的企业免受版权和专利的侵犯。特许经营是指特许企业向受许企业转让技术、商标、经营方法等，让受许企业在本企业的监督与帮助下利用本企业形象和招牌经营本企业的特定业务。

美国是特许经营的发祥地。1863 年，美国的胜家（Singer）缝纫机公司为拓展其缝纫机业务，在全美各地设置拥有销售权的特约经销店，被公认为特许经营的鼻祖。20世纪60年代之后，以快餐业为代表的现代特许经营店模式成为美国增长最快的商业形式，各店不仅使用总公司的店名、商标，还承袭总公司的全套营业方式，包括统一的进货渠道、店面设置、人员培训、广告促销、标准化销售等。20世纪70年代，麦当劳集团开始以特许方式向海外发展销售网，以每18小时增加1个快餐厅的速度发展。据麦当劳的运营报告，截至2023年年底，麦当劳在全球总共有4.18万间门店，计划到2027年年底之前新开超过8 800间店面，全球餐厅门店总数将扩大到50 000间。

特许经营和一般授权经营的最大区别在于，在特许经营中，特许方还需对受许方的经营管理实行监督，以确保特许的品牌在海外市场上不致降低质量。在特许经营中，主要是通过签订许可协议达到对受许方的有效监督和控制。表2-1列出了一般许可协议所涉及的内容。

表2-1　　　　　　　　　一般许可协议的内容

许可内容	使用条件	补　偿	其他条款
专有技术 专利 商标 设计 版权	谁：哪家公司可以使用许可专利 时间：许可持续多长时间 地点：在哪些国家可以使用 保密性：保护商业机密或设计的条款 业绩：被许可方要作什么改进；与许可产权的改进有关的许可方与被许可方的权利	货币：以何种货币 日期：何时必须支付补偿 方式：支付可以是一次性支付、分期付款 最低支付款：有关支付最低使用费的协议 其他：技术服务、产品改进和培训的费用	终止：怎样终止协议 争议：采用什么类型的争端解决机制 语言：合同的官方语言是什么 法律：合同适用哪个国家的法律惩罚；达不到业绩要求有何种惩罚 报告：被许可方何时报告及报告什么 检查与审计：许可方有什么权利

❖ **管理实践2-2**

麦当劳的商业模式升级与持续发展

餐饮业特许连锁加盟模式于1924年由Allen和While首创，他们合伙经营Root牌啤酒果汁店。两个人研发出了一种生产优质软啤的提纯和冷冻设备。在投机商帮助下，A ＆ W Root创建了由3个交易主体构成的特许经营模式：A & W Root——特许经营授权者、区域特许经营投资商以及加盟店主，三方依据自身的资源能力进行互补性交易，获得各自的收益。

特许加盟模式 2.0 以成立于 1944 年的冰激凌生产商冰雪皇后 Dairy Queen 为代表，仍然是三方交易模式：Dairy Queen（特许经营授权者）—区域特许经营投资者—加盟店主。但 Dairy Queen 的特许经营模式有所改进，除了将区域独家特许经营权以 2.5 万~5 万美元的价格卖给区域投资者，以及出售冰淇淋生产专利的核心设备获利等一次性收益外，还对每加仑冰淇淋收取 45 美分的额外费用，即增加了"分成收益"方式。加盟店模式 3.0 以成立于 1954 年 Insta-Burger King（汉堡王的前身）为代表。该公司当时凭借自主研发的烤鸡和烤面包设备，通过特许经营方式抢占烤鸡和鸡肉汉堡市场。

在此基础上，麦当劳重新定义了特许经营的三方交易模式。最初，Ray 看到了麦当劳兄弟的餐厅品质和经营模式代表了高质量、高效率餐饮服务的未来，就与麦当劳兄弟签订了独家特许经营代理权。首先，麦当劳兄弟只与一个特许经营独家代理人——Ray 负责的麦当劳经营公司交易，而不是若干个区域代理人，并且规定 Ray 只能将麦当劳的特许经营权卖给真正的经营者，而不能分区域出售给投资商。其次，Ray 汲取了其他特许经营模式失败的教训，重新定义了餐饮特许经营模式的价值。Ray 认识到，餐饮特许经营的本质不是借特许经营权向加盟店主收取高价加盟费和销售更多品类的高价设备，而是应该通过提供标准化、高质量产品来获得更有价值的客户口碑效应，增加加盟店收益。同时，应该帮助加盟者经营成功、获得可观收益，这是特许经营授权者自己成功和收益持续增长的前提。Ray 的经营公司基本上不加价出售特许经营权，而是收取销售额 1.9% 的服务费，其中的 0.5% 支付给麦当劳兄弟，麦当劳兄弟及特许经营公司承担加盟商一定的经营风险。麦当劳经营公司让加盟商在固定租金和按销售额比率租金中支付较高的一个，固定租金金额是麦当劳支付给土地建筑拥有者租金金额加价 20% 到 40%，同时需要向麦当劳支付 7 500 美元的保证金。加盟商也可以支付销售额的 5% 作为月租金，后来有所提升。麦当劳邻近股票市场上市时，房地产租金收益占其净利润的 90%，以至于后来麦当劳被视为地产公司。

资料来源　谭智佳，魏炜，朱武祥. 商业模式升级与持续发展：麦当劳案例〔J〕. 管理评论，2016，28（2）：219-229.

2.1.2.2 服务合同

通过服务合同进入国际市场的形式多种多样，包括技术协议、管理合同等。

技术协议通常是企业同外国的服务对象订立协议，向对方提供为开发技术或解决技术难题而进行的各种技术咨询服务活动，如新产品、新工艺等方面的咨询等。

管理合同是指本企业根据与海外目标国家或地区的企业签订的合同而全权负责合同期内该海外企业的全部业务管理。管理合同方式在很多情况下是政府行为的结果。例如，20世纪70年代，沙特阿拉伯政府将Armco石油公司国有化之后，要求该石油公司的原所有者继续管理该公司，该公司原来的所有者很希望同政府维持良好的关系，便欣然接受。

2.1.2.3 建设合同

建设合同包括交钥匙工程、国际合同生产和国际分包合同。

（1）交钥匙工程

交钥匙工程是指国际企业为东道国建设工厂体系或工程项目，当设计与建设完成并初步运转后，将该工厂或工程项目的所有权和管理权的"钥匙"，依照合同完整地交给对方，由对方开始经营。这类项目通常出现在技术与管理力量较为缺乏的发展中国家。例如，中国开始改革开放的时候，基本上都采取了交钥匙工程的方式来引进成套设备和生产线。

它的进一步发展是BOOT（build-own-operation-transfer，即建设-拥有-经营-移交）项目，即合同规定承建公司在建设完指定的项目后，拥有该项目若干年的经营权，并从经营该项目中获得收益。经营期满后，再把该项目无偿地移交给发包方。例如，某家澳大利亚和日本合资的企业承建了墨尔本的环城线，在建成后有34年的所有权和经营权；34年期满之后再无偿移交给澳大利亚维多利亚州。而这家合资企业的日方在这34年期间从收取车辆过路费中获得收益。

（2）国际合同生产

国际合同生产又称国际合同制造、贴牌生产等，是指企业与东道国或地区的企业订立供应合同，要求后者按合同规定的技术要求、质量标准、数量和时间等，生产本企业所需要的产品，交由本企业用本企业的品牌销售。这种进入方式尤其适合容量有限而发展前途不大的市场。例如，美国宝洁（P&G）公司的若干产品就是采取合同生产而十分成功地进入了容量有限且发展前途不大的拉美市场。

（3）国际分包合同

国际分包合同类似于国际合同生产，也是通过订立合同，由目标国家或地区的企业承包生产产品。所不同的是，国际分包是指发达国家的总承包商向发展中国家的分包商订货，后者负责生产部件或组装产品，最终产品由总承包商在其国内市场或第三国销售。因此，在国际分包合同的情况下，目标国家或地区的企业只承担了生产过程的一部分。目前，分包已经成为福特（Ford）、通用电气（GE）、惠普（HP）、罗尔斯-罗伊斯（Rolls-Royce）等国际知名企业追寻的方式。

采用契约型进入方式的好处是：

①以技术商品为标的，在不威胁目标市场主权利益的情况下，绕过贸易壁垒，促进其技术水平和社会生产力水平的提高。

②对企业无形资产可以充分利用，使其利润最大化，节省了出口进入条件下的有关经营费用。

③为企业品牌建立提供了一种经济高效的全新路径。但是，这种交易方式存在控制程度较低、收益有限和易培植潜在竞争对手等方面的缺陷。

2.1.3　投资型进入方式

投资型进入方式是通过直接投资进入目标国家或地区，即企业将资本连同本企业的管理、技术、销售、财务以及其他技能转移到目标国家或地区，建立受本企业控制的分公司或子公司。国际企业通过对外直接投资进行扩张的方式有独资经营、合资经营和跨国并购。

2.1.3.1　独资经营

独资经营是指本企业拥有投资企业 100% 的股权，独立经营，独享利益，独担风险。企业在国际化经营中为了扩大生产和销售规模而在国外设立的机构被称为海外分支机构。当国际企业决定到某东道国设立独资企业后，究竟成立一家独资的子公司还是一家分公司，必须从税负、法律规定、母公司知名度和生产与推销成本等方面来考虑，经过综合的分析比较才能决定。

2.1.3.2　合资经营

合资经营是指本企业在目标国家或地区与当地某家或少数几家企业或第三国的企业各出部分资金，分享股权，共享利益，共担风险。合资企业几乎遍布全球，要想获得成功，参与企业必须考虑以下事项：

①了解本企业的能力和需求；

②选择合适的合资伙伴；

③雇佣经验丰富的当地管理人员；

④加强与合作伙伴的沟通；

⑤考虑外来因素对企业的影响；

⑥具有可靠的商业情报来源；

⑦掌握产品销售、版权或专利权等有关情况的可靠方法。

2.1.3.3　跨国并购

跨国并购是指一国企业为了某种目的，通过一定的渠道和支付手段，将另一国企业的整个资产或足以行使经营控制权的股份购买下来。并购是企业兼并和收购的总称。并购海外企业要比并购国内企业难度大，必须解决以下关键问题：

①搜集想要并购的企业资金方面的信息；

②对该企业的客户及销售情况进行调查；

③充分考虑企业的运营成本和管理风格。

❖ **管理实践2-3**

海尔智家并购GE

2016年1月15日，海尔①发出通知，打算用54亿美元来收购GE集团家电业务相关资产，其中40%为自有资金，60%为融资贷款，打算交易的标的物有10家全资子公司的股权、3家合资公司的股权、3家公司的少数股权。2015年前3个季度，GE家电业务收入及EBIT分别为46.58亿美元和2.23亿美元，为3年来最好的盈利水平，扣除特定税务收益后，交易的EBITDA倍数约为8.2倍。

据英国调查公司欧瑞信息咨询公司的数据，2014年海尔大家电品牌销售量市场占有率为全球第一（10.2%）。GE家电业务收入约90%来自北美市场，且为美国市场第二大家用电器品牌（市场占有率约为20%），其厨电品牌在美国市场占有率接近25%。

资料来源　邱莉莉. 中国企业跨国并购案例分析：以海尔并购GE为例［J］. 商，2016（31）：106-107.

---

① 2019年，青岛海尔改名为"海尔智家"。

国际市场的 3 种进入方式在实际上代表了企业国际化经营从低到高的 3 个主要阶段。贸易型进入方式基本上为处于国际化经营初始阶段的企业所采用；契约型进入方式则更进一步，有意识、有步骤、有针对性地在国际市场充分发挥企业的经营优势；投资型进入方式属于最高阶段，它以直接投资的方式表明了国际企业在目标国家或地区掌握自身命运，参与要素活动，使货币资本和技术资本获得更广阔的运作空间。国际企业在选择进入方式时，必须综合考虑目标国家或地区的投资环境、企业内部因素和本国的环境因素等。企业国际市场进入方式的选择可以用图 2-1 概括。

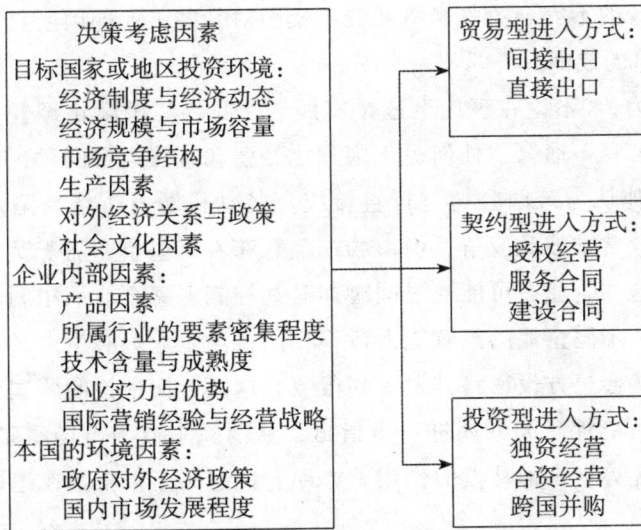

图 2-1　企业进入国际市场方式的选择模型

2.2　对外直接投资理论及区域经济一体化

对外直接投资理论主要研究对外投资动机、投资流向和投资决策等问题。国际企业是通过现代条件下的 FDI 形成的，而 FDI 又是国际企业产生和发展的前提。因此，研究 FDI 理论对于国际企业的发展具有重要的指导意义。

2.2.1　对外直接投资理论

2.2.1.1　垄断优势理论

垄断优势理论（Monopolistic Advantage Theory）是最早研究对外直接投资的独立理论，是由美国麻省理工学院教授斯蒂芬·海默（Stephen H. Hymer）于1960年在他的博士论文中首先提出的，并由其导师查尔斯·金德尔伯格（Charles P. Kindleberger）于20世纪70年代进行了补充和发展。该理论主要以市场的不完全竞争和垄断资本集团对某些工业部门所具有的垄断优势来解释FDI的成因。

海默认为，"不论在理论上还是实践上，只要是国际化经营，用完全竞争的观点就解释不通"，"任何关于国际化经营和直接投资的讨论都要涉及垄断问题"。[①]他认为跨国公司进行直接投资的动机源自市场缺陷。首先，不同国家的企业常常彼此竞争，但市场缺陷意味着有些企业居于垄断或寡占地位，因此，这些企业有可能通过同时拥有并控制多家企业而牟利；其次，在同一产业中，不同企业的经营能力各不相同，当企业拥有生产某种产品的优势时，就自然会想方设法将其发挥到极致。这两方面都说明跨国公司和直接投资出现的可能性。海默还进一步指出，从消除东道国市场障碍的角度看，跨国公司的优势有一种补偿的作用，亦即它们起码足以抵消东道国当地企业的优势。

金德尔伯格对此作了进一步引申，把对外投资企业所具有的垄断优势分为4类：

①产品市场垄断优势，如产品性能差异、市场营销技巧和操纵市场价格等；

②生产要素垄断优势，如专利技术和专有技术的获得、经营管理的特色和融资渠道的便利等；

③规模经济优势，即企业通过内部水平式联合或垂直式联合，利用所产生的内部或外部规模生产所获得的优势；

④政府对产出或进入的限制所带来的优势。

垄断优势理论将国际企业的研究从流通领域转到生产领域，奠定了研究对外直接投资的理论基础。该理论较好地解释了第二次世界大战后美国大规

---

① HYMER S H. International operations of national firms: A study of direct foreign investment [M]. Cambridge, MA: MIT Press, 1976: 85-86.

模向海外进行直接投资的行为，并为后来邓宁提出的国际生产折中理论中的所有权优势提供了基础。该理论适用于分析大型垄断企业对外投资成功的优势所在。同时，该理论着重于解释国际企业的初始行为决策，因此可以帮助企业在对外直接投资决策中分析自身是否具备一定的投资优势进而走向成功的必要条件。

2.2.1.2　产品生命周期理论

产品生命周期理论（Product Life Cycle Theory）是美国哈佛大学教授雷蒙德·弗农（Raymond Vernon）于 1966 年在其《产品周期中的国际投资与国际贸易》一文中首次提出的。产品生命周期理论是把产品的销售历史比作人的生命周期，要经历形成、成长、成熟、衰退的阶段。弗农认为产品发展需要经过 3 个阶段，即新产品阶段、成熟产品阶段和标准化产品阶段，在不同的阶段，消费结构和生产函数都会发生变化。国际企业的工业制成品贸易流向以及对外直接投资的决策都与产品生命周期有关。[①]

（1）新产品阶段（new product stage）

弗农认为，各国企业的创新机会并不均等，这与该国的经济实力和技术水平有关。一个特定国家的创新有与该国的生存条件有关的特征。美国的市场条件有 3 个主要特征：

一是市场规模大，可以减少引进新产品过程中的风险；

二是消费者的人均收入高，使某些新的消费品的销售得以增长；

三是劳动的相对成本高，不断产生以资本替代劳动的创新需求。

通过研究和开发，新产品被引入国际市场，通常首先在发达国家市场出现。在早期阶段，新产品价格弹性较低，这时创新企业往往选择本国作为生产基地以靠近需求市场。此时，由于产品尚未定型，技术不完善，创新企业的工作重点放在产品的设计和功能的完善方面，产品质量、成本、价格等尚未受到重视。在生产发展到一定水平以后，就有少量产品出口到其他发达国家。

（2）成熟产品阶段（mature product stage）

在这个阶段，由于生产技术扩散，生产同种产品的厂商增加，市场开始出现产品的仿制者和竞争者，产品的价格弹性也在提高。由于其他发达国家竞争者的出现和国内市场的日趋饱和，产品创新国就要作出进行对外直接投

---

① WELLS L T, Jr. The product life cycle and international trade [D]. Cambridge, MA: Division of Research, Graduate School of Business Administration, Harvard University, 1972: 15.

资、开拓海外市场的决策。为了更好地扩展国外市场，必须实现规模经济，降低成本，抑制外国企业的竞争，这时美国企业在拥有产品市场的其他发达国家投资设厂。

（3）标准化产品阶段（standardized product stage）

在这个阶段，产品本身和生产技术已经完全成熟，美国在技术上的垄断优势也完全消失，创新能力、市场知识和信息已退居次要地位，成本价格因素在竞争中起了决定性作用。这时，发展中国家已经具有明显的优势。因此，美国企业开始在一些发展中国家投资生产，并将生产的产品返销到母国或第三国市场。此时产品创新国成为该产品的进口国。

产品生命周期理论可以由图2-2表示。本图描述了美国和欧洲之间的贸易和投资演变过程。几个关键的时期是：t_1——美国开始出口，t_2——欧洲开始生产，t_3——美国开始进口。从 t_2 时期起，假设欧洲相当份额的产出是由美国跨国企业在欧洲的子公司生产的。同样，当美国开始进口时也涉及美国在欧洲的子公司的生产活动。

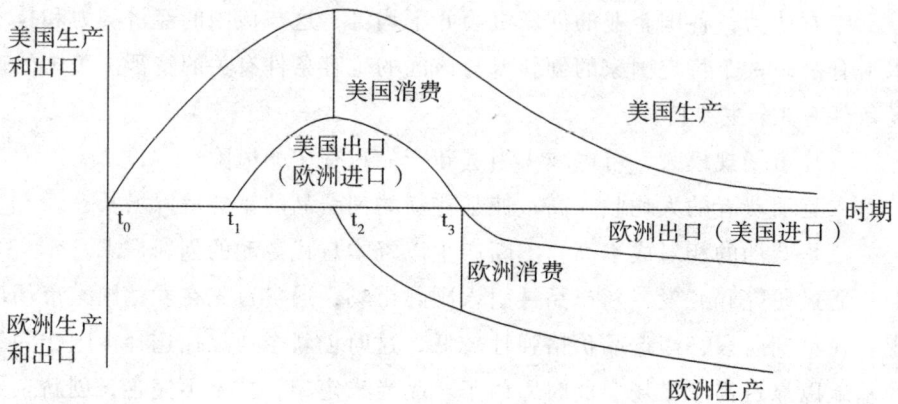

资料来源　胡德，扬. 跨国企业经济学［M］. 叶刚，等译. 北京：经济科学出版社，1994：72.

图2-2　产品生命周期理论

产品生命周期理论主要反映了20世纪50至60年代美国制造业对外直接投资的情况，它把东道国的区位优势与企业的所有权优势结合起来，同时是一种动态分析。该理论可以解释那些标准化产业部门的对外投资，如家电产品，也可以解释发达国家向发展中国家的投资行为和产业转移现象。另外，该理论在很大程度上是基于对美国向西欧等国投资过程的考察而得出的，因此主要适用于类似美国具有产品创新的企业，日本等国的对外直接投资就很难适用这一理论。

2.2.1.3　内部化理论

内部化理论（Internalization Theory）又称市场内部化理论，是当前解释对外直接投资的一种比较流行的理论。20世纪70年代中期，以英国里丁大学学者巴克利（P. J. Buckley）、卡森（M. Casson）与加拿大学者拉格曼（A. M. Rugman）为主要代表人物的西方学者，以发达国家跨国公司（不含日本）为研究对象，沿用了美国学者科斯（R. H. Coase）的新厂商理论和市场不完全的基本假定，于1976年在《跨国公司的未来》一书中构建了一个关于跨国公司的核心理论——内部化理论。

科斯提出，如果市场失效或市场不完全，企业通过生产交易的成本就会增加；通过企业组织的内部进行交易，就可能减少市场交易的成本。这种变市场上的买卖关系为企业内部的供求交换关系的现象即为市场的内部化。其具体体现为：

① 外部市场机制失败，这主要是同中间产品（如原材料、半成品等）的性质和买方不确定性有关。买方不确定性是指买方对技术不了解，卖方对产品保密，不愿透露技术内容，因此，跨国公司愿意纵向一体化。企业在横向和纵向上都愿意向国外投资。

② 交易成本受各种因素的影响，企业无法控制全部因素。如果实现市场内部化，即把市场建立在企业内部，通过内部转移定价可以起到润滑作用。

③ 市场内部化可以合理配置资源，提高经济效率。国际直接投资倾向高新技术产业，强调管理能力，使交易成本最小化，保证跨国公司的经验优势，都是为了实现上述要求。

内部化理论是西方学者跨国公司理论研究的一个重要转折，它开创了与垄断优势理论所不同的研究思路，能够解释较大范围的国际企业与对外直接投资行为。该理论侧重国际企业内部各种因素的分析，如企业资源的优化配置、企业经营动机、内部决策过程和追求利润最大化等。因此，内部化理论适用于有关对外直接投资过程的分析，讨论对外直接投资的发生和发展进程。

2.2.1.4　国际生产折中理论

国际生产折中理论（International Production Eclectic Theory）又称国际生产综合理论，是由英国里丁大学教授邓宁（John J. Dunning）于1977年在

《贸易、经济活动的区位和跨国企业：折中理论方法探索》中提出的。1981年，他在《国际生产和跨国企业》一书中对折中理论又进行进一步阐述。该理论认为，国际企业开展对外直接投资是由三种因素决定的，即所有权优势、内部化优势和区位优势。

（1）所有权优势

其包括两个方面：

一是独占无形资产所产生的优势；

二是企业规模经济所产生的优势。

（2）内部化优势

内部化优势（internalization advantage）是指跨国公司运用所有权特定优势，以节约或消除交易成本的能力。内部化的根源在于外部市场失效。邓宁把市场失效分为结构性市场失效和交易性市场失效两类。结构性市场失效是指东道国贸易壁垒所引起的市场失效；交易性市场失效是指交易渠道不畅或有关信息不易获得而导致的市场失效。

（3）区位优势

这是东道国拥有的优势，企业只能适应和利用这项优势。它包括两个方面：

一是东道国不可移动的要素禀赋所产生的优势，如自然资源丰富、地理位置方便等；

二是东道国的政治和经济制度、政策、法规灵活等形成的有利条件和良好的基础设施等。

企业必须兼备所有权优势、内部化优势和区位优势才能从事有利的海外直接投资活动。如果企业仅有所有权优势和内部化优势，而不具备区位优势，这就意味着缺乏有利的海外投资场所，因此企业只能将有关优势在国内加以利用，而后依靠产品出口来供应当地市场。如果企业只有所有权优势和区位优势，则说明企业拥有的所有权优势难以在内部利用，只能将其转让给外国企业。如果企业具备了内部化优势和区位优势而无所有权优势，则意味着企业缺乏对外直接投资的基本前提，海外扩张无法成功。

邓宁的国际生产折中理论从微观的角度概括了企业国际化经营的主客观因素：在主观方面，企业拥有对特定无形资产的所有权；在客观方面，某些国家和地区具有特别适合这些无形资产发挥作用的有利条件。把二者结合起来，促使企业国际化经营的是其转移使用无形资产的内部化组织能力，更全面地说明了企业国际化经营的基本动因。但该理论的研究对象仍然是发达国家的国际企业，很难彻底解释那些并不具备独占性技术优势的发展中国家的对外直接投资行为。例如，在一些社会主义的发展中国家，国有企业进行对外直接投资未必是利用某些竞争优势的需要，而往往是受到特定经济发展战略的支配而实施的。

2.2.1.5　小岛清理论

小岛清理论（Kiyoshi Kojima Theory）是 20 世纪 70 年代中期由日本一桥大学的小岛清教授提出的。小岛清在比较优势理论的基础上，总结出所谓的"日本式对外直接投资理论"，即所谓的"边际产业扩张理论"。

该理论的基本内容是：对外直接投资应该从本国已经处于或即将处于比较劣势的产业依次进行。这些产业是指已处于比较劣势的劳动力密集部门以及某些行业中装配或生产特定部件的劳动力密集的生产部门。凡是本国已趋于比较劣势的生产活动都应通过直接投资依次向国外转移。小岛清理论的核心是："对外直接投资应该从本国（投资国）已经处于或将陷于比较劣势的产业（这也是对方国家具有或潜在具有比较优势的产业）——可以称为边际产业——依次进行。"①

与其他国际直接投资理论相比，边际产业扩张理论有以下特点：

①对外投资企业与东道国的技术差距越小越好，这样容易在海外尤其在发展中国家找到立足点，并占领当地市场。

②中小企业转移到东道国的技术更适合当地的生产要素结构，为东道国创造更多的就业机会。中小企业能够小批量生产、经营灵活、适应性强，因此其投资于制造业比大企业更具有优势。

③无论是投资国还是东道国，都不需要垄断市场。

小岛清理论从投资国而非个别企业的角度出发讨论投资动机，采用动态分析的方法，解释发达国家对发展中国家的以垂直分工为基础的对外直接投资，还揭示出转移到发展中国家的产业结构高度不仅取决于跨国公司自身产业结构高度，而且取决于转移产业的比较优劣程度。但是，该理论假定了国家内所有对外直接投资企业的动机都是一致的，因此缺乏全面性，难以解释复杂的国际环境下个别对外直接投资行为。

2.2.2　区域经济一体化

区域经济一体化不仅是国际企业经营环境的一个重要因素，而且对国际

---

① 小岛清. 对外贸易论［M］. 周保廉，译. 天津：南开大学出版社，1987：444.

贸易、国际投资和全球金融体系产生了重要影响，在很大程度上决定了国际企业的战略选择和职能管理。因此，在国际企业管理的学习中，对区域经济一体化的研究十分必要。

2.2.2.1　区域经济一体化的概念

区域经济一体化（regional economic integration）是指在某一地理区域内或区域之间，某些国家和政治实体为实现彼此之间在货物、服务和要素方面的自由流动，实现经济发展中各种要素的合理配置，促进相互间的经济与发展，而达成的取消有关关税和非关税壁垒，协调产业、财政和货币政策，并相应建立起超国家的组织机构的过程。

2.2.2.2　区域经济一体化的形式

美国经济学家巴拉萨把经济一体化的进程分为4个阶段：①贸易一体化，即取消对商品流动的限制；②要素一体化，即实行生产要素的自由流动；③政策一体化，即在集团内达到国家经济政策的协调一致；④完全一体化，即所有政策全面统一。

根据一体化程度的不同，区域经济一体化可以分为由低到高的5种形式：

（1）自由贸易区

自由贸易区（free trade area）是一体化水平较低的组织形式，是指在区内，成员之间的产品和服务贸易的壁垒被逐步消除，但每一个成员可以确定其对非成员的贸易政策。这样，成员之间对非成员的产品的关税或非关税壁垒就会有很大差异。

（2）关税同盟

关税同盟（customs union）在一体化程度上要比自由贸易区更进一步。关税同盟消除了成员之间的贸易壁垒，并采取共同的对外贸易政策。结盟的目的在于防止非成员的商品通过区域内关税最低的成员出口到区域内的其他成员，以排除非同盟国的商品的竞争。因此，关税同盟已经具有超国家的性质。

（3）共同市场

共同市场（common market）是指建立在关税同盟的基础上，生产要素在成员之间是可以自由流动的。所以，在共同市场里，成员之间联合的密切程度远远大于关税同盟，资本、技术和劳动力如同在一个国家之内，是没有任何限制的。

（4）经济联盟

经济联盟（economic union）是指各成员不仅商品和生产要素可以完全自由流动，建立对外共同关税。与共同市场不同的是，经济联盟还要求成员制定和执行某些共同的货币政策和财政政策，逐步减少政策方面的差异，使一体化的程度从商品交换扩展到生产、分配乃至整个国民经济，形成一个更加庞大的经济组织。

（5）政治联盟

政治联盟（political union）是一体化的完成形式。它消除了各成员的政治独立，实行了政治上的联合，成立一个共同权力机构，把各成员的经济与政治联结成一个整体，各成员把主权移交给这个超国家的权力机构。

区域经济一体化的形式和特点可用表2-2表示。

表 2-2　　　　　　　　　　　区域经济一体化的形式和特点

形　式	贸易壁垒是否取消	对外贸易政策是否统一	生产要素是否自由流动	财政政策和货币政策是否统一
自由贸易区	○			
关税同盟	○	○		
共同市场	○	○	○	
经济联盟	○	○	○	○
政治联盟	○	○	○	○

2.2.2.3　区域经济一体化带来的机遇和挑战

区域经济一体化组织强化了对企业经营活动的干预。每个集团都设立了主要面向企业经营的管理机构和行政机构，其所制定的规章和条例要比单个国家的复杂。因此，这对国际企业经营者来说是一种挑战，而在区域经济一体化的大环境下，国际企业的发展又面临难得的机遇。

（1）机遇

第一，统一市场的建立可以创造更多的机会，因为原本受保护的市场放开了对外来竞争的限制。例如，1992年以前，欧洲保护程度最高的是法国和意大利市场，而现在，这些市场在出口和直接投资方面对外来竞争的开放程度比以前大多了。

第二，区域经济一体化为国际企业扩大了市场范围。许多国家的市场在结成区域贸易集团之前，因为容量太小，所以不值得单独开发，但是在与其他国家合并成新的市场后就有了重大意义。大型市场对那些采取大规模生产和大批量分销的国际企业尤为重要，因为可以实现规模经济。例如，飞利浦公司和欧洲其他公司共投入了 200 亿美元研制了一种电网交换系统。

第三，在统一市场上经营企业耗费的成本较低。这主要受规模经济、产品的跨国界自由流动、产品标准的相互协调和税收制度的简化等因素影响。绝大多数一体化组织都制订了促进区域内经济增长的协作计划，包括取消关税或非关税壁垒，改善区域内交通和通信基础设施，减少配额，降低边境限制和单证所花费的费用等。另外，由于一体化组织内产品技术标准的统一，企业再也不用生产不同款式的商品来满足各种各样的国家标准，这也能为国际企业节省大量的成本。例如，美国的 3M 公司一直利用一体化带来的好处来降低自己的企业成本，不断地巩固其在欧洲的生产和分销基地，以充分发掘规模经济效益。

第四，一体化可以帮助企业实现成本效益。区域经济一体化可以使一体化组织内的企业将生产活动集中在成本要素和技能组合最佳的地点来进行，从而实现成本效益。比如，一家企业可以在其认为最佳的某个地点生产产品，并向欧盟或北美市场提供该产品，而无须为了避免出入境的成本而在欧盟成员都从事该产品的生产。例如，欧洲著名国际企业联合利华就在一家工厂集中生产销往整个欧盟市场的洗碗液，而在另一家工厂集中生产香皂。

（2）挑战

第一，各个贸易集团内部的商业竞争更加激烈。这主要受商业环境、国家间贸易壁垒降低的影响。例如，在 1992 年以前，大众汽车公司生产的某款汽车在英国的售价比在丹麦高 55%，而在欧洲统一市场上这种价格差异是不存在的。

第二，贸易集团外部的企业竞争力下降。例如，在欧盟，很多企业由于生产成本较高，它们在国际市场上与北美和亚洲企业相竞争的能力就比较弱。而欧洲统一市场的建立促使很多欧盟企业认真地采取合理化的生产措施来降低成本，这就大大地增强了欧盟企业在国际市场上的竞争力。因此，贸易集团外部的企业应该意识到它们所带来的威胁。

第三，互惠待遇成为贸易的限制因素。一体化组织往往将互惠待遇作为贸易政策的重要组成部分。如果一个国家不对某个区域贸易集团开放市场，那么它也别指望进入该集团的市场。而面对多国贸易集团，单个国家在进行互惠待遇的谈判上是缺乏力度的，这必然对国际企业的拓展不利。

不同的国际企业面对的区域经济一体化的境况会有所不同，因此，我们要根据不同的企业类型来制订不同的战略计划。总的来说，企业可以以4种不同的深度介入刚刚形成的跨国贸易集团：

①把总部设在跨国集团内，在若干成员处有稳定的制造和销售活动；

②仅在某一个成员有业务；

③从本国向跨国贸易集团出口产品；

④尚未积极向跨国贸易集团出口。

在上述4类企业中，第一类企业的处境是最佳的，它们已经将自己的企业设立在跨国贸易集团内部。但是，统一市场形成后竞争结构会发生变化，企业必须利用跨国贸易集团内部降低贸易壁垒的机会寻求更高的生产和分销效率，以应对跨国贸易集团内部竞争力不断增强的企业和准备进入跨国贸易集团的其他竞争对手。

第二类企业仅在一个成员有业务，统一市场形成后，内部壁垒消除，那么竞争对手必然会从其他成员进入该国市场，使它们陷于不利境地。该类企业的最致命的问题是规模不够大，难以承受外来的竞争。要想摆脱这种困境，这类企业可以通过兼并来扩大规模，也可以与其他公司联盟。

第三类企业只从事出口业务，统一市场形成后，其难以保持在该跨国贸易集团的市场份额，因为该类企业最容易受到互惠待遇原则的影响，是保护主义措施的最大受害者。为保持市场份额，它们可以设立跨国贸易集团内的营销分公司，这虽然不能完全消除贸易保护主义带来的不利影响，但是会使销售状况有所改善；也可以并购当地的其他企业，或与当地公司结成联盟。

第四类企业的处境是最为不利的，它们和跨国贸易集团没有任何往来。面对日益激烈的国际市场竞争，竞争力强大的国际企业必然走出国门应对外来的挑战，这样的企业应该加强自身的竞争力，尽快参与到全球竞争中去。

管理视野2-1

2.3　国际贸易相关理论

国际贸易理论是国际企业管理的基础理论，它试图解释国家之间的贸易是如何发生的，并影响国际企业管理的思路，尤其是对政府的政策制定有很大的影响。因此，了解国际贸易理论，对我们理解国际企业的贸易政策、经营模式变化和企业竞争力等有很大的帮助。

2.3.1　绝对优势理论

英国经济学家亚当·斯密（Adam Smith）是古典经济学派的主要奠基人之一，是国际分工和国际贸易理论的创始者。其在代表作《国民财富的性质和原因的研究》一书中，分析了国际分工的绝对优势状况，提出了依照绝对优势进行分工的学说，奠定了自由贸易政策主张的理论基础。亚当·斯密的绝对优势理论（Theory of Absolute Advantage）主要阐明了如下内容：

2.3.1.1　分工可以提高劳动生产率，增加国民财富

斯密认为，有了分工，同数劳动者就能完成比过去多得多的工作量。其原因有三：

第一，劳动者的技巧因业专而日进；

第二，由一种工作转到另一种工作，通常损失不少时间，有了分工，就可以免除这种损失；

第三，许多简化劳动和缩减劳动时间的机械的发明，使一个人能够做许多人的工作。[1]

他以制针业为例说明其观点。根据斯密所举的例子，分工前，一个粗工每天至多能制造20枚针；分工后，平均每人每天可制造4 800枚针，每个工人的劳动生产率提高了几百倍。由此可见，分工可以提高劳动生产率，增加国民财富。

2.3.1.2　分工的原则是成本的绝对优势或绝对利益

斯密进而分析，分工既然可以极大地提高劳动生产率，那么每个人专门

---

[1]　斯密. 国富论［M］. 郭大力，王亚南，译. 北京：商务印书馆，1983：8.

从事他最有优势的产品的生产，然后彼此交换，对每个人都是有利的。他指出，如果人们以较少的花费就能买到某些物品，则谁也不会亲自制造它们。裁缝不为自己做鞋子；鞋匠不为自己裁衣服；农场主既不打算自己做鞋子，也不打算自己裁衣服。他们都认识到，应当把他们的全部精力集中从事比其他人有利的职业，用自己的产品去交换其他物品，会比自己生产一切物品得到更多的利益。

2.3.1.3　国际分工是各种形式分工中的最高阶段

在国际分工基础上开展国际贸易，对各国都会产生良好效果。斯密由家庭推及国家，论证了国际分工和国际贸易的必要性。他认为，在每一个人看来是合算的事情，对整个国家来说也是合理的。国际分工是各种形式分工中的最高阶段。他主张，如果外国的产品比自己国内生产的要便宜，那么最好是输出在本国有利的生产条件下生产的产品，去交换外国的产品，而不要自己去生产。斯密认为，每一个国家都有其适宜生产某些特定产品的绝对有利的生产条件，如果每一个国家都按照其绝对有利的生产条件（即生产成本绝对低）去进行专业化生产，然后彼此进行交换，则对所有国家都是有利的，世界的财富也会因此而增加。

2.3.1.4　国际分工的基础是有利的自然禀赋或后天的有利条件

斯密认为，有利的生产条件来源于有利的自然禀赋或后天的有利条件。自然禀赋和后天的条件因国家而不同，这就为国际分工提供了基础。因为有利的自然禀赋或后天的有利条件可以使一个国家生产某种产品的成本绝对低于别国，从而在该产品的生产和交换上处于绝对有利地位。各国按照各自的有利条件进行分工和交换，将会使各国的资源、劳动和资本得到最有效的利用，大大提高劳动生产率和增加物质财富。

亚当·斯密的绝对优势理论按各国绝对有利的生产条件进行国际分工，实际是按照绝对成本的高低进行分工，因此又被称为绝对成本论。

2.3.2　比较优势理论

大卫·李嘉图（David Ricardo）是英国经济学家和政治活动家，也是古典经济学派的代表人物。其代表作是 1817 年出版的《政治经济学及赋税原理》，在该书中提出了比较优势理论（Theory of Comparative Advantage）。

比较优势理论是在绝对优势理论的基础上发展起来的。根据斯密的观点，国际分工应按地域、自然条件所形成的绝对的成本差异进行，即一个国家输出的商品一定是生产上具有绝对优势、生产成本绝对低于他国的产品。李嘉图进一步发展了这一观点。他认为，即使一个国家在各个行业的生产都缺乏效率，没有成本绝对低廉的产品，但是只要集中力量生产成本相对低廉或不利程度相对小而效率较高的产品，然后通过国际交换，在资本和劳动不变的情况下，生产总量将增加，这样形成的国际分工都能给各贸易国带来经济利益，即"两利相权取其重，两害相权取其轻"。这就是李嘉图的比较优势理论。

为了证明国与国之间贸易的比较优势理论，他以两个国家、两种产品为例，说明比较利益形成的过程。假设英国和葡萄牙都生产葡萄酒和毛呢两种产品，英国生产这两种产品的单位劳动成本都比葡萄牙高，但两国不同产品的成本比例不同。如表2-3所示，两国生产毛呢的成本比例是100∶90，即1.1；两国生产葡萄酒的成本比例是120∶80，即1.5。将这两个成本比例相比较，英国在毛呢的生产上具有相对优势，其通过交换换取葡萄酒就可以得到比较利益。从葡萄牙方面来看，虽然其生产葡萄酒和毛呢都具有绝对优势，但相对而言，葡萄牙生产葡萄酒的成本更低，优势更大。因此，葡萄牙应该选择生产葡萄酒来换取英国的毛呢，获得比较利益。因此，这种国际分工和国际贸易对两国都是有利的。

表2-3　　　　　　　　　　**李嘉图的比较优势理论**

项　目	毛　呢	葡萄酒
英　国	100	120
葡萄牙	90	80
英国/葡萄牙=比较成本	100/90=1.1	120/80=1.5

李嘉图认为，在资本与劳动不能进行国际自由流动的情况下，按照比较优势理论进行国际分工，可使劳动配置更合理，增加生产总额，对贸易各国均有利，但其前提必须是完全的自由贸易。

2.3.3　生产要素禀赋理论

生产要素禀赋理论（Factor Endowment Theory）有狭义和广义之分。狭义的生产要素禀赋理论是指生产要素供给比例说，它通过对相互依存的价格体系的分析，用不同国家的诸生产要素的丰缺程度解释国际分工和国际贸易产生的原因以及一国进出口商品结构的特点。广义的生产要素禀赋理论除包括生产要素供给比例说之外，还包括生产要素价格均等化说。它是研究国际贸易对生产要素价格的反作用的，说明国际贸易不仅使国际商品价格趋于均等化，还会使各国生产要素的价格趋于均等化。

2.3.3.1 生产要素供给比例说

赫克歇尔（E. F. Heckscher）和他的学生俄林（B. G. Ohlin）都是瑞典的经济学家。1919年，赫克歇尔发表了著名论文《对外贸易对收入分配的影响》，提出了生产要素禀赋理论的基本论点，这些论点为俄林所接受。而后，俄林继承赫克歇尔的论点，于1933年出版了《区际贸易与国际贸易》一书，深入探讨了国际贸易产生的深层原因。由于他的理论采用了赫克歇尔的主要观点，创立了比较完整的生产要素禀赋理论，因此又叫作赫克歇尔-俄林原理，简称赫-俄原理（H-O原理）。俄林认为：

（1）国家间的产品相对价格差异是国际贸易产生的直接原因

当两国间同一产品的价格差异大于产品的各项运输费用时，从价格较低的国家输出产品到价格较高的国家是有利的。

（2）产品价格的国际绝对差异是由产品生产成本的国际差异造成的

同一种产品的价格的国家之间的差别，主要是成本的差别，所以成本的国际绝对差异是国际贸易发生的第一个原因。

（3）国际贸易发生的原因还在于两国国内各种产品的成本比例不同

如果两国的成本比例是相同的，一国的两种产品成本都按同一比例低于另一国，则两国间只能发生暂时的贸易关系。

（4）诸生产要素的价格比例不同是造成生产成本比例不同的原因

不同的产品是由不同的生产要素组合生产出来的。在每个国家中，产品的成本比例反映了它的诸生产要素的价格比例关系，也就是工资、地租、利息、利润之间的比例关系。由于各国的生产要素价格不同，就产生了成本比例的不同。由于各种生产要素彼此是不能完全替代的，所以，在生产不同的产品时必须使用不同的生产要素组合。两国间不同的生产要素价格比例将在这两国产生不同的成本比例。

（5）国家间的生产要素相对供给不同决定生产要素相对价格的差异

在生产要素的供求决定生产要素价格的关系中，生产要素供给是主要的。在各国生产要素需求一定的情况下，各国不同的生产要素禀赋对生产要素相对价格产生不同的影响：相对供给较充裕的生产要素的相对价格较低，而相对供给较稀缺的生产要素的相对价格较高。因此，国家间生产要素相对价格差异是由生产要素相对供给或供给比例不同决定的。

通过严密分析，俄林得出了结论：一国的比较优势产品是应出口的产品，是需在生产上密集使用该国相对充裕而便宜的生产要素生产的产品，而进口的产品是需在生产上密集使用该国相对稀缺而昂贵的生产要素生产的产品。简言之，劳动丰富的国家出口劳动密集型产品，进口资本密集型产品；相反，资本丰富的国家出口资本密集型产品，进口劳动密集型产品。

2.3.3.2　生产要素价格均等化说

在美国经济由中盛走向极盛再走向衰落的时代背景下，1941年，美国经济学家萨缪尔森（P. A. Samuelson）与斯托尔珀（W. F. Stolper）合作发表了《实际工资和保护主义》一文，提出了生产要素价格日趋均等化的观点。萨缪尔森还在1948年前后发表的《国际贸易和要素价格均衡》《国际要素价格均衡》《论国际要素价格的均衡》等文中对上述观点作了进一步的论证，建立了生产要素价格均等化说，发展了生产要素禀赋理论。

萨缪尔森的观点是：两国实际生产要素价格必然完全相等。[①]他的主要观点是：

①某一产品相对价格上升，将导致该产品密集使用生产要素的实际价格或报酬提高，而另一种生产要素的实际价格或报酬下降。

②国际贸易使两国同种产品相对价格的差异不断缩小，并最终达到均等。在此过程中，两国丰裕生产要素的价格不断上升，稀缺生产要素的价格不断下降，两国生产要素价格朝着差异缩小的目标变化。

③随着同种产品价格的统一，两国生产要素价格水平必将达到均等，即国际贸易使两国同质的生产要素获得相同的相对和绝对收入。

④即使生产要素不具备国际流动的条件，只要产品自由贸易得到充分的发展，各国同质生产要素的价格就会趋于均等。

以上所介绍的国际贸易的古典和新古典理论只能说明国际贸易的经营活动，并不能真正解释企业国际化的活动形式，并且传统的贸易概念不能解释大多数国际企业经营管理现象。因为国际企业经营管理的范围很广，其中包含国际投资、资金转让和外贸活动等，即除了传统的进出口业务之外，企业向国外市场提供货物或保证国外物品进口有许多方法，它可以通过对外直接投资保证国外货物的生产，也可以通过向企业进行产品许可证授权来满足国

①　SAMUELSON P A. International factor - price equalisation once again ［J］. The Economic Journal，1949，59（234）：181-197.

外的需求。当代，跨国公司这种最典型的现代企业制度的出现，说明国际竞争已成为国际商务发生的一个重要原因。而以往我们对国际贸易理论的研究重心是市场，严重忽视了企业的组织生产功能和技术创新功能，导致企业的创新能力和动态竞争能力未能进入分析视野。波特钻石模型在这方面作出了重要的贡献。

2.3.4　波特钻石模型

钻石模型（Diamond Model）又称菱形理论或国家竞争优势理论，是由美国哈佛大学商学院著名的战略管理学家迈克尔·波特（Michael E. Porter）提出的。波特钻石模型用于分析一个国家某种产业为什么会在国际上有较强的竞争力。他将国家竞争优势定义为：在参与国际竞争的过程中，从全局的高度，根据一国范围内可以调度的资源，以最终在国际市场上确立本国产品市场占有率为目的的竞争能力。

波特认为，决定一个国家的某种产业竞争力的有四种因素：生产要素，需求条件，相关及支持产业，企业战略、结构和同业竞争。波特认为，这四种要素具有双向作用，形成钻石体系（如图2-3所示）。

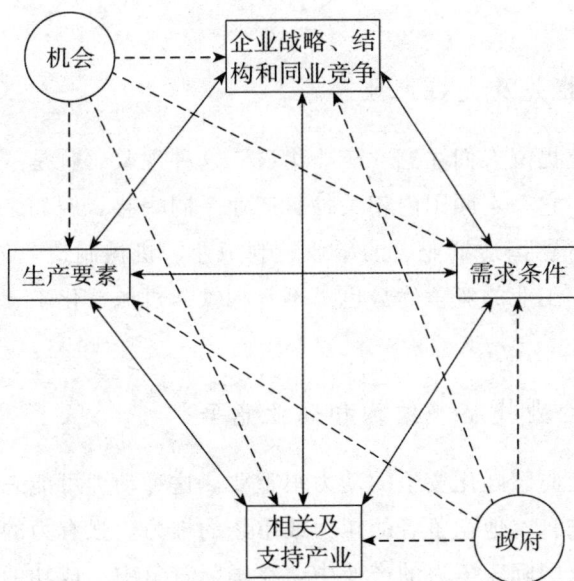

图2-3　波特钻石模型

2.3.4.1　生产要素

波特将生产要素划分为初级生产要素和高级生产要素。初级生产要素是指天然资源、气候、地理位置、非技术工人、资金等；高级生产要素则是指现代通信、信息、交通等基础设施，受过高等教育的人力，研究机构等。波特认为，初级生产要素的重要性越来越低，因为对它的需求在减少，跨国公司可以通过全球的市场网络来取得初级生产要素。高级生产要素对获得竞争优势具有不容置疑的重要性。高级生产要素需要先在人力和资本上大量和持续地投资，而作为培养高级生产要素的研究所和教育计划，本身就需要高级人才。高级生产要素很难从外部获得，必须自己来投资创造。

2.3.4.2　需求条件

本地客户的特点非常重要，特别是内行而挑剔的客户。假如本地客户对产品、服务的要求或挑剔程度在国际数一数二，就会激发出该国企业的竞争优势。例如，日本消费者在汽车消费上的挑剔是全球出名的，欧洲严格的环保要求也使许多欧洲公司的汽车环保性能、节能性能全球一流。另一个重要方面是预期性需求。如果本地的客户需求领先于其他国家，这也可以成为本地企业的一种优势。

2.3.4.3　相关及支持产业

波特的研究提醒人们注意"产业集群"这种现象，就是一个优势产业不是单独存在的，它一定同国内相关强势产业一同崛起。例如，德国印刷机雄霸全球，离不开德国造纸业、油墨业、制版业、机械制造业的强势。美国、德国、日本汽车工业的竞争优势也离不开钢铁、机械、化工、零部件等行业的支持。

2.3.4.4　企业战略、结构和同业竞争

推进企业走向国际化竞争的动力很重要。这种动力可能来自国际需求的拉力，也可能来自本地竞争者的压力或市场的推力。强有力的国内竞争对手普遍存在于具有国际竞争力的产业中。在国际竞争中，成功的产业必然先经过国内市场的竞争，迫使其进行改进和创新，海外市场则是竞争力的延伸。

除了以上四大因素之外，在影响国家竞争优势的因素中，还存在两大变数：机会和政府的作用。

管理视野 2-2

素养园地

全球绿色贸易开放合作

气候变化对人类生态、全球政治和经济的影响不断升级，全球亟须向绿色低碳转型。党的二十大报告明确提出"统筹产业结构调整、污染治理、生态保护、应对气候变化""积极稳妥推进碳达峰碳中和"。在全球合作应对气候变化的背景下，贸易发展与环境保护的关系成为许多国家和国际组织关注的重点，绿色贸易成为广泛讨论的议题，国际贸易规则"绿化"发展趋势明显，碳规则成为国际经贸规则的重要组成部分，围绕低碳规则制定权的博弈将更趋激烈。各方亟须凝聚共识、加强合作，以绿色贸易推进国际开放合作，共同应对气候变化。

绿色贸易成为国际社会关注焦点。国际贸易中商品和服务的跨国流动对环境的影响是多边贸易体制和各类经贸协定关注的重要内容之一。随着全球气候变化日益严峻，各国积极探索绿色低碳发展之路，参与全球气候治理，持续加强彼此的沟通与合作。

一、加强国际合作

近年来，气候变化、极端气候事件频发，给人类生存和发展带来严峻挑战。必须践行真正的多边主义，加强应对气候变化等领域国际合作，坚持绿色低碳发展，加快推进人与自然和谐共生的现代化。当前，130 多个国家先后宣布到 21 世纪中叶将达到净零排放目标。中国于 2020 年 9 月对外宣布了"双碳"目标，即二氧化碳排放力争于 2030 年前达到峰值，努力争取 2060 年前实现碳中和。近年来，主要大国间加快气候变化国际合作，如中国与欧盟通过建立并发展气候变化伙伴关系，围绕可再生能源、碳捕捉与碳储存等关键议题进行了大量的务实合作；与美国在 2021 年 4 月发表《中美应对气候危机联合声明》，双方致力于相互合作并与其他国家一道解决气候危机。发展中国家也积极响应气候变化议题，如 2021 年，中国同 53 个非洲国家和非盟委员会代表团团长共同发表《中非应对气候变化合作宣言》，强调合力应对气候变化，助力可持续发展，共同构建人与自然生命共同体。

二、绿色贸易

早在1994年，关贸总协定乌拉圭回合谈判就达成了《关于贸易与环境的决定》。WTO成立环境与贸易委员会，专门负责环境与贸易问题;18个成员，组成"环境产品之友"，于2014年7月以开放式诸边谈判的形式正式启动《环境产品协定》（EGA）谈判，旨在实现减少或消除环境产品的关税和非关税壁垒，促进环境产品自由贸易，截至2016年12月共进行18轮谈判。参与谈判的成员约占全球环境产品贸易90%的市场份额，后因各成员分歧较大、美国总统大选等因素，谈判陷于停滞。2021年拜登上台后，美国政府承诺将积极推动《环境产品协定》谈判，但谈判迄未启动。亚太经合组织（APEC）是推动环境产品与服务合作最早的机构之一，各成员已承诺进一步扩展APEC环境产品清单。一些重要国际机构积极推进绿色贸易规则，国际货币基金组织提出国际最低碳价格下限方案，经合组织提出建立显性和隐性碳定价包容性框架。《全面与进步跨太平洋伙伴关系协定》（CPTPP）等高标准经贸协定设置了环境专章，还在其他章节中广泛覆盖了与贸易有关的环境问题。

三、国际社会推动

"绿色贸易"一词在国内外政策性文件中多次出现。在联合国相关机构政策文件中，绿色贸易主要指环境与贸易协调，如《21世纪议程》《里约环境与发展宣言》《可持续发展问题世界首脑会议的报告——政治宣言》《可持续发展报告》等文件，均强调贸易与环境相辅相成、相互协调、相互促进。2021年联合国环境规划署发布的《绿色国际贸易：前进道路》多次强调绿色贸易，明确提出构建环境与贸易2.0议程，包括加强与贸易相关的环境政策、在贸易政策和协定中推动环境规制升级、推进环境与贸易相关合作等。欧盟《适应气候变化：迈向欧洲行动框架》等政策文件高度关注绿色贸易，重点是绿色贸易措施和绿色产品贸易。

资料来源　许英明，肖新艳，李晓依，等. 全球绿色贸易开放合作［J］. 中国外资，2024（1）：18-22.

本章小结

企业进入国际市场的方式主要有贸易型进入方式、契约型进入方式和投资型进入方式。比较有影响力的对外直接投资理论有垄断优势理论、产品生命周期理论、内部化理论、国际生产折中理论和小岛清理论。区域经济一体化由低到高的五种形式分别为自由贸易区、关税同盟、共同市场、经济联盟和政治联盟。国际贸易相关理论主要包括绝对优势理论、比较优势理论、生产要素禀赋理论以及波特钻石模型。

关键术语

内部化优势（internalization advantage）　区域经济一体化（regional economic integration）　自由贸易区（free trade area）　生产要素禀赋理论（Factor Endowment Theory）　产品生命周期理论（Product Life Cycle Theory）

即测即评

第 2 章在线测试题

复习与思考

1. 试述贸易型进入方式的利弊。

2. 企业进入国际市场方式选择的必要条件是什么？

3. 以美国和欧洲为例，说明产品生命周期理论的主要观点。

4. 简述国际生产折中理论的三种决定因素。

5. 区域经济一体化五种形式的区别和联系是什么？

6. 简述生产要素禀赋理论的主要原理。

7. 运用波特钻石模型分析政府在创建本国在某个领域的竞争优势中所起的作用。

案例分析

案例 1

RCEP 推动高质量发展

区域全面经济伙伴关系协定（RCEP）作为目前全球经济体量最大的自由贸易协定，于2022年1月1日正式生效实施，其对 RCEP 成员和区域经济的影响备受关注。中国高度重视 RCEP 生效实施工作，要求高水平、高质量实施 RCEP，并出台了《关于高质量实施 RCEP 的指导意见》。

一、RCEP 对成员的影响

RCEP 对成员的积极意义是多方面的，包括促成更大的区域集团、制定供应链广泛的区域通用规则（统一的原产地规则、简化贸易流程）、覆盖更广领域（电子商务、知识产权等）、放宽市场准入等。由于电子机械设备和零部件是中间品贸易集中的领域，所以 RCEP 将巩固中国和东盟，特别是东盟在全球供应链中的地位，进而改变东盟在本区域内供应链所扮演的角色和定位，增加东北亚、东南亚等区域之间的互动关系。

RCEP 生效实施，形成立足东亚和东南亚、面向亚太的开放格局。从区域开放层面来看，RCEP 将使15国到2025年的出口、对外投资存量、GDP，比基线分别多增长10.4、2.6和1.8个百分点。从主要商品看，我国对 RCEP 其他成员出口机电产品、劳动密集型产品分别增长13.2%和20.7%，其中电子元件、蓄电池、汽车分别增长15%、50.3%和71.6%。我国自 RCEP 其他成员进口机电产品、金属矿及矿砂、消费品也分别占46.2%、10.4%和10.2%；原油、天然气等能源产品的进口值增长较快。从全球治理层面来看，RCEP 涵盖 CPTPP 的主要成员，规则议题设置与 CPTPP 相近，为对接本地区高标准国际规则，加入 CPTPP 打下良好的基础。

RCEP 能够促进区域价值链重构、缓冲大国博弈对区域经济合作的影响，同时意味着东亚国家产业链和供应链的互补性得到有效衔接，增强了本地区的合作。

二、RCEP 对中国的影响

从贸易方面来看，中国与 RCEP 成员货物贸易进出口额为19 411.2亿美元，同比增长4.1%，拉动中国进出口增长1.3个百分点，对中国进出口增长的贡献率达到28.8%。中国是韩国、越南、澳大利亚、日本、印度尼西亚等12个 RCEP 成员最大的贸易伙伴。从投资方面看，中国是众多 RCEP

成员的重要外资来源地，是马来西亚、泰国、柬埔寨等 RCEP 伙伴的最大投资来源国，是印度尼西亚第二大外资来源国。RCEP 伙伴国对中国投资达到 235.3 亿美元，同比增长 24.8%，对中国实际利用外资增长贡献率达57.3%。

在地方层面，广西与东盟国家有着密切的经贸往来。RCEP 有关农产品关税下降和通关便利化等规则安排的积极进展对广西进出口产生了积极影响。据统计，2023 年前 3 个季度，广西自 RCEP 其他成员进口（1 055.3 亿元）已超 2022 年的货物进口总额。

在企业层面，RCEP 扩大了出口市场，促进了贸易便利化，为原材料、中间品以及最终品贸易节约了成本，以及所在地营商环境有所改善等。

三、RCEP 的挑战与优化

当前区域经济一体化面临诸多挑战，大国竞争引起地区外交动态复杂化，非关税壁垒和贸易保护主义倾向仍然令人担忧。

RCEP 边际优惠率不高，以及部分小额出口商面临着 RCEP 原产地证书办理成本较高的困难，这些导致中小型企业利用 RCEP 规则的热情不高、利用率偏低等。在未来，我们需要面向企业提供更加细致和周全的服务，以降低利用 RCEP 的行政成本。

影响 RCEP 实施后区域贸易投资的原因是多方面的，包括自贸协定对贸易投资普遍存在滞后性与异质性、已有自贸协定降低了 RCEP 实施初期的边际效应、企业享惠新的自贸协定需要时间成本和调整成本，以及多重因素叠加给区域内贸易投资带来复杂影响等，因此，需要客观评估 RCEP 生效实施的全周期效果和全方位效应。面向未来，全球经济增长持续放缓，贸易投资回升风险犹存等外部因素会持续产生影响，有必要继续完善和优化 RCEP 合作机制，以进一步激活其潜在区域经贸合作效能。

RCEP 给区域内经贸合作带来的影响是多样化、多层次的。未来 RCEP 可以从以下四个方面推进：一是落实 RCEP 的优惠政策，客观评价 RCEP 当前的定位，积极探索可继续提高的政策空间；二是挖掘 RCEP 增长潜力，特别应该关注服务贸易和跨境电商领域的潜在增长率；三是关注区域内中间品贸易，因为这标志产业链和供应链的融合发展，也是 RCEP 未来发展重要检验标准；四是继续深化 RCEP 在规制标准、监管、人才互通等方面的能力建设。此外，要积极地联合更多国际研究机构开展关于 RCEP 评估的研究，为RCEP 后续发展提供更加充分的智力服务。

资料来源　蔡桂全. RCEP 红利惠及区域成员高质量发展前景可期［J］. 中国外资，2024（1）：38-40.

问题：

（1）结合案例，试分析阻碍我国高质量实施 RCEP 的因素。

（2）结合案例，试分析我国实施 RCEP 的优势。

（3）结合案例，试分析在 RCEP 全面实施背景下企业应如何迎战国际竞争。

案例 2

中国中车：从业务全球化到品牌国际化

中国中车作为全球领先的轨道交通装备供应商，产业规模稳居全球轨道交通装备行业首位，国际业务体系遍布全球。近年来，中国中车通过明确品牌定位、建设高质量项目、消除文化差异等手段，打造受人尊敬的国际化品牌，也为央企品牌国际化提供了借鉴。

一、品牌国际化定位：从"中车看世界"到"世界看中车"

中国中车的品牌国际化发展历程，折射出我国三个关键历史时刻下的时代机遇。1949 年以来，我国形成了完善的轨道交通工业体系，为中国中车品牌国际化提供了产业基础。改革开放以来，中国中车充分利用全球化优势，夯实品牌国际化的技术实力，从第一代动车组按别人的图纸设计，到如今拥有具有完全自主知识产权的标准动车组。共建"一带一路"倡议提出以来，中国中车国际化经营换挡提速，积极参与全球高端市场竞争。出口市场实现了由亚非拉传统市场向欧美澳高端市场的转变，在模式上实现了从产品出口到产品、技术、服务、资本全方位出口的拓展。2015 年 6 月 8 日，原中国南车集团与中国北车集团重组，中国中车成为央企整合的标志性案例，整合的目的就是增强海外市场的竞争力，提升中国装备制造的国际话语权。2015 年，中国中车通过对 16 个国家 22 个海外客户走访调研，发现海外客户认为中国中车是"中端"品牌，客户心中的企业品牌和企业期待塑造的品牌之间存在落差。中国中车随即提出"以高端装备为核心的全价值创造者"的品牌定位，推进技术、产品、服务和价值链迈向高端化，让品牌承诺与品牌内涵实现统一。同时，中国中车加快布局海外资源。截至 2022 年年底，中国中车共拥有境外子公司 86 家，产品及服务覆盖全球 100 多个国家和地区，国际业务的本土化布局基本形成。中国中车在对品牌进行顶层设计时，充分考虑核心理念是否符合国际化的要求、核心竞争力等因素，提炼出中国中车品牌核心价值"CRRC"，即"客户导向的（customer-oriented）、负责任的（responsible）、可靠的（reliable）、创造的（creative）"。CRRC 是中国中车的英文品牌名称，国际通用的语言内涵让海外受众更容易感知中国中车品牌的理想和情怀。一个优秀的品牌必须具有高度的个性，从而形成区别于国际竞争对手的品牌形象。以品牌标识为例，中国中车在 VI 设计中巧妙地运用中国汉字"車"作为 LOGO 的一部分，与英文标准字形态呼应，内涵和外形审美既有中国特色、行业特色，又体现了中车的国际化视野。

二、品牌国际化实践：高质量"中国造"提升海外用户信任度

质量是品牌的底色。在企业走向国际化的过程中，产品质量、履约能力是竞争制胜的基础。

2015 年，"中国造"动车组首次在欧洲开跑，马其顿总理试乘。此前，针对马其顿市场 30 多年未对铁路系统进行大规模投入的情况，中国中车向其提供了采用铰接式转向架适用其蜿蜒曲折的铁路线、采用低地板车身适应既有铁路站台等系统解决方案。正是这样量身定制的系统解决方案，赢得了客户的尊敬。"中国方案"引发回响，让马其顿成为了"回头客"，再次向中国中车订购电力机车等高端轨道交通产品，奥地利、德国、捷克、匈牙利等欧洲国家也纷纷向中国中车伸出深度合作的"橄榄枝"。

2020 年 6 月，墨西哥城市政府公开发布国际招标，拟对墨西哥城一号线进行整体现代化改造，项目采用总包模式，包含轨道、机电系统修复和更换、信号系统升级、运营控制中心重建和采购全新列车等。此项目是墨西哥城轨道交通领域第一个现代化改造项目，在不中断线路运营的情况下，涉及多个系统的升级改造，且并行作业、复杂程度高，对全球很多企业而言都是巨大的挑战。2019 年年底，中国中车曾为墨西哥蒙特雷轻轨项目提供中国智造解决方案，仅用短短 14 个月就完成该项目的高效履约，为墨西哥民众提供了优质高效的出行服务，树立起了墨西哥客户对中国中车品牌的信任，甚至主动在其国内市场为中国中车进行推介。2020 年下半年，中国中车牵头各方，在短短的 4 个月内完成了符合业主期待的优秀的中国系统解决方案。2020 年 12 月 18 日，由中国中车旗下中车株机公司、中车香港公司联合体组建的项目公司与墨西哥城地铁局签署了墨西哥城总包项目合同。此项目的签订标志着中国中车从传统的海外高端轨道装备制造商向提供系统解决方案商转型，开启了中国轨道交通装备行业海外业务转型升级的新篇章。以墨西哥地铁一号线为代表的海外项目，是中国中车践行国家"走出去"战略的重要成果，是"一带一路"合作中海外市场业务的新突破。各大海外项目的成功签订和高质量执行，体现了中国中车全方位、全程为客户创造价值、提供系统解决方案的能力，让中国中车的品牌基础不断夯实。

2022年8月5日，中国高铁走出去"第一单"迎来重大突破——雅万高铁高速动车组在青岛成功下线。列车依托世界商业运营速度最高的"复兴号"中国标准动车组技术平台，为雅万高铁量身定制。

2023年1月4日，中国中车旗下的中车资阳机车有限公司与土库曼斯坦铁路用户通过线上签署价值高达3 000余万美元的机车备件合同。这是中土两国建交以来双方签订的最大一笔机车备件合同。

2023年第一季度，中国中车新签订单约611亿元，其中国际业务签约额约为184亿元人民币，比2022年同期的94亿元签约额大幅增长95.74%，涉及机车销售、维保、风力发电机等多个领域。

资料来源　王雅卿．案例一　中国中车：从业务全球化到品牌国际化［J］．国资报告，2023（5）：76-78．

问题：

（1）分析"中国中车"成功的原因。

（2）"中国中车"如何加快国际化步伐？如何进行转型升级？

（3）谈谈你对中国企业海外扩张及全球并购策略的理解与看法。

第3章 国际企业的全球战略

学习目标

通过本章的学习，你应该掌握：国际企业战略的特征、层次和类型；国际企业的经营环境分析；国际企业全球战略的模式。

3.1 国际企业的经营环境

国际经营环境是国际企业生存和发展的重要条件，国际企业制定经营战略必须对企业所处的环境进行深入细致的调查研究。由于对外直接投资活动遍布世界各地，所面临的投资环境复杂多变，因而对外直接投资是一种风险投资。分析投资环境的目的是通过对诸多因素的评估，提高战略决策的准确性，以减少对投资者可能带来的损失，实现投资目标。

3.1.1 国际企业投资环境的影响因素

3.1.1.1 政治与法律环境

世界上不同国家有着不同的政治和法律制度，其直接或间接地影响企业对外投资活动，涉及投资的难易程度及安全性，因而一般是投资者决定其投资取向的重要评价因素。

（1）国家政治体制

国家政治体制通常是指一个国家的国体和政权的组织形式及有关制度，如国家的政治和行政管理体制、经济管理体制、政府部门结构，以及选举制度、公民行使政治权利的制度等。不同的国家政治体制常导致政府政策、法规、行政效率等诸方面的差异，从而对直接投资形成有利或不利的影响。如在民主制度相对健全的国家，国家政策、法规的透明度高，政策的稳定性好，从而有利于外资进入及稳定发展。

（2）政党体制

世界上不同的国家有不同的政党体制，如多党制、两党制、一党制等，不同的政党体制通常会对政府的稳定性产生影响。例如，在多党制条件下，党派之间势均力敌，常导致政府频繁更迭。不同的政党有不同的哲学思想和奋斗纲领，对政府的政策必然会产生不同的影响。例如，具有极端民族主义倾向的党派通常会采取排外的带有民族保护主义的政策，对外资产生不利的影响。

（3）政治的稳定性

这通常是指国家政局的稳定性以及社会的安定状况。例如，国家领导人的更换、政府的更迭可能导致国家政体以及政治主张的变化；政变、社会内乱，以及种族、宗教冲突等将导致政局动荡不定。政治不稳定往往会导致投资由于政治风险而遭受巨大的经济损失。

（4）政府对外资的态度

政府对外资的态度通常反映在政府对外资的政策上，主要看政府对外资进入的鼓励与限制程度、对外资提供的便利条件和优惠措施、对外资的生产经营活动的干预程度以及外资政策的连续性和稳定性等。例如，有些国家限制外资能够进入的投资领域，限制外资在一定投资领域的股权比例。一般而言，政策宽松、稳定，干预和限制少，就会吸引外资的投入。

（5）国家之间的政治关系

国家与国家之间的经济合作不仅取决于两国之间的经济关系，也取决于两国之间的政治关系。两国之间政治关系的变化对企业国际化经营的影响是显而易见的。例如，跨国经营活动能否享受东道国的国民待遇和最惠国待遇，财产是否有被东道国征收、没收和国有化的风险等，都同国家之间的政治关系有关；一些国家实行配额制以及关税和非关税壁垒等，都是政府出于政治和经济的考虑。一些区域一体化组织，如欧盟、东盟等，都有较为统一的政治、经济政策，对外资活动会有不同程度的影响。

（6）法律环境

法律环境是指本国和东道国颁布的各种法律和法规，以及各国之间缔结的贸易条约、协定和国际贸易法规等。法律是由国家制定并以国家强制力保证实施的各种行为规则的总和。一个国家的法律体制特别是涉外法律体制是投资者关注的焦点。这是因为投资所在地的法律和法规对投资者的投资活动起到制约的作用，同时是对投资者投资权益保障的基础。东道国颁布的各种法律和法规，如投资法、商标法、广告法、专利法、反倾销法、商品检验法、劳工法、环境保护法、消费者利益保护法等，将直接影响到跨国经营过程中的投资形式、人力资源雇佣政策、经营战略与策略、企业税负等。健全的法律体制应体现为法律体系的完备性、法规的稳定性以及法律实施的严肃性。除了全面了解和分析不同国家和地区各自不同的法律外，企业在国际化经营过程中还要认真研究和掌握世界上区域性的政治和经济组织的有关规则，以及与企业活动相关的国际公约、条约和国际惯例等。

3.1.1.2　经济与技术环境

当代跨国公司对外直接投资的动机虽然有很大的差异，但都是以追求经济利益为基本前提的。因此，经济因素是影响投资的直接因素。一个国家和地区的经济是否发达、市场是否成熟，对投资起决定性的作用。

（1）经济体制和经济政策

世界各国普遍实行市场经济体制，但不同国家的市场经济体制的特点不尽相同，市场经济的发展水平也不平衡。例如，有的国家的市场经济体制带有较强的自由性，表现为政府对企业的经营活动干预程度很低；有的国家的市场经济体制带有较强的计划性，表现为政府对企业的经营活动干预程度较高。加之各国在贸易政策、工业化政策、地区开发政策和外汇管理政策上不同，从而对直接投资有不同的影响。一般来说，发达和成熟的市场经济与相对自由的经济政策对投资者有较强的吸引力。

（2）经济发展水平及发展前景

世界各国的经济发展水平存在较大的差异。有的国家经济上主要依赖原料资源和农产品，仍然处于传统社会阶段；有的国家处于经济起飞阶段，工业化水平逐步提高，经济持续、稳定增长；有的国家处于经济成熟阶段，经济上完全工业化，生产处于世界领先地位。不同国家的经济发展水平不同，经济发展前景优劣不同，决定了投资需求方面的差异。经济发展水平高、前景好，意味着有更多的投资机会。因此，经济发展水平及发展前景是跨国公司在对外直接投资中衡量投资机会的重要指标。衡量经济发展水平及发展前景的指标主要包括国内生产总值、国民收入、制造业产值及其增长趋势、国家的城市化水平、国际收支状况等。

（3）市场规模及准入程度

这是跨国公司对外直接投资的重要评价因素。一个国家的市场大小、有无市场潜力、市场对外来产品的准入程度，都直接关系着投资机会的大小、投资后的经营前景。衡量市场规模的指标主要有人口数量及增长速度、人口分布状况、人均国民收入水平、消费水平、消费性质和消费结构，以及市场的竞争态势、物价水平等。衡量市场的准入程度要看投资所在国的贸易和关税政策、对外资企业产品内销的政策等。

（4）生产要素市场的完善程度

投资者在一个地区从事各项投资活动，不可能在封闭的状态下进行。资本的正常运行需要有健全的市场体系，如商品市场、资本市场、劳务市场、技术市场以及金融市场等。例如，企业生产的产品能有容纳和吸收的消费市场，企业能获得有效的资金融通渠道、优质的劳动力资源等，都是跨国企业能够从事正常生产经营活动、获得经营资源和经营利益的基本条件。

（5）科技发展水平

其通常反映在科技发展现状、科技发展结构、科技人员的素质和数量、科学技术的普及程度、现有工业技术基础的水平、产业结构的现代化水平，以及与企业经营相关的原材料、制造工艺、能源、技术装备等相关的科学技术发展动向等多方面。一个国家的科技发展水平如何，在一定程度上影响对直接投资的吸收和容纳程度，影响投资者对投资取向的选择。通常一个国家的科技发展水平高，有利于促进企业劳动生产力水平的提高，有利于企业采用现代化的组织运行方式和管理方法，因而对投资的吸引力大，投资也易于向资本密集型或知识密集型产业发展；相反，则对投资的吸引力小，投资易于向劳动密集型产业发展。

（6）社会基础设施

社会基础设施主要是指一个国家的交通运输、能源供应、通信设施和商业基础设施等条件。社会基础设施的水平是投资者关注的重要外部物质条件，直接影响企业的经营活动能否顺利进行。一般来说，一个国家的经济基础结构越完善，企业经营活动的效率就越高。良好的社会基础设施对国际企业有很大的吸引力。例如，一个国家的交通运输条件会影响到企业在该国的厂址选择和营销策略；一个国家的通信设施的现代化程度直接影响企业在当地以及与其他国家和地区的信息传递；商业基础设施条件发达，则可以在融资、保险、销售渠道、广告、大众传媒等方面为企业开展经营活动提供便利条件。

（7）世界经济的特点

对经济环境的分析，除了以上因素外，还必须了解整个世界经济的主要特点，如世界经济形势、国际经济关系等，其中要重点分析国际贸易体系和国际金融体系。国际贸易体系包括贸易方向、商品结构、国际收支、贸易政策、区域性贸易集团等；国际金融体系包括汇率、国际金融机构、国际支付制度和储备体系等。国际企业从事跨国的生产经营活动，随着商品和货币的国际转移，必然受到国际贸易体系和国际金融体系的制约。

3.1.1.3　社会与文化环境

社会与文化环境是指企业所在的国家或地区的社会中人们的处事态度、价值取向、道德行为准则、教育程度、风俗习惯等。社会与文化因素和政治因素不同。政治因素一般带有强制性，而社会与文化因素带有习惯性，其一般是指一个社会在长期的发展中，虽未明确成文，却在无形中制约每一个人习惯的因素。这些因素对直接投资的国别和项目选择，以及投资实现的难易程度有直接或间接的影响，因而成为评价投资环境不可缺少的内容。

（1）语言与文化传统

直接投资不仅是资本的投入，在跨国经营过程中，投资者不可避免要涉及与东道国之间语言与文化传统的沟通和融合过程。不同国家有语言上的差异，不同文化传统和风俗习惯造成了人们不同的社会观念和思维方式。这在一定程度上增加了外来投资者与东道国之间沟通的难度，形成一种投资障碍。例如，面对不同的社会文化背景的市场，企业采用相同的市场策略，在有的国家可能获得成功，在有的国家则可能碰壁；面对具有不同社会文化背景的组织成员，管理上采用相同的方式、方法，也会有不同的效果等。因此，投资于语言与文化传统相近的国家或地区，或者投资于具有相对开放的社会文化背景的国家和地区，更有益于投资的成功。

（2）宗教信仰

这是社会与文化环境的一个重要组成部分，其对人们内在的心理活动及对客观世界的认识有重要的影响。不同的宗教信仰可以导致人们在价值观念、生活态度以及生活习性和偏好上的差异，一定的宗教教义直接导致人们的消费行为和消费模式的差异等。如在不同的宗教节日，人们有不同的消费习惯，使市场形成各种各样的消费高峰。因此，宗教信仰影响投资者对投资方向和市场定位的选择，对企业及其成员的行为准则和道德规范产生影响。

（3）教育水平与人口素质

一个国家的教育水平与人口素质通常反映在国家的教育制度与结构、教育的普及程度、教育与社会的结合程度、国民对教育的态度、人口结构等方面。教育水平与人口素质和吸引直接投资的能力有密切的关系，影响投资者在投资水平、投资结构及投资项目上的选择。教育水平高的国家和地区，人口素质相应也高，有利于吸收高水平的投资活动。教育水平和人员素质低会导致生产和技术落后，缺乏合格人才，劳动效率低，影响投资的效益。

（4）社会心理

人类的大多数行为受其价值观念的支配，一定的社会所反映的人们的态度和价值观念构成一定的社会心理。其基本内容包括人们的价值观念、对物质利益和物质分配的态度、对新事物的态度、对经营和风险的态度，以及民族心理、民族意识等。这些社会心理因素在一定程度上影响一个国家对外资的接纳程度、对外资经营的态度、与外资合作的意愿等。

3.1.1.4　自然地理环境

自然地理环境一般是指非人为因素所形成的环境条件，主要包括自然资源状况、地理位置、地理结构、气候等因素。自然资源状况主要是指资源的分布、质量以及可使用性，如石油、矿藏、森林等资源状况。地理结构主要是指一国的自然地形。气候包括气温、湿度、雨量等。各国的自然地理环境以及对自然地理环境的利用程度和利用效益有很大的差异，自然资源蕴藏的品种、数量，开采的难易程度和开采成本，投资所在地与未来市场的距离，交通运输条件以及气候等不同会对企业跨国经营活动产生不同的影响。当代跨国公司对外直接投资奉行全球战略，其重要的一个方面就是要在全球范围内达到资源利用与生产配置的最优化，寻求最大的竞争优势。因此，自然地理环境对投资投向有着重要的影响。

3.1.2　国际企业投资环境的评价

一般而言，国际企业在投资过程中欲谋求在当地环境的各个方面都具有优势是不可能的。这是由于世界上各个国家和地区的投资环境总是优劣并存，投资者的投资动机存在差异，投资者对环境的评价重点和评价角度也不同。因此，评价国际企业投资环境应有系统的观点和科学的方法。跨国公司在开展对外投资活动时，对投资环境的评价重点和评价思路从下列方法中可见一斑。

3.1.2.1　投资障碍分析

投资障碍分析是一种从反面评价投资环境、论证投资可行性的方法。其基本思路是：投资者根据投资环境应具备的一般因素，分别列出对投资起阻碍作用的主要因素，并据此对若干潜在的投资地区进行比较，哪一地区的阻碍因素较少，就可认为是投资环境较好的地区。在投资环境的评价中，投资障碍因素主要见表3-1。

表3-1 投资障碍因素

项 目	投资障碍
政治障碍	东道国政治制度与投资国不符，政局动荡，社会不安定等 对外资企业的国有化政策和没收政策等 对外资企业实行歧视性政策等 法律与行政体制不完善 政府对企业生产经营活动干预过多
经济障碍	经济停滞或增长缓慢，国际收支赤字增加，外汇短缺 劳动力成本高，通货膨胀和货币贬值，基础设施不良等 缺乏完善的资本市场，资本融通受到限制
其他障碍	技术人才和技术工人短缺 实行外汇管制，限制利润汇回 普遍实行进口限制

3.1.2.2 多因素评价法

多因素评价法的具体操作方法是：

第一，将投资环境分为11类：①政治环境；②经济环境；③财务环境；④市场环境；⑤文化环境；⑥基础建设；⑦技术条件；⑧辅助工业；⑨法律制度；⑩行政机关效率；⑪竞争环境。为了对这些环境作出正确评价，要搜集定量资料和定性资料、一手资料和二手资料。

第二，资料（见表3-2）搜集齐备后，进行总投资环境的评价。其方法如下：

表3-2 对投资环境评估的资料来源

项目	定量资料	定性资料
二手资料	税率、利率和汇率	资金与利润外调的法令
	经济增长率	租税法令
	人口增长与分布	劳工法令
	外汇储备	金融市场的发展情况
	物价增长率	大众传播媒介的发展情况

项目	定量资料	定性资料
	消费支出	通信设备的发展情况
	工业购买支出	社会冲突的情况
	分销商数量	种族斗争的情况
	各基础建设指标	政府执政情况
	原材料及元件的价格	价格控制
一手资料	有关行业的未来增长率估计	专家对当地法律和法规的看法
	有关行业的资金利润率估计	专家对当地行政机关效率的看法
	有关行业的工资增长率估计	专家对当地社会风俗的看法
	有关行业的平均成本估计	专家对当地政府未来政策的看法
	有关行业的分销商增减估计	专家对有关行业的看法
	有关行业的劳动生产率估计	专家对当地竞争情况的看法

$$投资环境总分 = \sum_{i=1}^{n} w_i z(5a + 4b + 3c + 2d + 1e)$$

式中：i 为个别投资环境因素；n 为投资环境因素个数；w 为个别投资环境因素的权数；a、b、c、d、e 分别为优、良、中、差、劣 5 种情况下的评价意见百分比。

例如，某投资环境的评价结果见表 3-3，所列国家的投资环境属于中等（总分为 3），可以考虑作为投资点。环境评价得分愈接近 5，投资环境愈佳；反之，愈接近 1，投资环境愈恶劣。

表 3-3　　　　　　　　　　投资环境的评价结果

投资环境	权数	投资环境情况					
		5（优）	4（良）	3（中）	2（差）	1（劣）	评分
政治环境	0.15	0.15	0.30	0.35	0.15	0.05	0.50
经济环境	0.10	0.30	0.30	0.25	0.10	0.05	0.37
财务环境	0.15	0.05	0.20	0.30	0.40	0.05	0.42
市场环境	0.10	0.10	0.20	0.30	0.30	0.10	0.25

投资环境	权数	投资环境情况					
		5（优）	4（良）	3（中）	2（差）	1（劣）	评分
文化环境	0.15	0.05	0.20	0.20	0.30	0.25	0.29
基础建设	0.05	0.10	0.30	0.30	0.20	0.10	0.14
技术条件	0.05	0.10	0.25	0.35	0.20	0.10	0.15
辅助工业	0.10	0.05	0.15	0.30	0.40	0.10	0.27
法律制度	0.10	0.10	0.15	0.30	0.35	0.10	0.28
行政机关效率	0.05	0.20	0.30	0.30	0.10	0.10	0.17
竞争环境	0.10	0.10	0.30	0.30	0.20	0.10	0.16
总　分							3.00

3.2 国际企业战略管理概述

3.2.1 国际企业战略的含义与特征

国际企业战略是指企业面对剧烈变化的国际经营环境以及国际市场的严峻竞争，为谋求生存和不断发展而作出的总体性、长远性的谋划和方略。其目的在于使国际企业在正确分析和估量外部环境和内部条件的基础上，求得企业的经营目标、经营结构和资源配置与外部环境提供的机会的动态平衡，从而在激烈的市场竞争环境中求得企业的生存和不断发展。

国际企业战略具有以下几个突出的特点：

3.2.1.1 全局性

国际企业战略以国际企业全局为对象，是根据国际企业总体的发展需要而制定的。国际企业战略追求通过战略规划规定国际企业的总体行动，通过对企业各种经营资源的优化配置，发挥出国际企业的整体功能和总体优势。国际企业战略的该特点，要求其高层管理者必须具备系统的观点，战略管理不是一时一事的管理，要立足于国际企业的整体发展来思考问题。

3.2.1.2　全球性

国际企业战略以全球规划为基本着眼点，具有全球一体化战略的明显特点。国际企业战略不受国家和民族的限制，不是孤立地考虑一个特定国家的资源和市场。其战略布局的着眼点是面对整个世界，目的在于通过资源的合理配置在全球范围内寻求最大的经济利益。国际企业战略规划的组织实施是以全球范围内的统一指挥和协调为目的的，从而把国际企业全球经营活动统一为一个整体。国际企业战略的该特点要求其高层管理者必须具备全球的竞争视野和思维方式，在科学分析国际经营环境和自身经营条件的基础上，为求得长期生存和发展而作出总体的谋划。

3.2.1.3　长远性

国际企业战略是对国际企业未来一定时期生存和发展的统筹规划，着眼于企业的长远发展，追求的是国际企业的长期利益。国际企业战略所规定的经营目标，一般都是企业较长时期的奋斗目标，少则3~5年，多则10年以上。国际企业战略的该特点要求企业的高层管理者必须具备长远的观点，立足当前，放眼未来，善于为企业的长远发展作出安排。

3.2.1.4　纲领性

国际企业战略规定的是企业总体的长远目标和发展方向，以及实现目标的基本方针、重大措施和步骤。这些内容一般带有原则性规定的特点，具有行动纲领的意义。国际企业战略的该特点要求企业的领导者既要善于为企业的发展明确方向，规划大政方针，也要善于将战略目标和方针通过展开、分解和落实等过程，转变为企业员工的具体行动计划，以指导和激励全体员工努力工作。

3.2.1.5　抗争性

国际企业战略是企业在市场竞争中与对手相抗衡的行动方略，即针对来自市场竞争对手的冲击、压力、威胁和困难，为争取顾客、争夺市场、提高市场占有率而进行运筹谋划。国际企业战略和军事战略一样，其目的也是克敌制胜，赢得市场竞争的胜利。国际企业战略的该特点要求企业的领导者必须具备敏锐的洞察能力和调控能力，善于捕捉国际市场的瞬息变化，通过企业战略的有效实施，战胜竞争对手，保证自己的生存和发展。

3.2.1.6 风险性

国际企业战略是对国际企业未来发展的规划，而战略实施的环境总是处于不确定的、变化莫测的趋势中，所以企业战略必然存在一定的风险。国际企业战略的该特点要求企业的领导者既要正确地对待风险，善于从风险中寻求企业发展的机会，也要具备较强的应变能力，善于增强环境预测的准确性，不断提高企业自身素质，增强企业抵御风险的能力。

3.2.2 国际企业战略的层次与类型

研究国际企业战略的层次与类型，目的是更好地选择战略，为国际企业决策者提供帮助。大型国际企业的经营战略一般分为以下层次：

3.2.2.1 公司战略

公司战略（corporate strategy）又称企业总体战略，是企业中最高层次的战略。它根据实现企业目标的需要，选择企业可以从事的经营领域，合理地配置企业经营所必需的资源，使各项经营业务相互协调、相互支持。

公司战略以整个企业的发展为出发点，主要考虑企业的业务种类和范围、不同业务的比例、不同业务对资源的需求、不同业务间的相互扶助和协调关系等。作为最高层次的战略，公司战略由公司的高层管理者来制定。

国际企业的公司战略一般被称为国际化成长战略（internationalization growth strategy），是有关企业在国际市场成长的基础上，加快其国际化增长和发展的战略。国际化成长战略可以以"产品"（老产品—新产品）、"市场需求"（老需求—新需求）、"国际化阶段"（国内阶段—进出口阶段—对外直接投资阶段）为轴线，进行立体研究。这样，国际企业的公司战略可以被归纳为三大基本类型：密集型成长战略、一体化成长战略、多元化成长战略。

（1）密集型成长战略

国际企业采取积极的措施，发挥生产和销售潜力，开辟新的业务领域，增加新的花色品种，进一步扩大市场面，即为密集型成长战略。这种战略的基本特征是发掘产品或市场的潜能，增加现有产品或服务的销售额和利润额，使企业得以较快增长。其包括以下战略形式：

①市场渗透战略，是指国际企业所采取的让老产品在老市场上进一步渗透，从而扩大产品销路，使企业得以增长的战略。这种战略一般采用以下

方式：

一是尽量使老顾客的购买数量有所增加，主要方法有增加销售网点、扩大产品的应用范围（如一些消费品被用作礼品等）；

二是运用定价策略、质量保证、优质服务、广告吸引等方式争夺竞争对手的顾客；

三是争取潜在的新顾客，通过促销活动激发他们购买产品的兴趣。

②市场开发战略，是指利用老产品去开辟新市场，增加产品销售量，使企业得以成长。正是基于这种战略，许多企业为了扩大产品市场，延长产品生命周期，会走上对外贸易和投资的国际化道路。例如，日本松下电器公司在国内收音机滞销时就转向海外市场，从而继续保持了企业的发展。

③产品开发战略，是指用改进老产品或研发新产品的方法去增加产品在老市场上的销售量。这种战略要求国际企业根据市场需求不断改进产品的规格、样式，使产品具有新的功能和新的用途；同时，不断推出新产品，以满足不同顾客的需求。现在，随着科学技术的发展和国际市场的变化，新产品层出不穷，产品生命周期越来越短，那些产品研发领先的企业往往在市场竞争中独占鳌头，迅速发展。

实施密集型成长战略的原因一般有：

第一，竞争对手的销售量占优势，存在竞争缺口；

第二，销售系统不健全，存在销售缺口；

第三，产品品种不全，存在产品缺口。

与此相适应，要通过市场渗透战略来填补竞争缺口，通过市场开发战略来填补销售缺口，通过产品开发战略来填补产品缺口。

（2）一体化成长战略

一体化成长战略是指国际企业充分利用自身产品在生产、技术和市场等方面的优势，沿产品生产经营链条的纵向或横向，不断通过扩大业务经营的深度和广度来扩大经营规模，提高收入和利润水平，使企业发展壮大。其具体形式有：

①前向一体化成长战略，是指国际企业以初始生产经营的产品项目为基准，生产经营范围的扩展沿生产经营链条向前延伸，使企业的业务活动更接近最终用户，即发展原有产品的深加工业务，提高产品的附加值后再出售，或者直接涉足最终产品的分销和零售环节。

②后向一体化成长战略，是指国际企业以初始生产经营的产品项目为基准，生产经营范围的扩展沿生产经营链条向后延伸，发展企业原来生产经营业务的配套供应项目，即发展企业原有生产经营业务所需的原材料、配件、

能源、包装和服务的生产经营。美国福特汽车公司是后向一体化成长战略实施最早、最深入的企业，曾将生产经营领域向后延伸至钢铁、矿山、轮胎、橡胶和玻璃等，通过后向一体化成长战略对原材料成本加以控制，并通过统一、严密的生产控制系统使其生产流程大大加快。

③水平一体化成长战略，是指公司收购或兼并同类企业，扩大生产规模，取得规模经济，促进企业成长。如汽车公司通过兼并其他汽车公司，可以扩大生产规模，降低生产成本。

与密集型成长战略不同，实行一体化成长战略的国际企业，不仅涉及产品经营，而且涉及资产经营，通过资产的扩张和有效配置，将不同产业但有投入产出联系的企业实行一体化，产生 1+1>2 的效应。实行一体化成长战略的国际企业要取得预期效果，应该注意具备两个条件：

一是其所属的产业部门有很广阔的发展前景；

二是其经营活动在现有产品的基础上向前、向后或水平移动时，能够提高企业的经营效率，增强获利能力和控制能力。

（3）多元化成长战略

多元化成长战略是指跨国企业通过创建工厂或兼并其他企业，经营与企业原有业务没有联系或联系不大的跨行业业务，形成生产多种产品的综合体系，使企业能够保持持续的开创力和应变力，以避免可能的经营风险。世界上许多知名的跨国企业都曾经历或正在实施多元化成长战略。例如，美国通用汽车公司除了生产汽车外，还生产坦克、推土机、洗衣机、电冰箱等产品；从事汽车生产的日本丰田公司也向住宅和机械部门投资。多元化成长战略的基本形式有3种：

①同心多元化成长战略，是指企业以现有生产技术和研发能力为基础，发展其他新产品，寻找新的成长机会。这是一种把企业现有生产能力同外部可能的成长机会结合起来的战略，如掌握高水平电子技术的公司，利用原有技术生产公交部门所需的交通信号控制系统、医用电子诊疗机、商用的自动售货机等。

②水平多元化成长战略，是指企业充分利用现有的市场，开发与现有产品生产技术无关或关系不大的新产品。如经营农业机械的跨国企业增设化肥、农药生产线，以向原有的农机顾客提供化肥和农药。

③综合多元化成长战略，是指企业发展与现有生产技术、产品、市场无关，完全在新的产品和市场领域中寻求成长机会的一种战略。例如，美国 AT&T 公司兼营旅馆业；日本住友电工公司生产电线、防震橡胶、核燃料、塑料制品、成型机等。其他综合多元化成长战略的例子参见表3-4。

表 3-4 世界著名多元化跨国公司的业务范围

公司	主要业务范围
通用电气（美国）	飞机发动机、航天器、机械、通信与服务、电子分配与控制、金融服务、工业与动力系统、照明、医疗系统、汽车、塑料、运输等
西门子（德国）	自动化和驱动装置、自动系统、计算机、工业工程和技术服务、信息和通信网络、医学工程、能源分销与输送、能源生产、生产与物流体系、商业服务、设计与展览、金融服务、房地产管理、运输等
雀巢（瑞士）	饮料、乳制品、巧克力和糖果、烹饪产品、冷冻食品、食品服务、快餐、宠物食品、药品、化妆品等
宝洁（美国）	保健品、女士化妆品、工业化学品、饮料和食品、衣物和清洁用洗涤剂、旅馆、纸张等
三井（日本）	钢铁、不含亚铁的金属制品、服务、建筑、机械、化学制品、能源、食品、织物、一般商品等
飞利浦（荷兰）	照明、零部件、消费电器、家用器械、个人保健、医疗系统、工业和电子传声系统、信息系统、通信系统、半导体、办公设备等

实行综合多元化成长战略，有利于企业抓住外部环境提供的机会，不受目前产品和市场的限制；在外部环境不利时，可以实现企业向新的产业部门实施经营重点转移，分散风险。但综合多元化成长战略可能导致企业过分膨胀，或因对新业务领域不熟悉而导致利润下降，从而给整个企业的经营带来困难。1995 年，世界通信界巨人美国 AT&T 公司自行肢解，分成通信服务、系统制造和计算机部门。这种分解也在一定程度上说明：过于膨胀的多元化经营，有可能给企业经营带来负面效应，需要加以纠正。

国际企业成长战略有一个历史发展和变化的过程，从总体上看，企业通常交替使用上述 3 种成长战略。在一种特定历史环境和条件下，某种成长战略成为主体；在另一种历史环境和条件下，其他的成长战略就可能取而代之，成为主体。

3.2.2.2 经营单位战略

经营单位战略（SBU strategy）又称事业部战略，是在总体性的公司战略指导下，经营管理某一个特定的经营单位的战略计划，是公司战略之下的子战略。经营单位战略主要涉及如何在特定的细分市场中竞争，因此，其主要问题是关心应开发哪些产品或服务以及将其提供给哪些市场，关心满足顾客的程度，以达到企业的目标（如远期盈利能力或市场增长速度等）。因此，公司战略涉及组织的整体决策，而经营单位战略更关心公司整体内的某个事业部单位，即它的重点是要提高一个战略经营单位在它所从事的行业（或某一个特定的细分市场）中所提供的产品或服务的可持续竞争优势，以实现事业部单位利润的最大化。

经营单位战略是公司战略的具体化，其重点是改进和提升一个战略经营单位的竞争地位，因此这类战略也被称为竞争战略。企业的竞争战略是实现业务战略目标的手段，通过实施竞争战略可以形成业务的相对优势，从而实现企业战略管理的目标。迈克尔·波特教授于1980年在《竞争战略》一书中提出3种基本竞争战略，即成本领先战略、差异化战略和集中化战略。这3种基本竞争战略因为能使企业形成相对竞争优势而长期为企业所采用。

（1）成本领先战略

成本领先战略（cost leadership strategy）也称低成本竞争战略，是指企业通过有效途径降低成本，使企业的成本低于竞争对手，甚至是在全行业处于最低水平，从而获得竞争优势的一种战略。实施成本领先战略成功的关键在于，在满足顾客认为最重要的产品和服务特征的前提下，实现相对于竞争对手的可持续性成本优势。

运用这一战略获取利润的思路有两种：

一是利用成本优势定出比竞争对手更低的销售价格，吸引对价格敏感的顾客群，进而提高总利润；

二是不降低商品价格，满足于现有市场份额，利用成本优势提高单位利润率，进而提高总利润和投资回报率。

成本领先战略的两大基础是规模效益和经验效益，它要求企业的产品必须具有较高的市场占有率。

（2）差异化战略

差异化战略（differentiation strategy）是指企业设法向顾客提供与竞争者存在差异的产品和服务，在行业范围内树立起别具一格的经营特色，以特色来取得竞争优势。

差异化战略要求企业通过差异化将自己与竞争对手区分开来。差异化战略并不简单地追求形式上的特点与差异，从产品、服务、渠道、人员、形象等多个角度入手，逐渐深入，其关键是在顾客感兴趣的方面和环节上树立起自己的特色。

（3）集中战略

一些企业由于受到资源和能力的制约，既无法成为成本领先者，也无法成为差异化者，而是介于其间，因此，这些企业就无法获得这两种战略所能形成的竞争优势。但是如果这些企业能够约束自己的经营领域，集中资源和能力于某一个特殊的顾客群或者某个较小的地理范围，或者仅仅集中于较窄的产品线，那么，它们也可以在比较小的目标市场上获得竞争优势。因此，集中（focus strategy）战略就是以选定的细分市场为对象进行专业化服务的战略。

3.2.2.3　职能战略

职能战略（functional strategy）是指企业的主要职能管理部门为贯彻、实施和支持公司战略与经营单位战略而制订的短期战略计划。职能战略的重点是使企业资源的利用效率最大化和成本最小化。根据这些行动计划，企业职能部门的管理人员可以更加清楚地认识到本职能部门在实施企业总体战略时的责任和要求。

职能战略在研发、生产作业、市场营销、财务会计和人力资源管理等主要职能部门中制定，各个职能部门的主要任务不同，关键变量也不同。即使在同一职能部门里，关键变量的重要性也会随着经营条件的不同而有所变化，所以难以归纳出一般性的职能战略。从战略构成要素来看，协同作用和资源配置是战略的关键要素，而经营范围与竞争优势的重要性较低。

3.3　国际企业全球战略的模式

由于国际企业的成长历史、高层管理者的素质与风格、企业的行为及经济环境有很大的不同，国际企业逐步形成了不同的经营战略模式。如果以经营管理的基本战略思想作为基准线，大致可以把现有的国际企业全球战略模式区分为跨国战略和战略联盟。

3.3.1　跨国战略

3.3.1.1　母国中心型企业战略

其是以母国和母公司的利益与文化价值标准作为决策的根本指导思想。其决策方式以集中式为特点，总部下达大量的命令与指示，组织结构以产品分部为主等，无不反映了这种"母国中心"的特点。但母国中心型企业与全球型企业相比，其价值链的"优势环节"并不特别突出。

这种战略多为汽车、化工、钢铁、大型电子设备等行业的跨国公司所采用，因为它们的上游部门（如研发、制造）活动增加价值的比重很大。采用这种战略，各类子公司在研发、制造活动中就会节约成本。

3.3.1.2　东道国中心型企业战略

其可以说是对应于母国中心型企业战略的另一个极端。采用这种模式的跨国公司，战略重心在于更好地适应东道国的环境，更注重东道国的反应。其决策方式是分散的，组织较松散，子公司的东道国文化色彩浓厚，以雇佣、训练东道国人员为主，甚至由东道国人士担任子公司的高级职务。

该模式要从东道国的实际需要出发，要付出重复投入资金及经济优势受到限制的代价，但在有些业务领域中有竞争优势，如联合承担财务风险、共同支付研发费用、出口协作、子公司之间的技术转让等。因此，这种战略适用于下游部门（如推销）活动增加价值较多的行业，如包装、化妆品等。

3.3.1.3　区域中心型企业战略

区域中心型企业战略是母国中心型企业战略与东道国中心型企业战略这两种极端形式的折中。它所考虑的战略重心是兼顾区域内各子公司的一体化以及各个东道国的反应，尽可能在区域内各子公司的利益与各东道国的利益之间取得妥协与平衡，在各个管理层次上也反映了这种区域中心及区域文化的特征。

3.3.1.4　全球型企业战略

其本质是全球性的系统决策模式，是用于全球性系统决策的方法，把不同的子公司统一起来，通过全球商务网络来实现盈利与合法性的平衡。它是一种将产品和地区结合起来的二维结构的管理体制：一维着重适应性；另一维着重一体化。美国的一部分跨国公司采用这种战略。采用这种战略对高层管理部门的要求很高；否则，在对二维结构进行调整时就会混乱。

全球型企业战略除了上述按照战略所涉及的空间来划分外，还可按国际企业进入国际市场的方式划分，该内容在第 2 章中的贸易型进入方式、契约型进入方式以及投资型进入方式中有详尽阐述，这里不再赘述。

3.3.2 战略联盟

世界上很多国际企业为了资源共有、风险共担、利益共享形成所谓的战略联盟（strategic alliance），在竞争中合作，在合作中竞争，这成为世界经济发展的一种必然趋势。战略联盟是指由两个或两个以上有共同战略利益和对等经营实力的企业，为达到拥有市场、共同使用资源等战略目标，通过各种协议、契约而结成优势互补、生产要素以水平式双向或多向流动的一种松散的合作模式。

从行业分布来看，国际企业战略联盟主要集中在资本、技术密集的产业部门，尤其在知识密集的高技术产业中，战略联盟增势强劲。

素养园地

如何提升供应链的韧性

党的二十大报告强调"我们要坚持以推动高质量发展为主题""着力提升产业链供应链韧性和安全水平"。维护产业链和供应链安全稳定，增强产业链和供应链韧性和自主可控能力，是建设制造强国的重要依托，是统筹发展和安全的应有之义，也是构建新发展格局的必然要求。我们必须充分认识确保产业链和供应链安全稳定的重要性，准确把握形势变化和战略任务要求，多措并举提升产业链和供应链韧性和安全水平。

在百年未有之大变局的背景下，中美贸易战、俄乌冲突等重大不确定性事件的发生给我国供应链造成了巨大冲击，反映出其"脆弱性"。近些年美国、欧洲、日本等出台的相关法案与政策加速了"去全球化"的进程，也对我国相关行业的长远发展产生了深远影响。随着中国劳动力成本的增加和国际环境的变化，以苹果、富士康、东芝、戴尔等为代表的制造业企业向外转移，对我国制造业的长远发展以及在全球的竞争力带来了巨大的挑战。供应链韧性与安全关乎国家的稳定与安全，如何全面提升关键产业链（如半导体、新能源、新材料、军工、航空航天、化工等）供应链的韧性是政府、企业和学术界共同关注的问题，已经被提升到了国家战略的高度。

提升我国关键产业链和供应链的韧性已经成为政府、业界和学界的共识。真正切实有效地提升供应链的韧性，以更好地应对未来可能出现的更多冲击，是当前我国面临的最迫切任务。同时，提升供应链韧性是供应链中相关成员企业共同的使命，事关国家安全与国际竞争力，也离不开政府的顶层统筹设计与政策指引。

一方面，在部分关键物资（如芯片）进行国家层面的战略性储备的同时，政府需要牵头加快发展国产替代。当前，我国很多关键产业供应链脆弱的重要原因之一是部分关键原材料和核心技术高度依赖进口。比如，我国芯片的研发制造能力及技术水平远远落后于美国，这导致我国的 ICT、半导体等制造业不得不依赖美国等西方国家。在逆全球化的趋势下，我们要预见到未来关键原材料供给可能因为"卡脖子"而出现断供的风险，短期内可以采取战略性储备等应对策略。此外，要大力扶持和支持关键原材料和核心部件的国产替代，彻底摆脱对美国等西方国家的依赖。除了处于风口浪尖的芯片产业，还包括新能源、新材料、国防军工、高科技以及工业软件开发等行业。对我国处于世界优势地位的产业，更应该通过持续的研发投入不断增强其在国际市场的竞争力，在必要时可以主动出击去卡敌对国家的"脖子"，增加博弈反制的筹码。

另一方面，政府需要建立政策机制体制，引导核心企业增强韧性。尽管供应链韧性是国家和供应链企业共同关心的话题，但是企业订立目标时并不一定能站在国家的全局角度考量。在供应链布局和优化的过程中，企业往往会站在自身的立场在运营效率和韧性之间进行折中。因此，在决策目标不一致的情况下，需要为不同行业建立激励相容的面向企业的政策、机制和体系，以引导核心企业对供应链拓扑结构进行优化调整，并影响企业的供应链管理决策行为，从而实现系统的优化，达到整体韧性最优。对于一些"卡脖子"的关键物料，甚至应该从国家层面建立起战略性储备的机制，以更经济有效的方式更好地应对潜在重大突发事件对国民经济带来的冲击。在经历了芯片断供、制造业转移等重大冲击事件之后，我国关键产业链和供应链依然面临西方列强的无止境"围剿"。然而，坚韧的中国定能全方位增强和打造我国关键产业链和供应链的韧性与安全水平，增强我国供应链在国际上的竞争力，助力中华民族实现伟大复兴。

资料来源　肖勇波，梁湧，祁宏升，等. 如何提升供应链的韧性［J］. 清华管理评论，2023（6）：16-23.

本章小结

国际企业战略管理的首要任务是对企业外部投资条件的有效分析和评

估。从经营角度看，国际企业战略一般包括公司战略、经营单位战略和职能战略。公司战略包括密集型成长战略、一体化成长战略、多元化成长战略；经营单位战略主要涉及国际企业在特定市场领域内如何有效竞争、获得和保持优势地位的问题，包括成本领先战略、差异化战略和集中战略；职能战略是为贯彻、实施和支持公司战略与经营单位战略而在企业特定的职能管理部门制定的更为详细、具体和可操作的战略。国际企业的全球战略可分为母国中心型、东道国中心型、区域中心型和全球型企业战略。

关键术语

公司战略（corporate strategy）　经营单位战略（SBU strategy）　职能战略（functional strategy）　成本领先战略（cost leadership strategy）　差异化战略（differentiation strategy）　集中战略（focus strategy）

即测即评

第3章在线测试题

复习与思考

1.试对我国当今的经济环境进行分析，并解释中国能够成为世界跨国公司投资的重点国家的原因。

2.简述国际企业投资环境的评价方法。

3.简述国际企业战略管理的不同层次及相应的战略特征。

4.简述国际企业战略模式。

5.试比较国际企业公司战略的三大基本类型。

案例分析

案例 1

顺丰集团战略浮现过程研究

一、跟随战略时髦，认识能力边界

2013年前，顺丰一心专注于快递业务的"开疆扩土"，电商平台也成了顺丰快递业务的重要来源。然而在2013年前后，这些电商巨头们纷纷跨界入局物流领域，这给了顺丰不小的冲击。比如，2012年京东正式注册京东物流，将京东物流从京东内部的物流服务部门变成对外营业的物流公司，物流发展野心初现；2013年，阿里巴巴主导成立菜鸟网络，整合阿里系电商快递并逐步自建物流板块。顺丰作为第三方物流服务商，缺乏商流支持的弱点暴露。在两大电商巨头都将订单引导至自身物流平台的情况下，顺丰的物流订单来源受到了前所未有的挑战。

与此同时，O2O（线上线下一体化）概念在当时非常受追捧。外界环境的变化使得顺丰集团思考决定自建商流以摆脱对电商平台的业务依赖。2013年，结合上游商业和下游物流的纵向一体化发展一度成为当时顺丰集团的阶段性战略发展共识。

顺丰也加紧了对战略转型的落地实施。2012年年末，顺丰集团先行推出自建生鲜电商平台"顺丰优选"，这是顺丰自建商流的开端。2013年，顺丰集团商业板块的线下便利店"嘿客"出现，其定位为线上商城"顺丰优选"对应的线下门店。在2013年和2014年，顺丰集团大力投资建设"嘿客"，短期内在全国大量铺设线下门店，高峰时期门店数量高达3 000余家。

然而即使被寄予厚望，无论是线上商城顺丰优选还是线下门店"嘿客"，均在短期内宣告失败。顺丰集团剥离商业板块，意味着顺丰集团对外自建商流的阶段战略宣告失败。这一阶段战略的失败给高层在战略布局上敲响警钟，引发集团对失败的复盘及对自身能力边界的思考。

二、横向并购扩张，不再排斥资本

从2015年开始，国内快递物流市场已呈现寡头竞争局面，头部效应凸显，尤其在电商快递领域基本形成顺丰、通达系和京东快递三足鼎立的局面。顺丰集团的竞争对手们随着自身收入和利润规模已逐步上升到符合上市要求，纷纷递交上市申请。基于整体市场的变化和竞争对手的动作，顺丰集团高层意识到，再不利用上市带来的资本助力，很有可能在未来与对手竞争中处于下风。

顺丰集团在公司治理层面调整了战略认知，确定主题为"布局未来，重组上市"。顺丰集团对于上市的态度发生了根本性的转变，不仅进行了上市前的准备，而且同意了更加快速的借壳上市方式。2017年2月，顺丰集团在深交所借壳上市成功，在资本市场正式登陆募集资金近80亿元。

另一方面，经历了第一阶段失败的纵向扩展后，顺丰形成了长期的战略认知：核心能力仍在物流领域，要围绕核心能力发展。在业务方面，确定集团年度发展主题为"拥抱变革、聚焦经营"，顺丰集团将回到聚焦物流发展的主线。同时，顺丰集团战略发展目标明确为"提供综合物流服务的服务商"，进行横向业务拓展，提供更多非快递类物流服务。

在确定了"成为提供综合物流服务的服务商"的战略定位后，顺丰立即开始了横向一体化战略实施拓展。在战略实施方式方面，顺丰集团的发展思路也发生改变。新业务战略实施方式不再是以自建作为唯一选择，而是开始使用资本进行兼并收购协同自建业务进行快速发展。2018年，顺丰集团进行了第一次规模较大的公司并购行为，并购标的为广东新邦物流，收购金额达2.3亿元人民币。收购新邦物流的成功，更加坚定了顺丰集团通过并购加快进行横向一体化扩展的战略决心。

紧接着顺丰集团于2018年、2019年分别完成了对敦豪供应链和夏晖中国的收购，共耗资64亿元人民币。这两家并购标的均是外资物流企业在中国设立的专注供应链服务的物流子公司。并购前，敦豪供应链主要有以星巴克咖啡、太平洋咖啡、瑞幸咖啡为主的餐饮连锁企业客户，以及以阿斯利康等为主的医药企业客户。夏晖冷链是2008年北京奥运会运动员餐饮服务商，也是麦当劳长期的冷链物流服务商，可以提供物流行业较为专业的VMI供应商库存管理能力和MilkRun循环配送能力。

此阶段战略实施结果大为成功。经过4年的发展，从2016年年初到2019年年底，顺丰集团的非快递板块发展初见成效。截至2019年年末，非快递板块当年为顺丰集团提供营业收入达274亿元，占当年顺丰集团总收入的24.47%，即约1/4的营业收入来自非快递板块。而在实施初期，2016年对应数据仅为87亿元，收入贡献占比仅15%。其中，最为成功的是重货运输（快运）板块，以76%的营业收入年均复合增长率冠绝公司。快运板块也在2019年进入所在细分行业营业收入前三强。经过4年的发展，顺丰集团基本形成一体化综合物流解决方案能力，从单一快递服务商转型成为可提供多种物流服务的综合物流服务商。

资料来源 翁均杰,黄婷,朱沆.顺丰集团战略浮现过程研究 [J].清华管理评论,2023(7-8):110-119.

问题:

(1) 针对顺丰集团的特殊性,顺丰集团的收购策略是什么?

(2) 顺丰集团的收购策略对公司未来的发展有什么影响?

案例 2
数智时代打造高端品牌的奥秘:美的 COLMO 的实践

在数智化时代,智能科技创新正深刻地改变我们的生活,改变高端品牌建立的战略和路径。如果说传统的奢侈品是西方文化和社会经济历史的产物,那么在数智化新时代,中国企业借助 AI 科技快速创建的大批高端品牌,以及经济增长创造的庞大中产阶级群体需求,正在重新定义"奢侈品",并在世界范围内贡献"中国模式"。事实上,在当下这个科技创新的时代,传统意义上"奢侈品"的创建模式及内涵已经式微,而"高端品牌"正蓬勃发展。高端品牌是面向更为广泛的目标集聚顾客群体的高价值品牌,品质高级且价格昂贵。

一、极为卓越的产品功能价值

不同于传统奢侈品牌强调品牌附加值,数智时代高端品牌强调产品价值。学界对奢侈品或奢侈品牌的定义并不统一,但普遍认为包括以下几个核心:一项品质上乘的享乐型体验或一种经久耐用的产品;以远高于其功能价值的价格出售;其品牌与传统遗产、特殊专门技术和文化相关联;有目的地限量限区域发售;提供个人化相关服务;体现社会地位,使拥有者或受益者深感与众不同,有一种优越感。

高端品牌通常指品质高级且价格昂贵的品牌。这类品牌的声望(地位和排他性)和价格高于大众品牌但低于传统意义上的奢侈品牌,因而在生活中被称为"新奢侈品牌"或"轻奢品牌"。高端品牌同时具有高度的功能性和象征性,拥有卓越的品质(质量与科技含量)和高度美学价值的设计。这些特点与奢侈品牌一样,但高端品牌往往不以传统遗产为前提。因而,可以将高端品牌视为当今新时代诞生的"奢侈"品牌。高端品牌更多地强调与特定产品类别相关的有形资产,即产品的实际价值。也就是说,在整体品牌价值的构成中,产品价值很显著地高于产品之外的品牌附加值。

在数智时代,高端品牌的核心竞争力是产品维度的,能够满足高端用户的真实需求。高端品牌通常需要具备高价值含量、高技术含量、高品质的特征。没有尖端技术的深度加持，想要成就高端品牌几乎是不可想象的。随着人工智能和物联网技术的出现，消费领域的技术和产品不断涌现，越来越多的应用被开发出来，如物联网家电、全屋智能解决方案、情感智能电动汽车等。智能技术驱动的新兴产品极大地改变了人们的生活方式，改变消费者的价值认知和价值权重。这些高科技产品是功能性的、实用性的，创新是它们最大的特点。由于它们的高价值是基于新科学发现及技术应用开发，因此需要大量的研发投资。

从中国领先企业的品牌高端化实践看，美的集团以 AI 科技为核心驱动，创立高端品牌 COLMO，处于领先地位。COLMO 一方面采取产品多元化扩张的战略，以体系化满足高端用户的价值需求；另一方面从用户生活场景出发，打造全屋智能解决方案，建立超越产品价值简单加总的整体顾客价值。这是以嵌入用户生活方式的解决方案形成的产品功能附加值，不同于传统奢侈品的品牌象征附加值。目前，COLMO 在全品类发展的基础上形成 BLANC、TURING、EVOLUTION、AVANT 四大体系，建立高端用户市场细分价值体系。

二、异乎寻常的用户自我体验

不同于传统奢侈品牌强调社会价值，数智时代高端品牌强调用户的自我体验。奢侈品牌定义中的一个关键属性在于奢侈品带来的社会价值，即购置和拥有奢侈品能够体现顾客的社会地位，使拥有者深感与众不同，获得一种社会性的优越感。这是一种极为明显的外部导向的价值。高端品牌更加强调自我体验，强调品牌的悦己功能。在这种情境下，品牌需要被视为合作者和促进者，使消费者能够实现个人目标和真实身份目标，契合用户高级消费理念。这是一种不同于社会比较的向内寻求的自我体验价值。

通过 AI 科技创新，COLMO 建立了比高端更智能、比智能更集成的优势。与传统人员服务创造的卓越顾客体验不同，这种异乎寻常的自我体验的实现，依赖的是智能科技。智能互联 AI 技术、IoT 技术、数字仿真技术等赋予产品与用户亲密互动和迅速响应的能力，通过智能交互实现智能响应，带给用户独特的自我体验价值。有形可感知的智能交互是实现这种价值的基础。AI 智能的拟人化功能让智能家居成为智慧化身，随机应变、自然反应，根据场景需求控制家居变化，帮助消费者解决问题、完成任务甚至与用户聊天，提升交互的愉悦性，使其激发的情感反应产生积极效果。

智能交互的目的是让顾客的即时需求得到及时响应。因此，智能响应是自我体验价值的核心。传统服务响应性指的是企业能够快速、有效地为顾客服务，迅速解决问题；数智时代的响应性是基于智能技术实现的即时反应能力。例如，COLMO智能语音助手实现了无处不在的智能交互和全屋智控的交互：通过语音技术灵敏地提升智能响应的体验感，通过配置长对话功能，一次唤醒多次对话，省去大量唤醒的冗杂，以极简的服务方式带来高度智能响应的自我体验。

智能交互和响应技术改变了传统的需求定制的内涵，实现智能化场景的需求定制。在感知智能和认知智能的创新发展下，智能家居将从家电被动服务跃迁到家电主动服务。智能家电能够感知用户状态，识别用户意图，学习用户习惯，获取环境和设备信息，从而主动配置家电提供服务，像智能机器管家一样深度洞悉用户的需求，为用户提供选择的自由，进而有力提升消费者的自我体验。根据不同的生活场景和消费者需求，COLMO打造了BLANC、TURING、EVOLUTION、AVANT四大套系，以智能方式调整场景内产品运作方式，实现全新的智能化场景需求满足。

综上所述，数智时代AI科技的发展改变了传统产品功能的含义和价值构成，改变了消费者体验的方式和价值感，带来了全新的品牌理念和价值定位。有形可感的智能交互、无处不在的智能响应和智能场景化的需求定制是其异乎寻常的消费者自我体验的主要实现方式。从传统时代的奢侈品走向数智时代的高端品牌，告别倚重社会比较产生的心理价值，转向寻求尊崇内心自由、舒适和悦己的生活方式，这在很大程度上为实施数智时代的品牌战略提供了颠覆性的思想逻辑。背后强大的市场驱动力是新时代用户消费理念的进化和变革。

资料来源　何佳讯. 数智时代打造高端品牌的奥秘：美的COLMO的实践 [J]. 清华管理评论，2023（9）：23-29.

问题：

（1）在数智时代下，美的是怎样打造高端品牌COLMO的？

（2）美的品牌战略会对国际化品牌路线产生哪些影响？

第4章　国际企业的组织结构及人员配备

学习目标

通过本章的学习，你应该掌握：国际企业的组织结构；结合国际企业的战略，选择、设计国际企业组织结构；国际企业人员的配置方式；外派人员的招聘、培训。

4.1　国际企业组织结构的类型

随着国际企业内外部环境的不断变化，其组织结构往往不断变化、调整，以适应企业整体的战略部署。环境决定战略、战略决定结构是两条重要的管理原则，跨国经营要取得好的业绩，必须使其战略和组织结构相互适应。因此，对于国际企业组织结构的理解，可以结合第3章中的国际企业战略模式进行学习。从演变的历程来看，国际企业出现了出口部结构、母子公司结构、国际部结构和全球性结构等形式，并且随着环境的变化还将不断地发展。

4.1.1　出口部结构

由于国际化经营初期对外部环境不了解，企业一般不会贸然向海外进行大的投资。大多数企业在国际化初始阶段都会以出口导向为其经营战略的核心。在凭借出口方式进入国外市场的初期，企业通常委托独立经营的贸易公司代理其出口业务。随着产品的出口量不断增大，企业可以设立一个出口部门，专门负责出口业务，并逐步在国外建立自己的销售、服务和仓储机构。出口部结构是指企业在国内组织结构的基础上，在营销部之下设立一个独立的出口部，或是设立一个与营销部平级的出口部，全面负责企业的出口业务（如图4-1所示）。

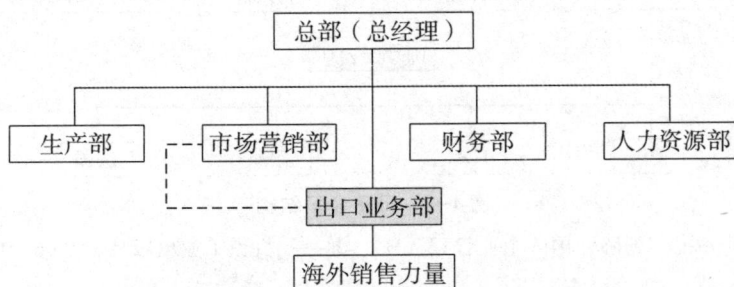

图4-1 设有出口部企业的职能结构

资料来源 王朝晖. 国际企业管理［M］. 北京：机械工业出版社，2006：127.

企业成立出口部的优点是：能接触到海外消费者，及时获得国际市场的信息和消费者的反馈，有利于提升出口产品的竞争力。但企业仅依靠出口开拓国际市场，具有很大的局限性。东道国的关税、限额和其他进口壁垒会限制出口业务的发展。为了避开这些进口壁垒，企业可以采取许可证贸易和国外生产的方式。随着在出口地区生产的增加，出口部门与企业其他部门的利益冲突会日益尖锐。在国外生产会导致出口部门的出口销售份额降低，所以出口部门宁愿继续出口，而不希望增加海外生产。不过，对于大多数成功的国际企业来说，这种情况持续的时间不会太长。海外子公司的成功会使它们在企业中的地位得到加强。

4.1.2 母子公司结构

在母子公司阶段，企业刚刚开始建立国外子公司，数量少，规模小，其经营的成败对母公司影响不大。同时，母公司缺乏国际生产和经营的经验，无力控制这些新建的国外子公司。所以，这个时期子公司基本上是独立活动的，子公司的经理们实际上拥有行动和决策的全权。母公司对子公司没有什么直接控制，只是定期按股权收取红利，实际上只是发挥其控股公司的作用。在母子公司结构中，母公司和子公司之间存在松散的、非正式的联系，这种联系有时是母公司总经理和子公司总经理之间的个人联系，后者向前者负责。母子公司结构如图4-2所示。

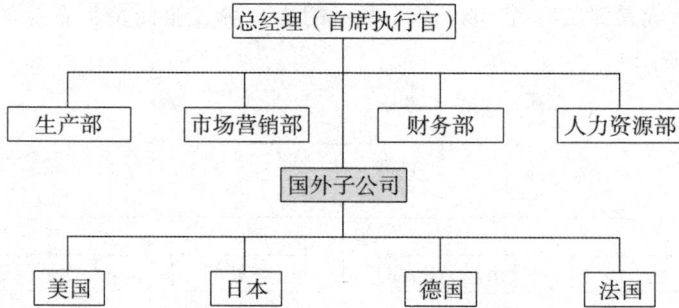

图4-2　母子公司结构

资料来源　王朝晖. 国际企业管理［M］. 北京：机械工业出版社，2006：128.

母子公司结构对于母公司而言，具有投入资源少、负担小、经营风险低等优势。由于在母子公司结构中，国外子公司通常具有东道国法人地位，具有很强的独立性与很大的自主权，因此，可以根据东道国市场环境变化作出决策，并及时调整经营策略，经营灵活，有利于子公司积极性的发挥，并有利于加强子公司领导者的权威和反应能力，使子公司的管理具有稳定性和较高的工作效率。

母子公司结构也存在一些缺陷。由于母公司无专门机构负责与子公司的联系，母公司总经理仅靠个人能力进行控制，当公司规模很大时，势必难以及时、有效地对子公司进行管理，由此也造成了子公司难以得到总部在资源、技术上的支持。另外，子公司根据自身的利益作出的决策，往往对于子公司可能是最优，但对整个企业的全球性经营不一定是最优。

4.1.3　国际部结构

随着国际企业海外子公司数量不断增加、地位日趋重要，建立一个独立的部门，与国内各部门的业务分开，专门负责开拓国际经营业务，处理国际经营中的特殊问题，成为企业发展的必然要求。许多企业这时一般会在内部单独设立一个职能完整的国际部来协调和控制企业的国际经营活动。国际部与其他国内事业部处于同等地位，由企业副总经理负责，并直接受总经理领导，总管母公司在海外的投资与产品销售，监督与协调海外子公司的业务活动。典型的国际部结构（international division structure）如图4-3所示。

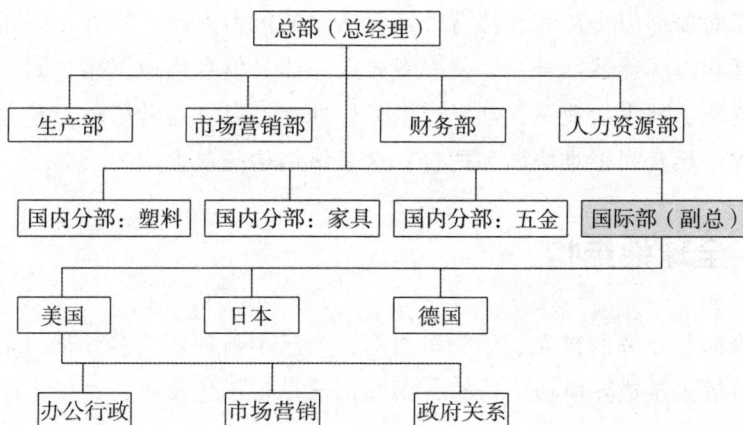

图4-3 国际部结构

资料来源 王朝晖. 国际企业管理［M］. 北京：机械工业出版社，2006：129.

国际部结构的特点是：

①国际部拥有调控其下设职能机构的实权，主要职责是制定国际经营政策和全球战略规划，负责出口、技术转让和对外直接投资业务，以及监督海外子公司的经营活动。

②海外子公司与母公司的联系都经由国际部进行，有关海外子公司运作的重大决策，都须向国际部报告后才能实施。

③国际部这一专门管理机构的出现，将原来母子公司结构中那种子公司与母公司总经理之间非正式的、个人接触式的工作关系，转变为正式的、规范的组织关系。

与母子公司结构相比，国际部结构具备很多优势。例如，国际部的业务由母公司副总经理负责，并直接向总经理汇报，使得海外子公司与企业总部的联系比较紧密，便于总部有效地了解子公司和增强对海外子公司的控制，在国际经营活动中实施全面监控。另外，国际部能够统筹安排海外子公司的活动，使各子公司之间在战略管理、市场营销、筹资融资、内部交易、互通情报与信息等方面进行有效的协作，以实现企业整体利益的最大化。

这种组织结构形式曾被国际企业广泛采用。如在20世纪30年代，美国通用汽车公司就在出口集团的基础上成立了国际部；到20世纪60年代，国际部结构已成为美国大型跨国公司的主要组织形式。

但是在这种组织结构下，企业经营活动所需的各种资源大部分仍掌握在国内部门手中，它们作为公司主体在整体决策中占较大比重。国际部并无支配权，因而该部门协调和支持海外经营活动的能力有限。另外，国际部结构将国内部和国际部截然分开，使二者各成一体，信息沟通不畅，因此可能相互争夺资源、技术与业绩，甚至产生目标冲突，以及经营策略与管理风格上的不一致，相互间很难协调和配合，这是该结构的最大缺陷。

4.1.4　全球性结构

随着国外业务的扩大、子公司增多、产品不断创新及多元化，企业的国际化经营进入了成熟阶段。这时，国际部已显得不堪重负，难以协调和处理母公司和子公司之间的矛盾和冲突。因此，企业的组织结构变得更为复杂。到20世纪60年代中期，越来越多的国际企业采用了全球性结构代替国际部结构。所谓全球性结构（global structure），是指把国内一般企业的分部组织形式扩展到全球范围，从全球角度来协调整个企业的生产和销售，统一安排资金和分配利润。

全球性结构与以前国际企业的组织结构相比，有两个方面的显著特点：

①它把国内和国外的经营决策权都集中于公司总部，既管理国内分支机构，又管理国际分支机构；

②总部的任何组织部门都从全球视角设立，企业从全球战略出发，统筹安排国内和国际业务，以期在全球范围内取得最大效益。

显然，这种全球性结构为企业实施全球战略提供了组织条件，打破了原来企业国内业务和国际业务的分割，将世界市场视为一个整体，在全球范围内实现组织结构优化和合理化。但实行这一结构对企业有较高的要求，企业应当具有高素质的管理人员和健全、便捷的信息沟通网络，而且庞大的企业规模会导致经营成本过高。

在20世纪60年代中期以后，越来越多的美国企业为了适应全球化经营，陆续放弃了国际部结构，转而采取全球性结构。欧洲各国企业是在第二次世界大战后激烈竞争的市场环境中发展起来的，由于这些国家国内市场狭小，高度依赖海外市场，因而在组织结构上由母子公司结构绕过国际部结构而直接采取全球性结构。

全球性结构可以按产品、地域和职能中的任何一项因素进行设置，即单项划分的全球性结构。随着国际化经营的进一步发展，在地域、功能和产品之间的相互协调上的矛盾和冲突会日益加剧，因此许多国际企业又采取了更为复杂的形式，即把产品、地域和功能3个单项组合成混合性组织结构和全球性矩阵结构。全球性结构包括6种最基本的组织形式：全球性职能结构、全球性产品结构、全球性地区结构、全球性混合结构、全球性矩阵结构和全球性网络结构。其中前3种属传统的单一的组织形式，后3种是新型的综合的组织形式。

4.1.4.1　全球性职能结构

全球性职能结构（global functional structure）是指根据各种不同的职能划分组织结构，一般在母公司总部下分设生产、市场营销、财务、人力资源和研发等部门，各部门之间依存度较高，并由母公司总部协调相互间的关系（如图4-4所示）。在这种组织结构下，母公司总部确定全球目标和策略，由副总经理管理的职能部门分别负责本职能在国内和国际的一切活动，如生产部负责产品的开发、制造和质量控制等活动，市场营销部负责产品在国内外的营销、管理和控制国内外的销售机构与经销商，财务部负责总部在全球的资金筹措、调拨以及风险管理等工作。

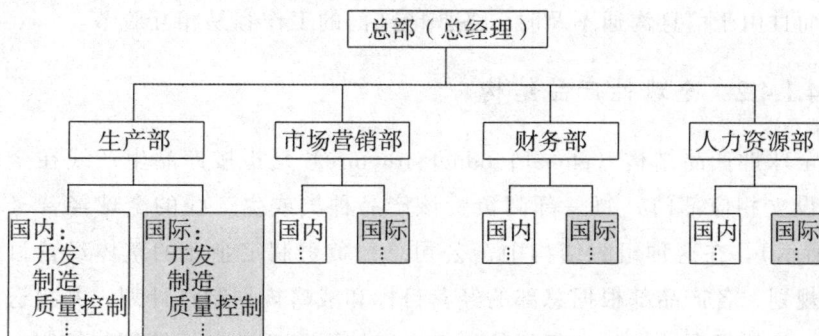

图4-4　全球性职能结构

资料来源　金润圭. 国际企业管理［M］. 3版. 北京：中国人民大学出版社，2015：249.

这种组织结构适合规模较小、产品系列较为单一、产品高度标准化、市场需求和市场环境都比较稳定的企业。很多西欧国家或地区以及新加坡的中小型国际企业都采用这种形式。例如，瑞典轴承公司SKF生产单一的轴承类产品，产品标准化程度高，产品的使用与销售受地区差别的影响较小，采用全球性职能结构管理公司在世界各地的业务。

全球性职能结构的优点是：

①强调公司总部的集权管理，控制企业各个部门的业务，有利于树立总部的权威性，以及加强企业的统一成本核算和利润考核。

②各个业务职能部门都从本企业的全球战略出发开展业务，并实现充分的专业化，彼此直接利益冲突较少，有利于部门间的相互协调配合，提高经营效率，增强企业整体的竞争力。

③与其他组织结构形式相比，能以更加精简的机构、人员实施对整个组织的全球控制，有利于减少重叠管理。

全球性职能结构的缺点是：

①由于各个职能部门各项管理职能分开，一方面要求管理人员熟悉企业生产的所有产品，另一方面不同部门管理人员分析处理问题的角度和出发点不同，因此在实际经营管理过程中将加大管理难度，影响决策的统一性。

②由于企业的最高决策层必须经常协调设在不同国家或地区的各个职能部门的活动及存在的分歧与矛盾，容易使企业的生产经营脱节，效率降低。

③各个部门都同时主管国内业务和国际业务，有时会导致大量重复工作，而且由于信息沟通不及时，各职能部门的工作容易相互脱节。

4.1.4.2　全球性产品结构

全球性产品结构（global product structure）是指按产品生产线在全球范围内设立相应部门，每一部门负责该产品种类或生产线的全球经营（如图4-5所示）。在这种组织结构中，公司总部负责制定企业的整体经营目标和战略规划，各产品部根据总部的经营目标和战略规划制订计划，并报送总部审查，然后根据计划对本部门的所有全球性职能活动进行管理与控制。在这种组织结构中，各个产品部都能得到公司总部各个职能部门的协助，各个产品部又设立各种相应的职能结构，从而能够根据所在地的具体情况从事经营活动。

全球性产品结构适合那些经营规模庞大、产品种类与产品线繁多、生产技术复杂、消费市场分散，适宜在当地就地制造，并且需对用户提供技术服务的国际企业。这种结构多为汽车行业以及工业设备制造业的企业所采用，如通用汽车公司就采用这一组织形式。

全球性产品结构的每一产品部都以全球作为目标市场，有利于促进各产品部进行国际性的产品规划与产品决策，在世界范围内有效、合理地安排生产，全面提升其产品的国际竞争力。同时，每个产品部是一个利润中心，统一负责本产品系列的产销，有利于新产品的研发和企业的技术进步，有利于树立各产品部的全球竞争意识和追求企业在全球范围内的最大利益。这样的结构特征有利于产品部经营行为的长期化，注重原材料采购、研发、生产、成本、人力资源等各个环节的有效协调。另外，由产品部统一负责产品的国内市场与国际市场的经营，确保了国内经营与国际经营的一致，促使本产品部范围内的生产向成本最低、效率最高的地点转移，从而避免了国际部结构中国内经营和国际经营的冲突。

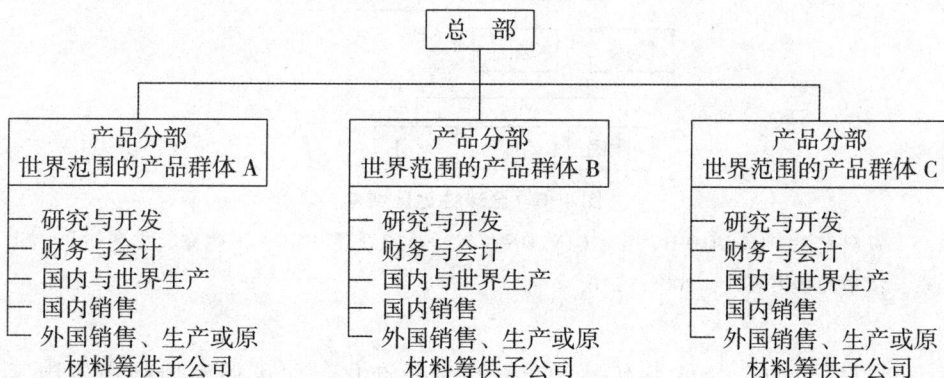

图 4-5　全球性产品结构

资料来源　马述忠，廖红. 国际企业管理［M］. 北京：北京大学出版社，2007：257.

全球性产品结构的缺点是：

①由于企业必须依据不同的产品种类在海外建立起系统的职能部门，使之与总部的管理职能重叠，造成资源浪费，运营成本过高。

②由于产品部的经理一般是技术专家，在既负责该部产品的国内经营又负责国际经营的情况下，可能会不适应国际经营管理重担。

③部门之间协调困难。由于多个产品部各自为政，信息不沟通，企业很难对在同一个地区内的产品部的产销活动进行统筹协调，从而无法达到地区内资源的共享与调剂，对企业的整体利益不利。

为此，许多国际企业逐渐在产品部的基础上引入了地区管理体系，由地区专家组成，其职责就是对属于同一地区内的各个产品部的经营活动进行信息沟通与协调。

4.1.4.3　全球性地区结构

全球性地区结构（global geographic structure）是指按地区设立分部，由母公司副总经理任地区分部经理，负责企业在世界某一特定地区的一切生产经营、销售和财务等活动，公司总部则负责制定全球性经营目标和战略，并监督各地区分部执行（如图4-6所示）。

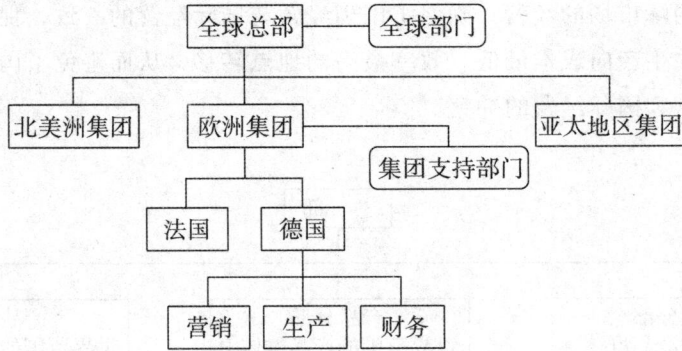

图4-6 全球性地区结构

资料来源 HOLT D H，WIGGINTON K W. 跨国管理［M］. 王晓龙，史锐，译. 北京：清华大学出版社，2005：216.

当公司的产品种类有限、产品高度标准化，而市场延伸到许多国家或地区，每一地区又显示出明显的市场特色时，适宜采用全球性地区结构。一般说来，未进行大量多元化经营的饮料、食品加工、化妆品、医药和石油企业较多采用这种组织形式。例如，成立于1906年的美国国际玉米制品公司是一个全球性的农产品配料供应商，产品是玉米精炼物，为食品和工业产业提供高品质的原料，经营范围涉及北美区域、南美区域和亚非区域。2022年，公司净利润为4.92亿美元，高于上年的1.17亿美元，营业收入为7.62亿美元，较上年3.1亿美元增长146%。其中，亚太地区的营业收入增长7%，至9 300万美元；南美地区的营业收入增长22%，至169.6亿美元，增长原因在于具有竞争力的价格组合抵消了公司投入成本的上涨。此外，该公司在欧洲、中东和非洲地区的营业收入增长4%至1.1亿美元。

全球性地区结构的优点是：

①有利于国际企业对各地区的管理。地区总部能在同一市场上协调产品的生产、销售、转移新技术等；可以简化总部对全球业务的管理，一些非战略性问题由地区总部迅速加以处理，提高了管理效率。

②地区总部成为利润中心，有利于调动各地区的积极性，根据本地区的特点，协调安排所属各子公司的资源，妥善地解决有关问题，适应当地市场的需要，有效地开展经营活动。

全球性地区结构的缺点是：

①由于各个区域部门均是独立的实体单位，故地区总部往往倾向于维护本地区的利益，而忽视公司的全球战略目标，不利于整体经营战略的实施。

②可能会阻碍公司内各地区之间在产品生产、销售以及资金融通方面的一体化，难以协调地区间的产品和技术转移以及技术协作，地区之间在研发上的沟通更是困难。

③各区域部门机构设置"小而全"，导致管理成本大量增加，且不利于公司总体的国际化分工协作。

4.1.4.4　全球性混合结构

随着企业国际业务的日益复杂，简单地按职能、产品或地区等设立分部已难以适应业务发展的需要，因而出现了全球性混合结构。所谓全球性混合结构（global mixed structure），是指国际企业综合地根据职能、产品、区域的实际管理需要来设置部门的组织结构（如图4-7所示）。例如，如果国际企业使用的是全球性地区结构的形式，为了克服地区结构的劣势，可以考虑设立相应的职能管理委员会，以协调不同地区的部门之间的关系。如果国际企业使用的是全球性职能结构的形式，则可以考虑设立产品委员会，以协调不同职能部门的运作。

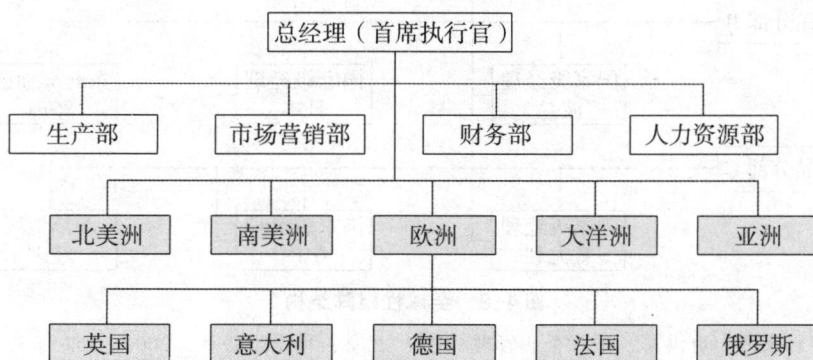

图4-7　全球性混合结构

资料来源　王朝晖. 国际企业管理［M］. 北京：机械工业出版社，2006：135.

全球性混合结构适用于那些规模庞大、产品线众多、销售地理范围分散，并且企业不同的业务还需要面对不同的全球市场供求和竞争状况的国际企业。

这种组织结构的优点是：具有一定的灵活性，可以根据不同经营活动

的特点进行调整，能满足复杂环境下的经营要求，克服单项结构形式的
不足。

其缺点是：部门间差异较大，利益常常发生冲突，协调难度大、成本
高。同时，由于组织结构复杂，容易引起指挥失调，降低经营效率，因此也
需要企业具有较高的管理水平。

4.1.4.5　全球性矩阵结构

随着生产经营规模进一步扩大，产品系列不断增加，地域范围愈加广
阔，各项经营业务相互交叉，企业开始采用全球性矩阵结构。全球性矩阵结
构（global matrix structure）是将产品部门与职能部门两者的优势结合起来而
形成的一种组织结构形式（如图4-8所示）。

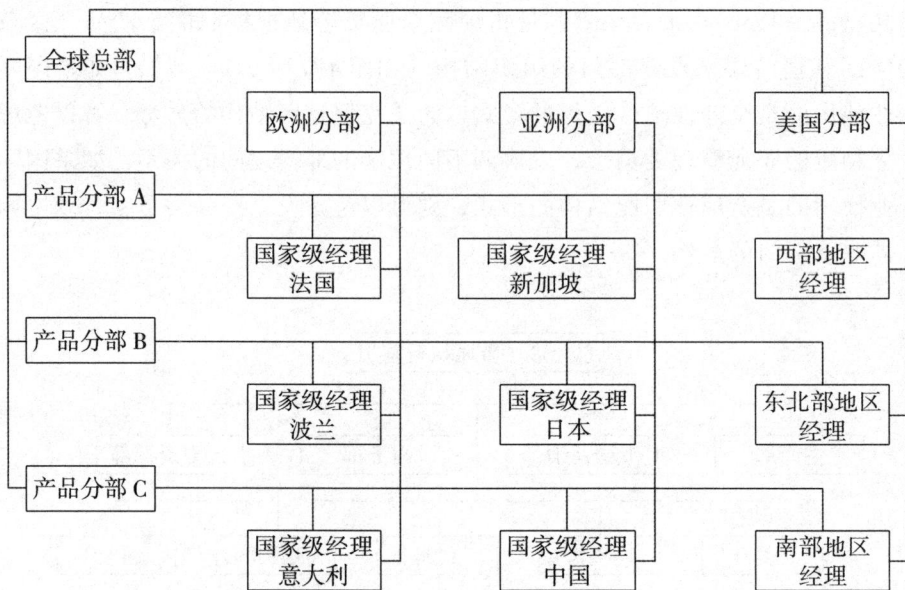

图4-8　全球性矩阵结构

资料来源　曹洪军. 国际企业管理［M］. 北京：科学出版社，2006：257.

采用全球性矩阵结构的大多是既受到产品竞争压力又受到适应各国目标
的强大压力的大型国际企业。建立矩阵结构的目的是尽可能清楚地了解这些
压力，并要求各个部门同时作出反应，互动决策，化解海外经营的压力。这
种组织结构要求最高决策者有较强的协调能力，企业内部有高效、完善的管
理网络。全球性矩阵结构多用于从事高科技、项目复杂的企业，以及一些大
型电子与化学企业等，壳牌公司以及美国的道康宁公司是采用全球性矩阵结

构的典型代表。

全球性矩阵结构的优点是：

①全球性矩阵结构能够使国际企业在全球范围内进行有效的资源配置，并且对任何地区市场上的竞争作出快速反应。因为这种组织结构可以使各个国家的子公司共享总部的各种资源，企业关注的是全球整体运作的绩效。

②全球性矩阵结构可以在地区管理者或项目管理者与最高管理者之间建立垂直信息沟通渠道，进而有效保障了准确及时的信息反馈；清晰的横向信息沟通网络又使跨职能的协调成为可能，从而既改善了垂直沟通的效果，也改善了横向沟通的效果。

全球性矩阵结构的缺点是：

①由于地区管理者与项目管理者都具有"控制"资源的倾向，所以全球性矩阵结构常常在他们之间造成冲突，这将会损害公司内部的合作气氛，引起"争权夺利"的后果。

②由于全球性矩阵结构强调灵活性，企业需要为此付出巨大的管理成本，常常需要增加额外的管理人员。同时，企业双重管理的存在将增加组织的模糊性。

4.1.4.6　全球性网络结构

近些年来，国际企业的海外扩展方式有了新的发展，如合作、并购、联盟和虚拟化等，这些要求企业的组织设计向具有各种横向和纵向的联系上发展，以往传统的国际企业组织结构受到了挑战。在国际企业间竞争日益激烈的时代，金字塔形的传统纵向管理体制缺乏灵活性，难以适应外部环境的变化。全球性网络结构（global network structure）则适应这种环境的要求。全球性网络结构是由不同的公司、子公司、供应商等组成的一个全球范围内的产品研发、生产和销售网络系统。全球性网络结构代表着对具有当地反应能力、利用全球规模经济、寻找全球创新来源等新环境、新竞争的要求，是一种跨国经营的全新解决方法。与传统的组织结构不同，全球性网络结构不具备基本形式，一般由网络的一些核心节点来协调整个网络的资源、创新和信息。

全球性网络结构的特征有以下几点：

（1）具有动态特征

全球性网络结构是一种不稳定的、非标准化的组织，不具有固定的结构与模式。为了对市场需求作出更快的反应，各个节点可以根据市场机会的需要，迅速进行有效的组织设计，组织各种资源，建立起以团队为基本单位的局部网络。这种局部网络可以根据目标市场的扩大而扩大，当需求消失时，该局部网络也将解散，各种资源重新投入到其他的局部网络中去。

（2）富有弹性且边界模糊

按照现代组织理论的观点，所有组织都是社会网络的重要组成部分，而一个组织的环境正是其他组织的网络，那么，网络组织作为社会组织的一个基本结构，应该是"嵌入"整个社会系统中的。因此，作为一个开放的系统，网络组织的边界就超越了一般的组织边界，具有丰富的弹性和模糊性，从而有可能形成一种为了特定目标或项目构成的超组织模式。这一组织既可以包括国际企业内部的任何组织或个人，也可以包括国际企业以外的任何组织或个人，甚至大到可以包括整个市场，涉及供应商、客户、竞争者，甚至传媒机构。

（3）追求无障碍沟通

在网络成员间迅速而彻底地分享信息是网络组织追求的重要组织目标之一。特别是在国际企业中，由于距离、语言、文化和时间的阻隔，信息流往往会发生扭曲。但是，当国际企业从单一、无力的僵化结构变为有生气的多元化网络时，传统的跨单位等级链接便不再是沟通的主要途径；相反，不同层次、不同职能的节点间具有的无障碍沟通能力得到了加强。

（4）是一种超组织学习模式

由于各节点具有动态、互补性，而且作为一个组织系统，各节点企业和局部网络又具有自相似、自组织、自学习与动态演进特征，易于形成相似但又不同于整个系统的知识基础。这种知识基础又多半是与组织融为一体的，尤其是那些特殊的专业知识或管理诀窍，很难具体化，转移困难，且无法通过市场交易获得。网络体系的形成，增进了各节点企业或局部网络相互间的互动与了解，有助于知识的学习与分享，提高了企业的知识水平，增强了企业的竞争能力。

（5）超越了传统官僚体制

在网络组织中，各节点企业或局部网络的主要职能已不再是传统科层制的一级执行者，而是具有企业家职能的学习创新者，以往单一的指挥和控制结构显然不能容纳企业家精神，而企业家精神又是动态环境中所必需的。当然，网络组织并不是简单地取代或补充等级体制，而是在一个更广泛的范围内相互包含。

全球性网络结构是由3个因素构成的：分散的下属单位、专业化经营和相互依赖的联系。如上所述，全球性网络结构利用灵活的全球子公司作为基本结构单位。分散的下属单位意味着管理层将子公司设立在世界范围内对公司有利的任何地方。有些子公司利用较低的要素成本（如较低的劳动力成本），而其他单位提供有关新技术、新战略和消费者趋势的信息，所有的下属单位都试图利用世界范围的管理与技术人才。相互依赖的联系是管理分散后专业化下属单位所必需的。在相互依赖的联系中，各单位共享源源不断的信息和资源。要做到这一点，全球性网络结构通常要建立以最新技术为基础的全球通信系统。

飞利浦公司是全球性网络结构的一个典型例证（如图 4-9 所示）。该公司总部位于荷兰，并在 60 多个国家和地区开展业务。在飞利浦公司遍及全球 60 多个国家和地区的业务单位中，有些是大型公司，有些则是一个小型的业务代办处，或可能仅仅是飞利浦公司的研发或市场营销部门的一个下属分部，如公司拥有 8 个设立在 6 个国家的研究实验室。一些国家的子公司可能受飞利浦总部的集中控制，而另一些子公司可能具有较大的自主权。飞利浦公司正是借助这种网络化的全球结构，控制与指挥其在世界各地的分公司与合作伙伴的经营，运作良好，效果显著。

❖ 管理实践 4-1

国际企业组织结构的虚拟化趋势

全球 500 强中的戴尔公司通过组织结构虚拟化很好地促进了公司的发展。戴尔作为国际上声望很好的跨国经营大品牌，并没有自己的工厂，只保留产品的设计和营销部门，还有协调公司和其他海外工厂的管理部门，其他业务就外包给更有效率的公司做，如组织在劳动力相对便宜的东南亚生产。相比之下，我国作为跨国经营主力的很多大集团都是从计划经济下转型过来的，其组织结构因而一直都处在变革之中。所以，对于我国大型跨国公司的组织结构变革，首先是要达到产权清晰等市场经济体制的要求；其次就是结合自身实际，借鉴成功经验，从组织结构扁平化等方面推进组织发展。

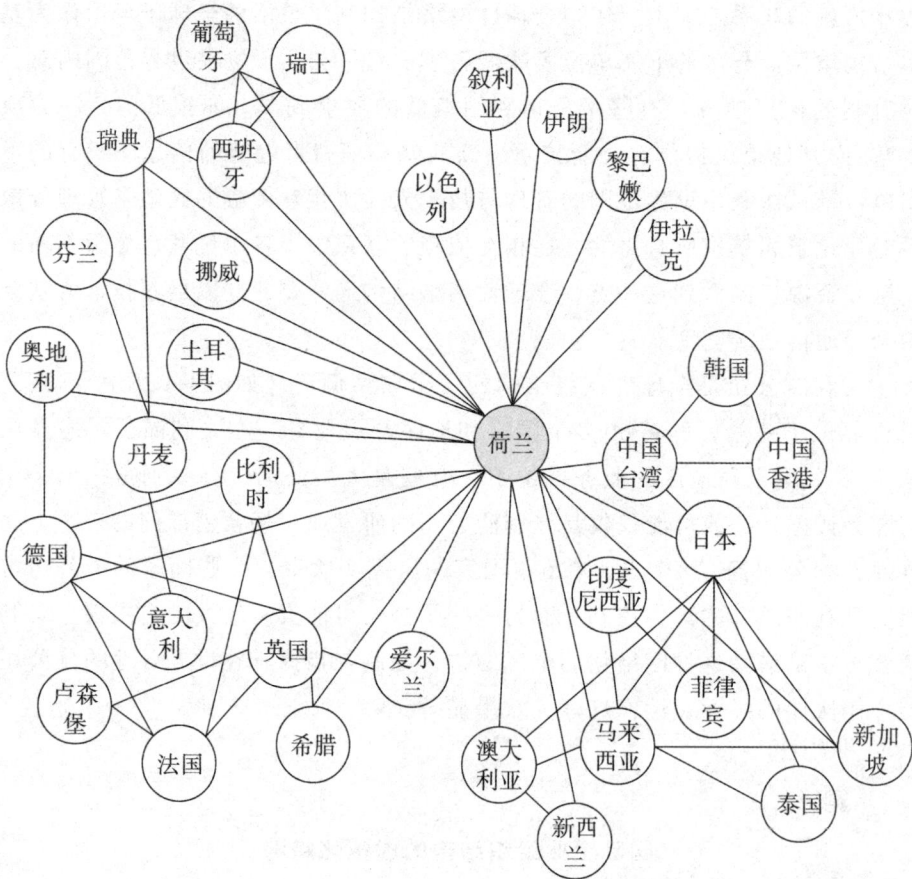

图4-9 飞利浦公司的网络结构（亚洲区与欧洲区）

资料来源 王朝晖. 国际企业管理［M］. 北京：机械工业出版社，2006：138.

🎗 4.2 国际企业组织设计的主要原则 🎗

4.2.1 结构紧跟战略原则

结构紧跟战略理论由美国学者钱德勒（A. D. Chandler）提出，认为一个企业通过地区多元化或通过增加产品线和产品的最终用途来扩大业务时，其组织必须从集中的职能形式变成分散的业务部制结构，以增强其有效性。该理论在国内企业和国际企业组织结构变化中得到了充分验证。

4.2.2 有效控制与沟通原则

组织结构包括正规结构与非正规结构两个方面。正规结构是明文规定的组织成员和单位之间的正式关系。非正规结构则由工作群体内的非正式关系所产生。正规结构与非正规结构通常混杂在一起，难以相互区分。正规结构依赖组织内正规的权力关系，依赖对不同工作群体的直接监督，遵循以下方面的原则：

①统一指挥，是指组织中一个下属应当且只能接受一个上级的直接领导；

②等级链，即组织内从上到下只有一条直接指挥线；

③控制范围，即限定对一个监督人进行有效报告的从属人员的数量。

4.2.3 精干高效原则

国际企业经过多年的经营，往往规模巨大、层级分明。作为高层管理者，需要从宏观上把握企业的重大决策，使之向正确的方向发展；对基层管理者来说，每一项工作都应该是清晰的，管理人员应有明确的责任，以及相应最大限度的自由管理的权力。为此，在保证满足企业完成经营管理任务需要的前提下，企业规模和管理人员数目应保持精干、高效。高效就是要根据本企业的特点，选择管理效率最高、经济效益最大的组织形式。机构臃肿庞杂，不仅会浪费管理费用，还会造成职责不清、决策迟钝。同时，如果不结合本企业的特点，盲目照搬其他企业的组织形式，则不能保证管理效率和企业的经济效益。

4.2.4 全球化与本地化平衡原则

全球化与本地化是影响国际企业组织设计的两个非常重要的变量。如何平衡全球化与本地化，是国际企业在组织设计中必须考虑的问题，也是最具有挑战性的任务。为了在全球市场上获得竞争优势，追求经营规模和对市场变化作出快速反应的能力，国际企业必须强化其在全球范围内的控制与协调能力，以实现最佳的资源配置。经济全球化要求国际企业必须具有全球视野，发展战略必须体现全球经营特点。同时，每个地区市场的波动及变化会影响国际企业在全球范围内的业务运作。本地化要求国际企业考虑不同地区的差异，并按照这种差异制定与实施企业国际化经营战略的具体措施。

因此，在组织设计过程中，国际企业必须兼顾本地化与全球化的要求，其结构选择必须一方面能以全球范围内利润最大化为目标，进行生产的专业化分工，追求规模经济，在全球范围内与企业内各实体共享管理、技术、知识和信息资源；另一方面，必须在其经营的市场上实现本地化，根据不同市场的特点开发、生产和销售产品，利用当地优秀的管理与技术人才，并与当地政府部门打交道。

4.2.5　文化适应性原则

国际企业在进行组织设计时，也必须考虑文化因素。由于文化的差异，人们对组织的理解、人们在组织中的活动方式、人们对组织权力分配的态度以及对组织内部人际关系的看法等，都具有差异。例如，在权力距离大的国家，窄幅度、多层级的组织结构能被员工所接受；在权力距离小的国家，宽幅度、少层级的组织结构更能有效运作。在不确定性规避程度高的国家，决策的高度集中是风险管理的有效形式；在不确定性规避程度低的国家，决策分散化则会成为鼓励员工冒险精神及创新的激励因素。在集体主义占主导地位的国家，组织设计常常更多考虑人际关系的协调；在个人主义占主导地位的国家，任务的明确性与责任的清晰性是组织设计过程所强调的重要因素。所以，对国际企业来说，在规划整体组织设计方案时，必须考虑下属子公司所在国家的文化特征，并在组织结构设计过程中体现这种文化的多样性。

❖ 管理实践 4-2

荷兰皇家壳牌石油公司的组织结构

荷兰皇家壳牌集团是由荷兰皇家石油公司及英国壳牌运输和贸易公司组成的有着百年悠久历史的大型跨国能源公司，核心业务包括勘探和生产油品、化工、天然气与电力、可再生能源等方面，总部设在荷兰和英国。公司业务遍及100多个国家，拥有员工10多万人。在2023年《财富》世界500强中，荷兰皇家壳牌石油公司位列第15位。

在20世纪90年代早期，荷兰皇家壳牌石油公司开始实施多样化经营，从传统的石油、天然气和石油化工领域进入煤、金属和化学制品领域。公司已成为业务遍及全球的主要国际化公司之一，业务活动的核心都授予了各自独立运作的公司。但是，由于地理分布、功能及业务组成都需要协调，因此，公司开发了四维矩阵组织结构：业务组成、业务功能、地理区域、运作公司。结构要求矩阵的各个部分之间高度合作。所有从事相关业务的其他运作公司都可以通过研究功能，获得运作公司的某一新技术。

荷兰皇家壳牌石油公司的这种矩阵结构的优点是：

（1）应变能力强。一方面通过设置产品主线，以适应产品竞争压力；另一方面，设置地区主线，以满足不同东道国或地区的特殊要求，同时通过职能主线保持对子公司的控制，因此可将产品、市场竞争及环境综合考虑、分析和调整。

（2）子公司可以从多个方面获得信息和指导，以利于分析比较和选择最佳决策方案，从而提高捕捉机会，自主发展的积极性。

（3）可较大程度地减轻高层主管的日常事务负担。

其缺点在于：

（1）产生多头领导，容易发生权责冲突，从而产生"扯皮"现象，影响决策效率。

（2）组织结构复杂，各层次利益难以完全协调统一；若安排不当，可能造成无政府状态。

（3）机构庞大，组织管理成本高。

资料来源　韩莹. 跨国公司经营与管理分析——以壳牌公司为例［J］. 北方经贸，2013（7）：134-135.

4.3　国际企业的人员配备

在复杂的经营环境中，国际企业的组织结构和设计需要不断调整变化，以保持其高效率和灵活性。管理者不仅需要找出支持和促进员工有效地完成组织任务的结构设计方案，还要考虑如何选派合适的跨国员工去适应各种不同的工作岗位，这又涉及国际企业的人力资源管理问题。一般来说，企业的人力资源管理至少包括人力资源规划、员工招募、绩效管理、培训与开发、薪酬计划与福利、劳资关系等。由于国际企业要在若干不同国家或地区经营并招聘不同国籍员工，涉及各国劳务市场、文化环境、法律体系和经济体系等要素，其复杂性要远远高于一般的国内人力资源管理。也就是说，国际人力资源管理（international human resource management，IHRM）是对海外工作人员进行招聘选拔、培训开发、业绩评估和报酬激励的过程。国际企业的人员配备问题是国际企业人力资源管理中最重要的内容，主要强调组织如何有效利用其人力资源进行各项活动。

4.3.1　人员配备方法

人员配备是为公司内的各个职位配备合适员工的原则和方法，以达到挑选符合某项工作要求、具有特定技能的人员，同时培养和促进公司文化发展的目的。国际企业中一般存在4种人员配备方法（见表4-1）。

表4-1　　　　　　　国际企业人员配备方法与管理方法的比较

管理实践	国际企业人员配备方法			
	母国中心	多元中心	地区中心	全球
招聘与选拔	母国公民占据关键职位，通过技术专长和过去在母国的业绩进行选拔，东道国公司仅占据最低层次的管理职位	母国公民占据高层管理职位和技术职位，东道国公民占据中层管理职位，母国公民的选拔与母国中心相似，根据与母国文化的吻合程度来选拔东道国公民（如母国的语言能力）	母国公民占据高层管理职位和技术职位，地区内国家的公民占据中下层管理职位	整个公司在世界范围内选择最适合职位的人选
跨文化适应培训	十分有限或没有；没有语言要求	对母国人员优先；有一些语言培训	对母国公民仅限于中等水平的培训，母国公民和东道国公民使用商业语言，常常是英语	持续的文化适应和多语言培训

管理实践	国际企业人员配备方法			
	母国中心	多元中心	地区中心	全球
业绩评估	按对公司贡献大小的母国标准	按对公司贡献大小的东道国标准	按对公司贡献大小的地区标准	按对公司贡献大小的全球标准
报酬	对外派人员支付额外的报酬和奖励	对外派人员支付额外的报酬和奖励，对东道国公民实行东道国报酬标准	由于任命期较长，对外派人员的额外报酬较少	全球相似的报酬和奖励，有一些当地调整

4.3.1.1　母国中心人员配备方法

母国中心人员配备方法（ethnocentric staffing approach）是指由来自母国的管理手段与文化主宰子公司的运营，所有主要的管理职务都由母公司所在国公民来担任。这种做法曾经十分普遍，宝洁、飞利浦、松下等公司都曾采用这种策略。

跨国公司采用母国中心人员配备方法主要是出于以下 3 个原因：

①母公司认为东道国（特别是发展中国家）缺乏担任高级管理职务的合格人选。

②当一个国际企业十分看重公司文化的一致性时，母国中心人员配备方法被认为是保持统一公司文化的最好方式。公司文化是指存在于组织中的统一规范和价值体系，强有力的公司文化能够帮助一个公司实现它的战略目标。很多日本公司都持有这种观点，它们喜欢让外派经理（expatriate manager）领导海外子公司，因为这些经理在国内工作时已经接受了公司文化。与此相似，宝洁公司至今仍然愿意任用美国人担任外国子公司的重要管理职位，原因是这些人在美国工作期间就已经融入公司文化中了。

③由于大多数公司的核心优势，特别是在管理或营销方面的优势不可能仅仅通过书面知识或口头指令就能传递到国外子公司，因此将母公司中了解公司核心优势的人员转移到国外业务处，是公司传递其核心优势的最佳方式之一。

管理视野 4-1

虽然如此，但目前母国中心人员配备方法已经在大多数的国际企业中被逐渐废弃。这有两个原因：

①这种政策限制了东道国员工的发展机会，会引起不满情绪，造成低生产率和高离职率。如果外派经理的报酬远远高于东道国的经理（这种情况是很常见的），则上述问题会更严重。

②母国中心人员配备方法容易导致"文化近视"，即公司不理解母国和东道国之间的文化差异。文化差异要求子公司采取和母公司不同的营销和管理方法，由于外派经理需要一段很长的时间才能适应这种差异，因此有可能在此期间出现严重的失误。例如，外派经理可能不知道如何调整产品特性、分销途径、交流策略和定价方法，结果造成代价高昂的失误。宝洁公司就曾在海外市场发生过几起这样的事件。作为对这些失误的纠正，宝洁公司现在聘用了更多的东道国人员担任国外子公司的高级管理职务。

4.3.1.2 多元中心人员配备方法

多元中心人员配备方法（polycentric staffing approach）要求招募东道国公民管理子公司，而由母公司所在国公民执掌公司总部的重要位置。采用多元中心人员配备方法的优点是降低了公司产生"文化近视"的可能性，也节省了外派经理所要花费的高昂费用。

但是多元中心人员配备方法也有自身的不足：

①东道国员工往往很难获得国外的优秀管理经验，通常在担任子公司的高级职务以后就无法进一步发展，很容易产生消极和不满情绪从而降低效率。

②东道国经理和母公司所在国经理之间由于语言障碍、文化差异和对各自祖国的忠诚等原因，容易产生隔阂，导致公司总部和子公司之间缺乏交流和整体性，只剩下名义上的联系，形成"子公司联盟"模式，并会在公司内部形成惰性，一旦产生就很难被改变。

❖ 管理实践4-3

联合利华公司的多国本土战略

1929年，英国Lever公司与荷兰Margarine Unie公司组建联合利华公司。经过90多年的发展，联合利华在全球拥有超过17万名员工。20世纪80年代，联合利华采用多国本土战略，组织结构允许各国家和地区的管理人员按其所在地特定情况生产有针对性的产品，以及开展营销和销售活动。多国本土战略能够提供更能满足各地市场需要的异质化产品和服务，将自有产品和技术转移到国外市场，或在当地市场进行本土化创新，并从事生产经营活动。在很长的一段时间内，这种战略和组织结构很适合联合利华，帮助公司快速把产品生产转移到生产要素价格较低的东道国市场，绕过贸易壁垒，并克服文化差异的影响。这促使联合利华成为一家显赫的消费产品企业，体现了公司强大的本土化适应能力。

但是该种战略、组织和竞争环境不能长期匹配。同期的宝洁公司不断通过低成本的新产品占领市场，使联合利华日趋被动。20世纪90年代，公司开始注重产品开发和地区调适相平衡。联合利华寻求在营销和销售上的地区调适、集中制造和产品开发活动相平衡的战略，实现规模经济。这种组织和战略转变的优势改善了全球范围内生产资源的配置，降低了生产成本。进入21世纪，由于规模扩大，业务量庞大，人员及机构臃肿，公司权责不清，创新缓慢的问题日趋严重，联合利华的销售及利润增长日益下滑。公司管理层发现问题并作出了正确的战略决策，公司的业绩迅速上升，在新产品市场赶超宝洁公司。

资料来源 王寅，胡玲静. 联合利华公司双元战略决策研究［J］. 前沿，2013（12）：95-96.

4.3.1.3 地区中心人员配备方法

采用地区中心人员配备方法（geocentric staffing approach）的跨国公司认为，必须按照地区对全球市场进行管理。例如，亚洲市场需要通过跨国公司设在亚洲的总部进行统一管理，因此管理者招聘工作也按照地区来进行。一般来说，跨国公司通常以西欧、东欧、北美、南美、中东、大洋洲、东南亚等地区为基础，寻求适合该地区某个国家或地区分公司的管理者。这些管理者通常并不是由母公司的外派人员担任，而是在与东道国文化和地缘更接近的国家或地区中选聘那些被称为"第三国人员"的管理者来担任，这会在下文中详细介绍。

4.3.1.4 全球人员配备方法

采用全球人员配备方法（global staffing approach）的跨国公司往往将整个世界看作其产品、服务与资源的最终市场，认为应当在全球经济和世界市场的架构中实现资源配置、人员配置、生产制造和市场销售。因此，该方式的实质就是人力资源的全球化，是经济全球化和管理国际化的必然产物，其最佳资格的跨国人选可以超出国界和洲界的限制，来自任何背景和任何文化。全球人力资源开发成为跨国公司赢得人力资源优势的最佳选择。

近些年来，跨国公司出现了在全球范围内招聘管理者并派遣他们到公司总部担任高级管理职位的趋势。由此，在国际人力资源管理中出现了一个与外派人员（expatriate）相对应的新概念——内派人员（inpatriate）：被指派到跨国公司总部，担任高级管理职务的其他国家公民。目前在大型跨国公司中，几乎都有"外国人"在公司总部最高管理层担任职务。内派人员的出现，显示了跨国公司人力资源管理政策的巨大变化，即人员配备必须以全球竞争为依据，而不是以种族或国家为依据。内派人员的出现预示着人力资源全球化竞争时代的来临。

4.3.2 外派人员的来源

国际企业的人事经理可以通过广告（包括报纸、杂志、人才交流会和互联网等）、职业介绍所、猎头公司和个人推荐或自荐等形式进行外派人员的招聘。对应上面4种人员配备方法，跨国公司驻外人员的招聘来源通常有3个：本国外派人员、东道国人员和第三国人员。公司的任何一项国外业务，其员工构成都可能包括这3种人，具体情况则取决于公司的招聘条件、人员的可获得性和公司的需求。

4.3.2.1 本国外派人员（home country expatriate）

由母公司选派管理人员到海外机构工作，对国际企业在国外开设新机构的初期是最理想的选择，因为他们对母公司的意图和兴趣都很了解，而从东道国或第三国中选拔人才就很难做到这一点。同时，母公司对这些外派人员的能力、素质往往比较了解，减少了人才选聘的盲目性。许多跨国公司都通过外派人员保证国外机构和母公司之间的有效联系。通常外派人员也被用来发展母公司的国际能力。熟练的外派人员为公司提供了人才的储备，当公司在更多的国家发展更多的子公司和企业时就可以得到利用。

使用海外管理者的国际人力资源管理在作决策时必须考虑派遣的成本，外派管理者的总收入通常超过国内雇员薪水和福利的3至4倍。即使如此高的成本也不能保证外派任务的成功。据调查，美国国际企业海外任职管理者的失败率常在10%~40%。而这里的失败率仅统计了那些由于业绩差而被调回国内的管理者，或那些由于自身或其家庭不能适应当地的文化而选择回国的管理者。此外，还有未在失败率上体现出来的，那就是海外管理者的业绩水平普遍低于期望水平。

当前国际企业的一个新动向是海外子公司积极招募"半外籍"员工，即出国或长期留学、生活在母国且和子公司员工是同一国籍的员工。例如，美国的国际企业聘用在美国出生的华裔员工并派驻中国分公司担任管理岗位。这类员工大多通晓两国语言，熟悉、理解两国的文化和社会传统，他们的存在能减少母国员工和东道国员工之间由文化差异引起的摩擦，起到沟通桥梁的作用。

4.3.2.2　东道国人员（host country national）

目前，世界上有些国家尤其是许多发展中国家，把招聘当地管理人员作为跨国企业入境办企业的条件之一，特别是当跨国企业并购当地的企业后，常常要将原企业员工再次招聘。墨西哥法律规定，在墨西哥的外国跨国企业，90%的员工必须从墨西哥公民中招聘。这种情况同样发生在发达国家和地区：欧盟国家允许劳动力自由流动，而对来自不属于欧盟国家的移民，要求有居留证或工作证；日本对除技术人员和管理人员以外的劳动力进入日本严加限制。因而不管愿意还是不愿意，当今许多国家的跨国企业几乎都是从东道国招聘大部分人员，人力资源本土化正成为国际企业人员招聘的一个新特点。

国际企业从东道国招募的员工可以分为管理人员和基层人员两类。国际企业雇用东道国员工，一方面可以节省工资成本，帮助当地解决就业问题，从而与东道国建立良好的政治、外交关系；另一方面有利于减少公司内部上下级沟通过程中的语言障碍，减少文化适应的培训成本。随着国际企业开展本土化经营，甄选合适的东道国员工担任管理者的优势日益显著。

4.3.2.3　第三国人员（third country national）

随着经济全球化进程和国际商务的发展，企业的无国界化趋势更加明显。许多跨国企业在招聘人员时，更多考虑的是他们的经营管理能力和创新精神，而不是他们的国籍，人才不仅来自母国，也来自其他许多国家。

跨国企业不但在全球范围合理地调配和利用自然资源、财务资源和技术，也在全球范围合理地调配和利用人力资源，从而进一步扩大企业的市场领域。

与母国外派人员相比，第三国人员具有以下优势：

①第三国人员的薪酬福利水平远低于本国外派人员，可以节省跨国公司的人力资源成本。

②第三国人员更了解东道国的语言和文化，能够降低语言培训成本，并在一定程度上避免跨国文化冲突所带来的负面影响。

③第三国人通常能以企业"外来人"的视角看待公司政策，能够比外派人员有更积极的态度去理解和执行这些政策。

例如，20世纪80年代末到90年代早期，中国正处于改革开放初期，很多国际企业难以在中国本土找到合适的管理人员，作为一种应急方法，它们会从东南亚的新加坡、马来西亚等华人圈中招聘中国分公司的管理人员，原因是这些第三国人员相对母国人员具有人力成本低、双语能力强、熟悉中国文化、工作离家近等优势。

4.3.3　外派人员的选拔与培训

国际企业外派人员的选拔标准可从以下关键性成功因素考虑：

①专业技能，包括技术技能、管理技能、领导技能；

②交际能力，包括沟通能力、文化容忍力和接受力、对模棱两可的容忍度、灵活适应新事物的行为和态度；

③国际动力，包括愿意接受外派职务的程度、对派遣地区文化的兴趣、对国际任务的责任感、与职业发展阶段吻合；

④家庭状况，包括配偶愿意到国外生活的程度、配偶的交际能力、配偶的职业目标、子女的教育要求；

⑤语言技能，指用当地语言沟通的能力。

❖ **管理实践4-4**

CR公司的招聘选拔

　　CR公司是一家大型跨国企业，是集研发、生产、销售三位一体的实体企业。因企业发展需要，要招聘两名技术主管和一名大区经理。如何识别出适合自己企业个性的销售经理和技术方向的人才呢？知识、经历和技术把关应该不是问题，各项目经理有足够的水平来做好这项工作。但实践证明，发挥不好的人才往往不是因为知识背景不行，更多的是个性等综合素质不适合自己企业的工作。

而人才素质测评恰好可以解决这样的问题。于是，CR公司请来北森测评公司进行专业的测评。北森在接受委托之后首先考虑了这样一个问题：在目前情况下，该公司最需要什么样的人才？经过深入的调查，北森确立了不同的选人标准，并针对这项标准，选择并开发测评工具：

1. 纸笔测验

纸笔测验包括"能力测验""行为风格测试""兴趣测验""企业文化测验""动力测验"等，用来考察应聘者的基本能力素质和发展潜力、所必备的心理素质、行为风格和在日常工作中的偏向等。

2. 评价中心技术

评价中心技术是一种无领导小组讨论，用于考察分析处理问题的能力、口头表达能力、人际沟通意识与能力等。

3. 结构化面谈

结构化面谈考查经营观念和组织管理意识，并深入考查人际沟通意识与能力。

整个测试分为3个单元，用两天时间。几项纸笔测验共用半天时间，无领导小组讨论用时半天。经过这两轮筛选，北森从11个候选人中筛选出8个人进行结构化面谈，历时1天。

最后北森写出详细的选拔评价报告，评价出11个人的差距、优势和不足，并针对大区经理和技术主管两个岗位进行选择性排序，对其中的3个人提出推荐意见。

看过评价和推荐报告，CR公司的领导班子进行了认真的分析和讨论，一致认为评价非常科学，并有说服力，欣然采纳了北森的建议。CR公司还高兴地发现报告不仅对招聘的人员进行选拔和评价，还为将来如何使用和在岗位上更好地发展提供了良好的建议。

资料来源　HRoot. CR公司招聘选拔案例［EB/OL］.（2010-09-15）［2024-06-06］. https://www.hroot.com/contents/79/193243.html.

国际企业对招聘的国际人才一定要进行上岗前的培训，尤其是外派人员，必须向他们介绍所去国家的文化、风土人情以及出国工作的注意事项，让他们从思想上做好充分的准备，使他们对异国的文化背景、工作环境、职业生涯发展机会、生活上可能碰到的不便以及两国间在其他方面的差异等有深刻的了解。如果不重视对跨国人员的培训,那么将对跨国公司造成严重的损失。美国学者的研究显示,99.9%的驻外人员不能适应海外跨国公司工作的原因主要是不能适应海外不同文化和工作方式。美国人在英国伦敦工作的有18%不能适应,而在比利时布鲁塞尔就有27%,在日本东京有36%,在阿拉伯国家比例更高。由于美国人很不了解阿拉伯国家的文化背景,很多美国人被派到阿拉伯国家后提前回国。除了提前回国外,驻外的美国人员还有30%~50%不能有效地在外工作。从经济上看,有一个不成功的驻外美国人员,公司要损失4万到25万美元,这还不包括公司形象的损失以及今后公司贸易合作上的损失等。由此可见,对到海外跨国公司工作的人员进行培训非常重要。根据国外的经验,对外派人员的培训与开发应包括以下方面:

4.3.3.1 所在国的情况介绍及课程培训

这是指向外派人员及其家属系统地介绍所在国的政治制度、政府机构、经济体制、历史背景、文化传统、生活条件、医疗状况、服饰与住房情况以及签证的申请办法等。其中要特别加强文化差异的培训,可以通过录像、电影等介绍所在国的文化和价值观,促使外派人员认识到文化上的差异,正确处理好与外国同事的关系。

4.3.3.2 敏感性训练

敏感性训练是跨文化培训中的一种重要方式,以加强人们对不同文化环境的反应和适应能力,促进不同文化背景的人之间的沟通和理解。

敏感性训练的目标一般包括:

①使一个人能更好地洞悉自己的行为,了解自己在别人心目中是如何"表现"的;

②更好地理解他人文化特征;

③在集体活动过程中,培养跨文化判断问题和解决问题的能力。

具体做法包括把具有不同文化背景的员工或在不同文化地区工作的经理和员工集中在一起进行专门的文化培训,通过实地考察、情景对话、角色扮演、小群体讨论等方式,打破每个人心中的文化障碍和角色束缚,加强不同文化之间的合作意识和联系。

4.3.3.3 所在国的语言训练

这主要是指加强口语和听力的训练,可以请大学教师或所在国语言专家对跨国公司人员进行培训,使他们能够在短期内提高口语和听力的水平,以便开展工作。

4.3.3.4　工作职责与待遇

应向驻外人员讲明公司的政策，驻外人员的岗位职责、权限，在外的期限，休假，工资、奖励和补贴，所得税的缴纳，回国后的待遇等。

管理视野 4-2

素养园地

中方企业在越南投资的困境及启示

越南是中国在东南亚地区最大的邻国，是推进共建"一带一路"倡议的重要节点。近年来，中越两国经贸合作不断深化，为提升全面战略合作伙伴关系、构建具有战略意义的中越命运共同体奠定了经济基础。中越两国均为传统农业大国，农业在两国国民经济发展中具有重要的基础地位，也是两国经贸合作的核心领域之一。近年来，中越双边农业贸易规模稳步扩大，产业链和供应链融合水平持续提升，农业经贸合作不断深化。

中越两国在农业资源、产业结构和市场等方面具有较强互补性，随着中国-东盟自贸区的建成、共建"一带一路"倡议的推进以及全面战略合作伙伴关系的建立，双边农产品贸易快速增长。2010—2022 年，中越农产品贸易额从 21.2 亿美元增至 116.4 亿美元，增加了 4.5 倍，年均增长 15.2%。其中，中国自越南的农产品进口额由 7.7 亿美元增至 60.9 亿美元，增加了 6.9 倍，年均增长 18.8%；对越南农产品出口额从 13.5 亿美元增至 55.5 亿美元，增加了 3.1 倍，年均增长 12.5%。在双边农产品贸易中，中国由 2010 年的贸易顺差 5.8 亿美元转为 2022 年的贸易逆差 5.4 亿美元，向越南分享了中国农业的开放红利。

随着双边农产品贸易规模的扩大，中越农产品贸易在越南农产品整体贸易中的地位也大幅提升。目前，中国已成为越南农产品第二大出口国和第一大进口国，中越农产品贸易额占越南农产品贸易总额的比例由 2010 年的 9%

提升至 2022 年的 18.9%。尤其是，中国在越南大米、咖啡、茶叶、胡椒、辣椒、木薯、火龙果等农产品的出口市场中始终占据重要地位。

中国对越南农产品出口以水果、蔬菜和水产品等具备传统优势的劳动密集型产品为主。2022 年，中国对越南水果、蔬菜和水产品的出口额合计占对越南农产品总出口额的 62.2%。其中，蔬菜出口额最大，为 16.8 亿美元，占向越南出口农产品总额的 30.3%。进口方面，水产品、水果和粮食制品始终是中国自越南进口的重要农产品，2022 年，三者进口额合计占中国自越南进口农产品总额的 70%。其中，水产品进口额最大，为 19.9 亿美元，占自越南进口农产品总额的 32.7%。值得注意的是，中国-东盟自贸协定全面实施以来，中国自越南进口农产品的品种日益多元化。尤其是自 2022 年 9 月，中国允许自越南进口鲜榴梿后，越南向中国出口的榴梿数量短期内快速增长，未来或将打破泰国对中国榴梿市场的长期垄断，促进中国消费者实现"榴梿自由"的目标。

越南始终是中国第一大边境贸易伙伴，中越边境贸易额约占全国边境贸易总额的一半以上，而农产品一直是边境贸易的主要商品之一。2020 年后，两国经济恢复发展和人流、物流便捷化带动了边境贸易恢复性增长。2023 年前 11 个月，我国以边境小额贸易、边民互市贸易方式合计对越南进出口 1 185.8 亿元，同比增长 35.1%，拉动中越进出口增速 2.2 个百分点。同期，我国广西、云南对越南边境贸易均快速恢复，同比分别增长 34.4% 和 65.6%。其中，我国广西对越南以边境贸易方式进出口 1 129.4 亿元，占同期广西对越南贸易总额比重过半，拉动同期广西对越南贸易增长 17 个百分点。中越农产品边境贸易的发展对带动两国农业发展和农民增收发挥了积极作用。

资料来源　刘艺卓，尹文渊，刘洪伯. 中越农业经贸合作开启新篇章［J］. 中国外资，2024（1）：41-43.

本章小结

一般而言，国际企业的组织结构类型包括出口部结构、母子公司结构、国际部结构、全球性结构等。全球性结构一般可以按照产品、地区和职能等要素进一步设置。国际企业与一般企业相比，组织结构的设计原则具有很大的差异性，应对照学习。国际企业的人员配备方法应该结合国际企业的战略和组织模式，综合来理解和把握。

关键术语

国际部结构（international division structure）　全球性结构（global structure）　母国中心人员配备方法（ethnocentric staffing approach）　多元中心人员配备方法（polycentric staffing approach）　地区中心人员配备方法（geocentric staffing approach）　全球人员配备方法（global staffing approach）

即测即评

第 4 章在线测试题

复习与思考

1. 从演变历程看，国际企业有哪几种组织类型？各自的优缺点是什么？
2. 全球性结构包括哪几种组织形式？各自的特点是什么？
3. 简述国际企业组织设计的主要原则。
4. 国际企业的人员配备方法有哪些？各自有什么特点？
5. 选拔国际企业的外派人员，应着重从哪些方面考虑？

案例分析

产业数字化下的人力资源管理

互联网、物联网、云计算、大数据、人工智能等技术飞速发展，越来越深地嵌入全球产业链，对全球的产业产生深刻影响。很多新型数字产业应运而生，他们建立在新兴的数字技术之上，如各类 ICT 产业。数字技术也被广泛应用到原有产业中，从而改变了这些产业的作业方式。

在数字经济时代，组织的人力资源管理的新方法和新手段不断涌现。

从人力资源管理的对象来看，范围从组织内的员工扩展到包含组织外部的各种为组织完成任务（事务）的合作者。这里既包括这些年成为热点话题的非典型雇佣模式下的劳务工、派遣工、承包人，也包括独立知本家。管理的对象不仅包括人类员工，也包括数字员工（AI 员工）。比如 AI 面试官 LINA，被世界上几百家公司用于第一轮面试，其中包括联合利华、高盛、希尔顿等公司。LINA 可以通过面部表情、发言句长、微笑角度等 50 万个数据点进行打分，把正常的招聘时间缩短了 90%。崔筱盼是万科首位数字化员工，被评为 2021 年度优秀员工。在系统算法的加持下，她以远高于人类千百倍的效率进行应收/逾期提醒及工作异常侦测，其催办的预付应收逾期单据核销率达到 91.44%。百信银行首位数字虚拟员工艾雅 AIYA，出任百信银行"AI 虚拟品牌官"，进行直播、拍广告、宣传公司和产品等活动。

人力资源管理的重点也从传统的"选用育留"延伸到了更多新领域。人力资源供应商管理更多元化。如前所述，组织的工作可以由能胜任这项工作的任何人完成，无论其在本组织内还是本组织外，无论他/她是组织人还是独立人，甚至是数字员工。这需要能够成功地吸引真正胜任工作的人承接工作，能在组织出现各种新型任务（事务）的时候及时找到承接人，建立起相应的符合合作方式的契约，并保证契约的执行。

更系统的组织能力建设，涉及战略、组织治理、组织结构、组织流程、组织运营、干部队伍，并涉及整个组织的文化变革。对于组织能力的系统分析和建设能够增强组织在人力资源市场上的吸引力。更重要的是要理解组织的能力禀赋究竟是什么，这样才能够对组织内的工作组合方式、任务分工与实现方式进行合理规划设计，知晓什么工作需要什么样的人力资源来承接完成、什么环节要建立起风险隔离带，才能真正发挥多元人力资源的价值，并预防多元人力资源使用可能引发的风险。

不断更迭的技术、变化的人与组织关系、VUCA 的环境，都对人力资源管理提出了新的要求。人力资源管理要应对变化，继续为企业创造价值，就必须革新自己的方法和手段，更好地进行工作的精准分配，及时进行反馈，改善员工的工作体验。数字技术的发展也为人力资源管理提供了许多工具和手段，让人力资源管理者有足够的武器去提升自己。比如，AI 技术能够收集大数据并进行数据分析，从而为决策提供依据。

IT 能力在一定程度上决定了企业的经营业绩，而且它在提高人力资源管理能力方面起着更重要的作用。此外，人力资源管理能力对企业绩效有显著影响。因此，管理者不应该只关注 IT 投资的资源分配。为了实现更好的业务绩效，这些技术需要被用来支持包括人力资源管理活动在内的所有业务过程。人力资源管理方法和手段的变化有几个特点需要值得注意。

资料来源　王雪莉，邬雨珂. 进化：数字化风口浪尖上的人力资源管理 [J]. 清华管理评论，2022（7-8）：64-74.

问题：

（1）数字化背景下人力资源管理的变化有哪些？

（2）企业应怎样更好地适应数字化变革？

第5章 国际企业的生产管理

学习目标

通过本章的学习，你应该掌握：国际企业生产系统的设计思想；厂址国别选择的决定因素；决定海外市场技术选择和规模大小的因素以及国际企业生产系统的营运；国际企业技术转移的实施方式；国际企业技术引进和技术输出的动因及决策。

5.1 生产系统概述

5.1.1 生产系统的含义

生产系统是指为提供产品或服务而结合在一起的一系列转化过程。通常，生产系统将投入的资源转化为产品（包括有形产品和无形产品），而产品是最终顾客所需要的。通过这些转化过程，投入的物改变其性质或形态，成为适合特定需要的产品。每个企业都力求使整个生产过程的各个阶段能相互衔接、协调配合，保证人力、物力和空间等都得到充分、合理的利用，从生产中取得最佳的效果。上述过程构成的系统即生产系统（如图5-1所示）。

5.1.2 生产系统的发展历程

根据生产系统的功能及对企业竞争力的贡献程度，企业生产系统的演变发展可划分为4个阶段：

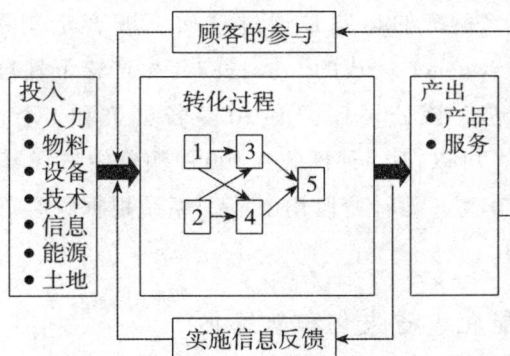

图5-1 生产系统

（1）缺乏竞争力阶段

管理人员将注意力更多地集中在生产以外的竞争手段方面，在生产系统内，更多的是应对各种突发性的问题，意识上只是消除生产环节中的矛盾，而不是寄希望于生产系统为竞争创造有利条件。

（2）竞争对峙阶段

尽管管理者未将生产系统视为企业竞争的重要资源，但为了消除系统中的矛盾和隐患，管理者希望系统能够达到本行业的平均水平。

（3）赢得竞争优势阶段

管理者对生产系统的认识有了巨大转变，认为它能够对竞争优势的形成提供巨大的支持和保证。这时生产系统的构造已被纳入生产战略的指导之下。

（4）世界级制造系统阶段

在赢得并保持了竞争优势的基础之上，企业竞争战略的制定在很大程度上要依赖生产系统。生产系统的优异性使其成为企业产品竞争的关键资源，在企业的发展中起巨大作用。

5.1.3 生产系统的发展趋势

纵观生产系统的发展历程，它体现出如下一些趋势：

5.1.3.1 综合化、融合化和大规模化

综合化、融合化和大规模化的典型制造自动化系统是计算机集成制造（computer integrated manufacturing，CIM）系统，这是将生产、销售、物流综合为一体的生产系统。松下自行车工业公司是电子巨人松下电器公司的一家

附属公司。其生产系统的运营是通过"松下顾客定制系统"（Panasonic individual customer system）完成的。从1987年生产松下牌自行车以来，其生产系统在不断改进。该公司仅拥有20多名员工和1个计算机辅助设计（CAD）系统，顾客可以在18种模式、199种颜色中选择赛车、脚踏车、山地车等800多万种车型。设计阶段均由CAD系统根据顾客需求完成，之后也由机器人进行组装。

5.1.3.2　智能化、省人化和熟练化

该趋势是把人所拥有的生产知识和技能移植到计算机或自动机械中，让机器代替和支持人实现高级的生产自动化系统。已研制出的智能化系统代表了生产系统发展的尖端方向，研制的主要生产系统有计算机集成制造系统、多智能体系统等。

5.1.3.3　分散化、自律化和紧凑化

随着生产系统的复杂化和大规模化，高效地设计、控制与运行是个重要问题。人们模仿自然界中生态系统、动物或人类社会机制，提出了分散化与自律化的方法。自律分散系统采用了模仿人类社会中经济行为的生产管理方法，即基于各智能体的损益评价决策，组内协调、组间竞争，适者生存。在分散化与自律化的同时，消除多余的功能，使生产系统紧凑化，降低制造成本，缩短制造准备时间，使生产系统的设计、运行和维护容易，强化竞争能力。欧美的精益生产（lean manufacturing）和敏捷制造（agile manufacturing）就是这种紧凑化的生产系统，代表了未来生产系统的发展方向。

5.1.3.4　人类中心化、环境协调化和文化化

人类中心化、环境协调化和文化化主要是从提高生产系统的效率、柔性、经济性角度提出的，是从不同方面对生产系统提出的新价值观，即人类的满足感、老年人就业的顾虑、资源的有效利用、对环境影响的评价、与文化相互关系的确立等。这就是要生产更好、更廉价、更多的产品，并从产品不足社会的大批量生产范式向产品充足社会的新的生产范式转换。从短期来看，经济负担会重一些；从长远来看，可取得环境的平衡，维持可持续生产，实现更经济、最优化生产。循环型制造系统就体现了这种趋势。生产的文化化是实现这些目标所必需的。文化要求制造新的产品（文化主导型制造），而新产品又会改变或创造出新的文化（产品主导型文化）。因为文化与生产之间的联系更加紧密，因此需要不断对制造文化进行重新认识，应该在

维持地球、自然生态系统的良好平衡前提下，以个人、企业、国家的协调和文化作为规范来进行产品生产。

在市场竞争焦点、生产战略重点、生产系统构成要素特点等方面，也表现出了如表5-1所示的发展趋势。

表5-1　　　　　　　　　　生产系统的发展趋势

项　目	20世纪60年代	20世纪70年代	20世纪80年代	20世纪90年代	21世纪
市场竞争焦点	成本	品种与质量	质量与服务	速度与环保	智能化和数字化
生产战略重点	·产品集中 ·扩大生产规模 ·大批量生产 ·降低生产成本	·发展多品种生产 ·保持稳定的产品质量 ·提高生产系统内部的集成与协调	·在保证产品基本质量的同时，加强服务，以赢得顾客满意度 ·及时交货 ·加强新产品开发能力	·缩短新产品开发周期，快速上市 ·加速物流周转，快速交货 ·革新组织形式 ·增强系统的应变能力 ·发展绿色制度，满足环保要求	·人机交互 ·信息集成 ·全面协调 ·可靠协同 ·快速追踪
生产系统构成要素特点	·PICS ·NC机床	·MIS ·MRP ·CNC机床	·MRPⅡ ·JIT ·TQC ·WCM ·OPT ·CAD ·FMS	·ERP ·LEAN ·AM ·SCM ·QR ·3PL ·CIMS	·MES ·PMES ·APS ·SCADA ·HMI

5.1.4　生产管理的发展趋势

随着科学技术进步和社会经济的发展，现代企业所处的环境较过去发生了深刻的变化：产品生命周期缩短，更新换代速度加快，社会消费水平提高，产品质量要求提高，需求呈现多元化，市场竞争白热化。快速响应不断变化的市场需求，开发、生产出用户所需的产品，是企业在竞争中的必备能力，而效率和柔性成为企业取得成功的重要因素。与此同时，信息技术、系统工程、运筹学等科技新成果，以及学习型组织、作业流程重组等组织管理新理论的运用和发展，也为生产系统的改进和生产管理的变革提供了新的方法和手段。总之，生产管理向着生产导向市场化、组织机构动态化、生产计划精确化、生产手段柔性化、生产过程最优化和生产系统集成化等趋势发展。

总体上说，当今世界企业生产管理模式的基本特征是：在满足高质量、低成本的目标前提下，最大限度地增强企业的灵活性、灵敏度和速度。也就是说，新的管理模式应该能够在尽可能保持大规模生产管理模式的高质量、高可靠性和低成本优势的同时，最大限度地增强企业产品的品种适应性、市场快速响应性，实现成本更低、质量更高、品种更多、适应性更强的目标。

5.2 国际企业生产系统的配置

国际企业的生产是跨国的，因此管理上有其特殊性。国际企业的生产管理必须从其战略出发，对产品的诸多方面，如指导思想的确定、厂址的选择、工厂技术和规模等的设计进行决策，以实现全球范围内的产品生产、营销的综合成本最小化及利润的最大化。

5.2.1 国际企业生产系统的设计思想

国际企业的生产系统是由其在海内外各地的工厂和相应的辅助系统构成的。国际企业在海外建立的工厂或对已有的工厂进行改造调整时都面临着生产工艺和程序的选择问题，不同的选择反映了不同的生产系统的指导思想，其核心是选择标准化还是差别化。

5.2.1.1 国际企业生产系统的标准化

在实行全球战略的企业中，产品及其生产过程的标准化是实现规模经济、提高全球生产效率的最基本条件。所谓标准，是对重复性事物和概念所作出的统一规定。生产标准化（production standardization）是指产品在制造的各个环节中推行统一的标准，包括产品的设计、生产工艺、生产流程和产品检验的方法标准化，产品的包装、维护、储运规范化等内容。

国际企业按照标准化的思想进行生产系统的设计和营运可获得几个方面的好处：

①生产流程的标准化简化了总部的生产组织，后方职能人员数可适当精减；

②企业内部生产方法的一致性使总部能更有效地保持其现存生产技术标准；

③标准化不但降低了总部控制的难度，也降低了生产与维修控制的难度；

④能精减部分计划工作，这是因为当新建的工厂是其他已经开工的工厂的翻版时，很显然其计划和设计工作都将更为简单、省事。

5.2.1.2　国际企业生产系统的差异化

国际企业生产系统的差异化是指种种障碍使标准化难以实施时，企业在不同地区采用不同的生产系统，以达到跨国生产经营的目的。在以实行多国战略为主的企业中，战略重点是强调各国的差异性和对各国当地市场的适应能力。推行生产的差异化、降低产品的标准化程度，是有效实施这种战略的前提。科学技术的进步及在生产中的应用，尤其是计算机的广泛应用，为差异化生产提供了降低成本的条件。因此，消费者差异化意识的觉醒及新技术的应用成为推动差异化生产的巨大力量。国际企业生产系统的差异化主要表现在以下方面：①产品设计和生产；②强调技术的适用性；③生产系统相对独立。

5.2.2　投资区位的选择

从一家国际性大公司的生产管理的角度来看，投资区位的选择就是厂址的选择。厂址的选择涉及 3 个层次：一是厂址设在哪个国家；二是厂址设在该国的哪个地区；三是设在该地区的哪个位置，以及工厂内车间、设备的布置。

从全球经营管理战略的基本需要出发，厂址的选择最为重要。当然，选择一个合适的厂址应考虑多种因素，其中主要包括：

5.2.2.1　机器设备、原材料、零部件和能源

从原则上讲，这类投入对于国际企业而言，在国际市场上都可以获得。但在实践中，有的国家往往对进口进行限制，使一些企业难以获得所需的重

要机器设备。

5.2.2.2 劳动力

劳动力的可供性及工资水平是影响国际企业生产的一个重要因素。国际企业可采取以下两种策略:

一是在发展中国家建厂,利用东道国廉价而半成熟的劳动力,生产劳动密集程度较高的产品,以便使该公司取得或维持其所生产产品市场的优势地位;

二是在发达国家建厂,利用所在国技术熟练劳动力的可供性,使之与资本、设备先进性相结合,生产资本密集程度较高的产品。

5.2.2.3 运销成本

运销活动也称后勤工作,指的是企业产品的实际分配业务,即把产品从生产者送达购买者或使用者的全过程,包括外包装、仓储、装卸和运输等工作。运输问题常常是国际企业选址的重要决定因素。

5.2.2.4 税收

企业无论在哪个国家或地区建厂,对其经营和其他所得,都应依法缴纳各种形式的税金。但由于各国税制发展的历史不同,各国的经济、政治发展不平衡,各国政府对外来投资者的税收有不同的规定。那些税率低甚至免税的国家和地区,无疑对外来投资者具有吸引力。

5.2.2.5 环境保护费用

20世纪60年代以来,由于生态危机的出现,各国都开始重视对环境的保护,特别是一些发达国家环境保护法规的制定日益增多。

5.2.2.6 政府干预

政府干预也能影响一个地区的生产经济性,特别是关税和配额常常促使那些国际企业不得不在东道国设厂,以使其产品进入该国市场。

对厂址的选择,除了自然条件外,在很大程度上还取决于谈判的结果。谈判对象包括备选厂址所在的当地政府机构、供应商、合资伙伴等,尤其是对于采取合资经营方式的国际企业,最终厂址的选择取决于在哪里可以找到合适的合作伙伴。特别需要指出的是,国际企业在进行决策或分析比较优势、地区优势时,对它们的认识应是动态的。某一工厂的生产区位的选择，在开始阶段可能是很好的或合理的，但是经过若干年的变化后并不一定仍旧是好的或合理的。市场区域的中心可能发生变化，工业价格政策也会发生变化，当某些因素的平衡条件改变时，生产能力的配置也需要作相应的改变。

❖ 管理实践 5-1

肯德基的店铺选址

肯德基所属的世界上最大的餐厅集团——百胜餐饮集团，其有包括分布在超过 110 个国家和地区的超过 35 000 家连锁的肯德基餐厅、必胜客餐厅等。1987 年，肯德基进军中国，在北京前门开设了在中国的第一家餐厅，之后便像雨后春笋般迅速发展壮大。肯德基的快速扩展，除了依靠其标准化产品和独具特色的经营理念外，与其极高的选址成功率密不可分。肯德基将餐厅选址看作一个重要的战略性问题，从经营的环境和市场竞争的角度考虑，选择恰当的地址，使其方便经营并增强竞争力。通常肯德基选址按以下步骤进行：

1.划分商圈

肯德基计划进入某城市，先通过有关部门或专业调查公司收集这个地区的资料。商圈规划采取的是记分制，如这个地区有一个大型商场，商场营业额在 1 000 万元算 1 分，5 000 万元算 5 分，有一条公交线路算多少分，有一条地铁线路算多少分。这些分值标准是多年平均下来的一个较准确的经验值。通过打分，商圈被分成好几大类。以北京为例，商圈有市级商业型（西单、王府井等）、区级商业型、定点（目标）消费型、社区型、旅游型等。

2.选择商圈

确定目前重点在哪个商圈开店，主要目标是哪些。在商圈选择的标准上，一方面要考虑餐馆自身的市场定位，另一方面要考虑商圈的稳定度和成熟度。餐馆的市场定位不同，吸引的顾客群不一样，商圈的选择也就不同。商圈的成熟度和稳定度也非常重要。肯德基投入一家店要花费好几百万元，不会对未来发展还不确定的商圈进行投资，其投资的原则是保持稳健发展，开一家能够保证成功一家。

3.消费人群聚集地

肯德基开店原则之一是：努力争取在最聚客的地方和其附近开店。肯德基门店周围通常都遍布大学、幼儿园、居民住宅区、研究所、大型办公楼等聚集点。这些是人群聚集的一般场所，集中消费群体较为稳定，讲究便利性、亲切感，虽然消费金额不算特别高，但为快餐店直接提供了大量就餐者。

4.交通条件

在城市条件中，对店铺选址影响最直接的因素是交通条件，包括城市区域间和区域内的交通条件、行人道和街道是否有区分、过往车辆的数量及类型、道路宽窄等。公交站点的数量、距离和地铁站的有无也直接决定该地区人流量的大小。上下公交车和出入地铁的站点附近，人口流动性较大，这正是快餐店盈利的关键因素。

5.门店前客流量

门店前客流量体现该地区的流动人口密度，提供潜在客源。客流量可以提供以营利为目的的经营数据支持，有效地增加目标客户量，增强消费力，增加营业额和市场利润。

6.流动线与聚客点测量

古语说"一步差三市"。开店地址选择的一步之差就可能对销售额产生很大影响。这与流动线和聚客点（多数行人的活动线路和聚集地点）有关。例如，上海的淮海路是很成熟的商圈，但不可能淮海路上任何位置都是聚客点，一些行人走不到的拐角处、地铁出口的非惯常流动线方向处，与其他地点相比可能差不了几步路，但生意相差很多。为此，需要通过专门的市场调查人员进行实地测算，形成一套完整的数据之后才能据此确定地址。同时，要考虑竞争对手对流动线和聚客点的拦截影响。假设主要流动线方向是自东向西流动，如果店面选址在流动线西侧，则肯德基的大量客流会被在东侧的竞争对手拦截走。

资料来源 [1]姜若琳.肯德基店铺选址研究分析 [J].现代营销（下旬刊），2017（3）：49.[2]天财.肯德基的选址秘诀 [J].大众投资指南，2014（10）：69.

5.2.3 生产系统的设计

海外工厂生产系统的设计与国内工厂的设计本质上是相同的，但技术选择与工厂规模又较为特殊。

5.2.3.1 技术选择

（1）国际企业生产系统标准化的要求

如果偏向标准化，则偏向于选择与母公司或者其他子公司同类的生产技术；反之，则技术选择范围更大。

（2）产品类型

由于采用某一种生产流程进行生产的产品对技术选择的刚性较大，因此，一般需使用与母公司相同的技术与设备，因而海外工厂的设计与布置就与国内基本相同。

（3）劳动力成本与人员素质

当东道国劳动力对资本的相对成本较低时，选择半手工操作的劳动密集型技术无疑会大大降低技术资本的投入，从而保证生产成本的节约，也能促进所在地人口的就业，为当地政府所乐见。

（4）产品的质量与技术的发展

国际企业为了维护其产品在市场上的质量和地位，或保证多工厂体系中各工厂相互之间的正常制造交换，从整体利益出发，会强调使用高水平的技术，即使该工厂是建在劳动力成本低廉的国家。

（5）生产规模

自动化程度高的机器设备专用性强，需要长期按设计能力进行生产才能保证单位产品折旧成本降低到可行的水平。

（6）当地的资源

一定的产品技术和制造技术通常都反映了设计者对物质条件的观念。当地所具有的资源是否能够满足设计者对物质条件的观念，是设计者是否选择这个地区的重要影响因素之一。

5.2.3.2　工厂规模

在由生产技术规定性所决定的最小生产规模范围内，海外工厂规模的主要影响因素有以下几个：

（1）行业特征

不同行业对工厂规模的要求不尽相同。资本密集型行业，如汽车制造、化工生产，要求工厂有较大的生产规模；食品生产要求的规模相对要小得多。

（2）市场潜力

新建工厂主要是为了未来市场而不是已有市场建立的，市场潜力大小对工厂规模的确定起着决定性作用。

（3）市场结构

市场结构决定了进入市场的障碍。自由竞争型市场结构下，由于市场中企业的规模普遍较小，新进入的工厂规模相对小。

（4）投资力度

工厂规模的大小与投资规模直接相关。在企业投资能力有限的情况下，应选择适当缩小工厂规模，或选择借入资金，或选择寻找投资合伙人。后两种选择都涉及项目的吸引力和企业的筹资能力。

（5）生产活动的一体化程度

一种产品的生产是由相互衔接的多个生产环节、多道工序完成的。生产的一体化程度越高，设立的生产环节工序越多、越全，工厂规模就越大；反之，若许多零部件是外购的或工厂只生产某一种或少数几种零部件，规模就要小得多。

（6）当地政府的政策和态度

一些东道国要求外商投资于高技术、大规模的工厂，并通过各种政策加以扶植。也有一些国家对工厂规模有一定的限制，这就要求企业利用当地的优惠政策，建立规模合理的工厂。

5.2.3.3　灵活性

对市场变化能否作出迅速反应决定了国际企业的国际竞争能力，而其关键又在于工厂体系是否具有足够的灵活性。为了使生产流程加快，并更具有可调整性和效率，许多国际企业投入大量资金建立灵活的制造系统，以期取得规模经济。

5.2.4　国际企业生产系统的新动向

国际生产一体化的迅速发展，是近些年来国际直接投资的一个显著特征。它是国际企业面对全球经营环境的变化所作出的战略调整。总体上看，有三大因素直接影响了企业国际经营战略的变化：一是经济自由化；二是技术变革，特别是信息技术的广泛应用，大大降低了跨国经营的管理成本和运输成本；三是竞争的加剧，迫使企业朝着灵活、高效、反应迅速的方向不断变革。在以上三大因素的共同作用下，企业国际生产一体化出现了一些新特点：

5.2.4.1　从全球生产价值链的角度合理配置资源

在竞争压力的影响下，国际企业比以往任何时候都面临重要的选择：内部化还是外部化？专业化还是多元化？国际企业生产系统发展的趋势之一是走专业化道路，集中资源以增强核心竞争能力。在生产价值链的技术开发、产品制造和市场营销三大环节中，国际企业更多的是"抓两头"，即紧紧抓住技术创新、技术标准的制定和推广、新产品的开发和升级；同时，控制产品销售渠道，在品牌管理、市场营销甚至售后服务几个环节上不惜重金。爱立信是全球最大的电信设备供应商之一，在过去的十几年中对其全球业务进行了大刀阔斧的整合，曾经将其分布在世界各地的约70家分（子）公司减少到不足10家，其余的经营业务全部交给合同制造商。

5.2.4.2　通过"外包"业务，增强企业的灵活性

外包是指企业由原来内部进行生产和经营活动转变为从外部供应商处购买。外包战略（outsourcing strategy）的实质是重新确定企业的定位，截取企业价值链中比较窄的部分，缩小经营范围，重新配置企业的各种资源，将资源集中于最能反映企业相对优势的领域，构筑自己的竞争优势，获得企业持续发展的能力。戴尔公司成功的秘诀是把自己非常有限的资源集中于一个特定的领域，即按照客户的特定需求，为客户最快地提供定制系统的解决方案，而把生产、运输和售后服务等业务外包给专业公司去完成，并与它们建立起战略联盟关系。这样，戴尔公司就能在短期内迅速地成长为全球PC市场的主要供应商。

5.2.4.3　合同制造商在国际企业生产系统中的作用凸显

合同制造商的兴起是近些年来国际企业生产系统的新趋势。合同制造商是指根据供货合同，为客户提供产品和服务。合同制造商与贴牌生产商（OEM）的区别是，其本身也是国际企业，在世界范围内安排研究与开发和生产基地。合同制造商的优势在于，它同时为不同的客户提供产品，因而享受较高的设备利用率。同时，合同制造商开发新的加工技术，在必要的情况下，为其主要客户开发新产品，并承担与产品制造相关的其他业务，如物流、订购以及产品的售后服务。因此，合同制造商不仅有规模经济优势，还具备相当的技术创新能力。

5.3　国际企业生产系统的营运

在国际企业的运营过程中，管理部门通过协调运作各项与生产直接相关的活动，确保整个生产系统按一定的速度和设计的生产能力进行生产。同时，每个生产系统都需要一些职能部门提供保障生产正常运行的辅助性活

动。因此，国际企业生产系统的营运过程主要包括生产性活动和辅助性活动两类。

5.3.1 国际企业生产系统生产性活动

国际企业生产系统生产性活动内容概况见表5-2。国际企业对生产性活动的管理策略，与一般国内公司的管理基本相同，但也有其特殊性，具体表现在如下几个方面：

表5-2　　　　　　　　　　国际企业生产系统生产性活动内容概况

生产性活动	活动内容
生产	生产计划、原材料供应、加工、装配、发运
产品质量	全球质量管理、全球质量控制
制造成本	生产流程设计、作业排序、供应管理、销售管理、成本控制管理

5.3.1.1 生产

在国际企业的生产系统中，如果产出量不能达到设计标准，则往往可以从以下因素中寻找原因：

（1）原材料的供应商不能及时交货或所供应的原材料不符合规格

这种现象在发展中国家的卖方市场中很普遍。采购部门必须设法影响供应商，使其明白及时供货和正确供货的重要性。但是，在仅此一家、别无分号的供货条件下，采用这一战略的效果是有限的，用增加购货付款额以及派技术人员去帮助供应商通常可以改善上述情形。

（2）生产计划调度混乱

由于经营领域及产品庞杂，国际企业生产计划调度的不协调往往会延误最终产品的交货。而大多数调度员和一些生产工人一样，并不知道其工作的重要性，往往缺乏全局观念。因此，对调度员的培训和监督就显得尤为重要。企业不仅要教会员工怎么干，而且要使他们懂得他们那样做究竟是为了什么，使员工有一个良好的工作态度，有利于提高劳动生产率。

5.3.1.2 产品质量

国际企业对质量管理的策略，与一般的国内公司相比，其特点主要表现在以下两个方面：

①与国内一般制造业公司相比，国际企业较少考虑把质量控制的重点之一放在加快产品更新换代的速度上面，而是转移生产能力到国外，在国外保证重复生产现有产品的质量和规格。国际企业把同样的产品在各国市场上的差异化与各国生产性子公司的产品质量控制结合起来，为产品支出大量的国际广告费用，以便在质量控制的基础上使产品差异化。

②国际企业为加强全球生产的质量控制，也将必需的精密仪器和其他测试手段输往东道国，有利于保证产品质量，降低损耗费用。

5.3.1.3　制造成本

在国际企业的生产系统中，出现制造成本过高的现象（即超出预算成本），这不仅是生产方面的责任，营销及财务管理也应给予高度关注。实际上，各种导致低产的因素都能引起成本的问题。此外，销售预测过于乐观、供应商交货脱期、政府对基本原料的进口没能及时签发许可证以及水电供应的短缺，都可能引起制造成本上升。

在发展中国家，原材料、零部件和制成品的库存管理常常由于供应情况不确定性大、易于失控而处于非正常状态。为了避免某一原材料的耗尽而影响到生产作业计划的完成，企业常常不得不储存过量的投入物。维修人员储存过量的零部件以备急用；营销部门因担心生产延误而不能按时交货，也增加了不必要的库存。在许多国家，常常是销售量已下降，却不能裁减工人，劳动法的规定使得裁减人员既困难又代价高。另外，在有些国家由于技术工人相对短缺，失去后不容易再找回，因此即使法律允许解雇工人，管理部门也不能轻易裁减。

5.3.2　国际企业生产系统辅助性活动

国际企业生产系统辅助性活动内容概况见表5-3。国际企业对上述活动的管理策略，与一般的国内企业基本相同，但仍有国际企业的特殊性。

表5-3　　　　　　　　国际企业生产系统辅助性活动内容概况

辅助性活动	活动内容
供应商管理	挑选供应商，与供应商建立良好关系，选择供应方式与定价策略
维修与保养	建立维修制度，对生产设备进行日常维修与保养

辅助性活动	活动内容
技术管理	产品生产工艺选择与设计，新产品研发与设计
库存管理	确定库存控制机制，选择库存控制模式
人力资源管理	员工招聘、培训、晋级等管理

5.3.2.1 供应商管理

(1) 国内供应与国外供应

国际企业在生产制造之前，必须设法取得原材料，最简单的方法就是由国内的供应商来供应所需的原材料，以避免因语言、距离、汇率、关税、战争，以及暴动、罢工、政局动荡、较为复杂的运输渠道等问题而带来麻烦。但是，对许多国际企业来说，国内供应不一定合理，有时甚至比较昂贵。一般来说，国际企业具有比国内企业更强的资源统筹能力，能够优化资源的配置，打造企业的竞争优势。很多公司情愿舍近求远，实行全球采购和供应。如日本的三菱公司，就是在国外市场取得所需的原材料，来满足自己生产的需要。

一般来说，国际企业选择国外供货渠道取决于9个基本因素：

①价格低；

②质量高；

③国内无货源或供应不足；

④交货及时；

⑤供应的持续性；

⑥先进的技术含量和技术服务；

⑦营销策略，如企业从一国进口原材料或零部件，就可以获准在该国销售产品；

⑧与国外子公司的关联交易，如美国通用汽车公司向其在韩国或日本的子公司购买零部件，这种国外供应实际上是内部供应；

⑨比较优势，如使当地供货者确信要保持质优价廉，否则会失去客户。

(2) 集中供应与分散供应

集中供应是总部对整个国际企业内部各单位所需物资的集中采购与统一管理。由于汇聚了各单位的订单，就增大了订单的规模，使国际企业获得了采购规模经济，并增强了与供应商讨价还价的能力。在国际企业体系庞大、所需采购物资种类多的情况下，需要有高度采购技能与调配技能才能使集中供应体制的优点得以发挥；否则，其集中供应规模经济会被调配管理的不经济所抵消。

在分散供应体制下，各子公司和工厂自行采购其所需零部件。例如，IBM公司巴西子公司可能向IBM公司在东南亚的国际采购处发出进货报价，进行谈判，以争取最好的订货条件。这样，为了从IBM公司子公司或工厂获得订单，各个国际采购处之间展开竞争，迫使每个国际采购处对第三方供应商采取强硬的态度。自主采购体制可充分调动各子公司和工厂的主观能动性，灵活性强，适合采购物资种类多、供应商较分散的情形。

混合式采购（mixing purchasing）体制是集中供应与分散供应的折中。在该体制下，部分零部件集中采购，其他零部件则分散自主采购，以便在发挥集中采购的规模经济效应的同时，又发挥各子公司和工厂自主经营的积极性。

5.3.2.2　维修与保养

设立维修与保养部门的目的是防止由设备损坏引起非计划性停工。由于要求获得一些进口的零部件和机器很不容易，所以，许多维修部门的机修车间实际上都在制造这些物品。

一些工业化国家的企业建立了预防性维修制度。对企业厂房和机器设备实行以预防性维修为主的维系政策，以防止机器设备的损坏影响生产。近些年来，维修的作业计划已纳入计算机的工作范畴。根据计划，机器将定期进行检修并更换磨损的零部件。生产部门由于事先收到了停机通知，所以在生产安排上可以早些作准备，如让机器事先进行超时工作，并储备一定量的备件，使下道工序能在其大修期间继续生产。

但是，上述观念在一些发展中国家尚未被广为接受，其对待设备的态度往往是不坏不修。更有甚者，由于是卖方市场，维修人员往往受生产和销售管理部门的压力，使机器保持运转，这种短视的观点不允许机器有停下来检修的时间。另外，有的子公司虽然也按总公司的标准进行预防性维修，但是由于地区作业条件的差异（如湿度、温度和空气中的含尘量等），以及作业人员的作业方式不同，所以在制定大修期限时就要有所区别。同样，对库存机器的备件，如将国内的经验套用于国外，往往也会发现并不适合。

从一定意义上说，适当的维修与保养比百分之百的工人出勤显得更重要，一个生产小组中缺少一两名工人并不至于造成停产，但是，如果有一台重要的设备坏了，则有可能造成整个工厂窝工。

5.3.2.3 技术管理

技术部门的职能是提供生产所需要的制造工艺规程。通常技术人员对检查投入物和成品的质量负有责任。设在外国的子公司的技术部门的任务不只是从母公司照搬一大批技术档案，因为在当地要得到相同的原材料不一定容易，而替代品的应用有时需要彻底重写有关的工艺规程。

子公司的技术经理也是确保产品质量的关键人物之一，特别是对原材料供应来源的选择有决定性的影响。国际企业往往竭力说服所在地政府和合资经营伙伴同意把本企业的人安排在这一位置，这样他们必然使子公司成为母公司产品的基本用户之一。只要有可能，多数投入物的采购将从母公司的制造厂购入，从而加强了彼此的合作。

5.3.2.4 库存管理

越是需要互换产品和零部件的国际企业，库存控制的过程就越困难。距离、时间、国际政治和经济环境的不确定因素，使得企业难以确定准确的再订货点。例如，假如一个弱货币国家的制造企业经常从强货币国家进口原材料和零部件，管理层就可能不顾高昂的储存成本、损坏或偷盗的风险，来准备储藏库存物资以应对货币贬值。管理层也可能预期政治不稳定或立法减少进口，从而增加库存。快速变化的国际事件能够破坏按部就班顺利运行的库存控制系统。

对国际企业的国外制造战略来说，合理利用即时（JIT）生产方式是一个重要的方面。国际企业企图通过在海外生产以降低成本，同样，利用JIT生产也可以减少库存，降低库存成本。这里的关键是要解决国外生产与JIT生产相结合的矛盾问题，从而可以同时运用这两种战略，使得国际企业更有竞争力。

5.3.2.5 人力资源管理

在国际企业中，生产活动不能正常运作的主要原因之一是员工队伍建设的缺憾。在有的发展中国家，缺勤是工厂不能达到预定产量的一个重要的原因。遇农忙时，有的工厂甚至闲置起来，而交通运输系统落后又使一些工人不能准时上班，企业得自备通勤班车。为了克服病痛或受伤造成的缺勤，有的国际企业提供工作午餐，并有专职营养师负责配菜，以确保员工的饮食营养与卫生。有的企业则免费提供一些劳动防护用品，如工作服、工作鞋等，并鼓励员工对安全提出建议和报告。

员工士气低落也是造成高缺勤率的一个重要原因。在不同国家中，同样的领导风格会有不同的效果。正确处理好管理人员和员工关系在国际企业中也是十分重要的。

5.4　国际企业技术的研发与转移

随着经济全球化进程的加快，国际企业加紧实行全球技术研发和转移战略，充分利用海外的科技和人才资源，以支持其海外市场的开发，服务其全球市场战略。国际企业技术的研发和转移的全球化已成为贸易全球化、生产全球化、金融资本全球化之后世界经济一体化的重要趋势。

5.4.1　技术研发

5.4.1.1　技术研发战略

国际企业的技术研发呈现出全球化趋势。国际企业实施技术研发全球战略的动力来源是：

①跨国经营。

②全球资源配置。国际企业实行"就近研发，就近盈利"的本土战略，彻底改变了将技术研发活动局限于投资母国的局面；同时，加快技术创新的速度，降低技术创新的成本，增加其在全球市场上的竞争力。

③科学技术供应的全球化。即使是美国这样发达的科技大国，国内科学技术的供应也只有三成，其余大部分要靠与其他国家的科技交流和合作获得，其他国家对国外科学技术的依赖程度则更高。

从 20 世纪 90 年代开始，国际企业的技术研发基地不再局限于投资母国，开始向海外扩展，根据其全球战略安排和东道国的投资环境，在全球范围内选择，最终目的是占领和扩大世界市场。国际企业全球技术研发战略是经济全球化的重要组成部分。其主要特点是：

①加强技术研发投资强度；

②改善技术研发投资环境；

③海外技术研发机构倾向于独资或控股的形式；

④技术研发开始向发展中国家转移。

5.4.1.2　技术创新策略

众所周知，在激烈的市场竞争中，跨国公司一般都是靠自己独特的产品和先进的技术来建立市场竞争优势的，从而使产品始终处于领先地位。因此，为了保持各种优势，跨国公司都把技术创新放在首位，并通过不断增加研究与开发投入等方式，获取新技术，提升技术创新能力。

（1）实行 R&D 战略联盟

实行 R&D 战略联盟（strategic alliance of R&D），主要是指由两个或两个以上的资金或技术力量相当的跨国公司，基于共同研究和开发高新技术的目的而组成一个互补型战略联盟。例如，在日产与雷诺结成的战略联盟中，二者的科研人员深度合作，共同攻克汽车核心零部件研发中的难题，推动了技术创新。在生物技术方面，大部分新技术也是由跨国公司之间联合开发出来的。

（2）通过企业并购获得高新技术

20 世纪 90 年代以来，跨国公司的并购不再以简单扩大生产规模、简单占有市场为目的，而是以增强企业科技开发能力，增加科研人才、资本、技术的高度综合性，加强企业发展潜力与后劲，迅速开拓和占领新市场为目的。通过并购东道国的现有企业，跨国公司实际上就控制和掌握了该企业原有的技术研发机构、科研人才、设施和商品销售渠道。这不仅使跨国公司可以直接获取他国相关产业的关键技术、科研成果和现存的生产能力以及稳定可靠的销售网络，从而推动跨国公司技术水平提高和竞争实力增强，而且为其提供了重新组织技术研究与开发的有利条件。例如，美国 IBM 为了实现由计算机供应商向国际计算机和远程通信公司的转变，获取向全球大公司、小公司提供在公司局域网内传递和处理声音、数据和图像的技术，先后联盟和并购了许多"小巨人"，如出巨资收购罗姆公司（世界专用交换机的主要制造商之一），出资 35 亿美元收购莲花公司（有卓越创新纪录）。

（3）在海外设立研发机构

利用东道国的人才、技术、设施、教育、研究等各种资源，研发适合东道国经济发展以及相关贸易发展需要的新技术，也是 20 世纪 90 年代以来跨国公司实施技术创新、增强自身竞争力的一个重要途径。

（4）通过技术贸易获取高新技术

技术贸易是跨国公司获取高新技术的又一有效途径。技术的出售不仅可以使跨国公司获得大大高于一般商品的利润，而且随着技术在经济发展中的重要性被人们普遍认识，技术往往成为跨国公司冲破各种政治与经济障碍，在国外进行扩张的重要手段。有关资料显示，目前跨国公司垄断了世界上80%以上的新技术、新工艺与70%以上的技术转让。从发展趋势看，随着国际市场技术贸易机制的不断拓宽，跨国界的技术流动已成为普遍的趋势，而且日益扩大。

（5）积极利用社会科研力量

除了企业之间的合作外，跨国公司还利用高校等社会科研机构、政府的科技政策和民间投资基金等企业外部力量来实现技术创新，并且用合同的形式安排好各自的利益。如埃克森美孚石油公司与麻省理工学院签订了为期10年的改进燃料系统和节能的合作研究协定，孟山都公司与哈佛大学签订了研究治癌新药制剂的长期合作协定。

5.4.1.3　技术研发管理

技术研发管理既是一种专门人才的高级脑力劳动，又是一种多层面、多环节的系统工程，需要统一规划，贯彻始终。因此，对国际企业的技术研发管理必须处理好统一领导、集中管理和适当分权、调动大众积极性的关系。考虑到上述关系，国际企业的技术研发管理分为两种结构类型，即平行结构和层级结构。

（1）平行结构

在平行结构中，技术研发活动涉及不同国家的不同单位，每个单位都有能力执行从构思到销售的整个程序。其与层级结构不同的地方在于技术创新，不论是核心研究还是辅助研究，都是由两个或更多国家的若干单位完成的。此外，核心研究可能因为主要研究人员的特殊技能而在不同的国际科学研究领域中显示出差别。

（2）层级结构

在层级结构中，核心科研是高度集中的，而从设计思想到销售周期以后的各个阶段的职责可能在世界范围内分配给附属的研发或生产单位；为了适应特定市场的需要，对某些研发单位实行了分权。

由于在东道国往往不易发现称职的个体和团体，所以国际企业总是在母国组织核心的科学研究，辅助的和应用的工作则可交给东道国的附属机构去执行，其后期开发工作尤为如此。

5.4.1.4　国际企业创新成果的保护

如果有一个创新者是输家，必然有一个跟随者或模仿者是赢家。创新者是首先把新产品或新程序在市场上商品化的公司，而跟随者或模仿者从技术创新中所赚取的利益要比创新者多。其原因是：

（1）专有状态

专有状态（specific state）是指在公司和市场结构以外的制约创新者从创新中获取利润的能力的环境因素，其最重要的方面是技术的性质以及起保护作用的立法机制的效能。专利权有时并不是很有效，许多专利权以很少的钱就能被模仿出来。专利权有时不能保证完全是专有权。

知识靠"意会"还是靠规范化也影响模仿的难易程度。规范化的知识比较容易传达和接受，但较易暴露给工业间谍。"意会"的知识除非知道其中的窍门，否则很难说清楚，因而它是难以转让的知识。

因此，一家公司可以按技术的性质和立法系统将知识产权的效能划分为两类：一类是强占有状态（技术比较容易保护）；另一类是弱占有状态（技术几乎不能保护）。前者如可口可乐糖浆，后者如线性规划中的单一算法。

（2）支配地位的规范设计

科学在其演变和发展中有两个阶段：

一是前规范化阶段。这时对一个领域中的现象没有单一地被共同接受的概念性论述。

二是规范化阶段。这个阶段标志着科学本身的成熟，也说明科学有了世人认可的标准。

这些标准持续改善也推动了其他正统科学研究依据这些标准而不断发展。

一种占支配地位的设计的存在对利润如何在创新者与追随者之间分配有重大意义。创新者在前规范化阶段为基础科学的突破以及新产品的基本设计做了大量工作。然而，如果模仿比较容易，则模仿者可能投入竞争，依赖创新者开创的基本设计在重要方面修改产品。因此，在居于支配地位的设计出现以前，与设计同时发生的模仿是可能的，这对创新者常常是很不利的。

（3）辅助资产

要使一种成功的创新商品化，制造、销售和售后服务功能必须配套。这些服务常常从专业化的辅助资产中获得。在某些情况下，当创新是一个系统时，辅助资产可能是该系统的其他部分。例如，计算机硬件特别要求专业化软件；否则，硬件就失去意义了。

辅助资产可以分为通用的、专用的和相互专用的。通用资产不需要对创新作出适应性的剪裁；专用资产在创新和辅助资产之间存在一种单方面的依存关系；相互专用资产有一种相互依赖的关系。

如果创新者不想将大把的利润拱手交给模仿者或者辅助资产的所有者，就必须为自己的战略选择不同的路径：

①合同方式。创新者无须支付前期资本去建设或购买资产，只需要同独立的供应商或者批发商签订一份合同，就可以减少风险以及对现金的需求。

②一体化方式。一体化方式同纯合同方式的区别在于它掌握了对资产的控制权。如果一个创新者拥有而不是租用需要商业化的辅助资产，它就可以获得溢出效用。的确，如果一个创新者在创新宣布之前就处于一种购买辅助资产的位置，则以后可能会对其有利。如果存在期货市场，只要持有辅助资产的远期头寸，就足以获得很多的溢出效应。

在市场经济中，技术创新固然是竞争取胜的法宝，但不能忽视价值链的其他环节。这就是说，一个新产品从创新出来到走进市场获得成功，要经过许多环节，创新的公司必须在每一个环节上都有正确的措施和对策，才能始终保持其优势地位。

5.4.2　技术转移

技术转移（technology transfer）是指拥有技术的一方通过某种方式把一项技术让渡给另一方的活动。技术转移对一个从事国际经营的企业来说，分为从企业外部引进技术和从企业内部向外部转让技术两个方面。企业从其他企业、研究机构或个人获得某项技术被称为技术引进；企业将拥有的某项技术转让给其他企业、机构被称为技术输出。从事国际经营活动的跨国公司为了取得竞争优势，时常要设法从国际上引进先进技术；同时，为了谋取最大利益，可考虑将本企业所拥有的技术让渡出去。国际技术转移是国际经营活动的重要内容，是企业家必须重点关注的事项之一。

5.4.2.1　技术转移的类型

技术可以沿两个方向转移：一个为垂直方向；一个为水平方向。垂直方向的转移是指基础研究部门向应用研究部门进而向工业生产经营部门的技术转移；水平方向的转移主要是指工业企业之间的技术转移。

日本在许多产业领域从技术落后国变为技术先进国，创造了全球竞争优势，在很大程度上得益于日本企业成功的垂直引进，即引进其他企业研究部门的成果于自己企业的生产经营环节。但是，企业在进行垂直转移的过程中也存在一定的风险。由于基础研究部门、应用研究部门所提供的技术一般离实用尚有一段较长的距离，又由于它们远离市场，较少地考虑消费者的需求偏好，因此这些技术的市场风险较大，在一定程度上影响了企业通过垂直转移获取技术的积极性。

相对于技术的垂直转移来说，同类企业间的技术水平转移则更为广泛。这是因为企业的技术开发活动与基础研究、应用研究相比，更接近市场，提供的技术更实用。因此，多数企业喜欢从其他企业获得技术，这就使国际技术水平转移比垂直转移要活跃得多。

5.4.2.2　技术转移的方式

拥有技术的企业一般通过专利、专有技术、商标、著作权和商业秘密5种方式保持其对技术的产权。技术转移就是对上述5种产权的转让。国际技术转移，由于所转移的技术项目的性质、水平、渠道不同而采取不同的实施方式。技术转移的具体方式可分为两大类：一类是单纯的技术转让，就是通常所说的技术许可证；另一类是通过贸易或投资方式附带进行的技术转让。

（1）技术许可证

与普通的交易不同，技术的转让是使用权的转让。因此，在利用许可证进行技术转移时，必须在许可证合同中对技术的使用权限、时间期限、地域范围，以及处理纠纷的程序、办法等进行确认。在技术许可证合同中，使用权限的限定是最重要的条款。技术的使用权限可分为独家使用权、排他使用权、普通使用权、转售权、交叉使用权、回馈使用权等。

（2）通过贸易或投资方式附带进行的技术转让

这种转移方式包括：

①在承包工程和交钥匙工程后转让操作技术。

②通过合资、合作和联合开发的方式转让技术。

③在购买商品的同时转让其中全部或部分技术。例如，在购买飞机时转让飞机操作和维修技术。

④在加工贸易中转让有关技术。

5.4.2.3　国际技术输出的动因

（1）选择论

著名国际经济学家、英国里丁大学教授邓宁（J. Dunning）认为：国际技术转移是国际生产方式的选择。企业向外转移技术是在产品出口和对外直接投资难以获得理想收益时的一种合理行为。这一观点是把国际贸易、对外直接投资和技术转移作为整体来考察的，认为企业要从中选取最优的国际化经营形式。

（2）周期论

日本学者斋藤优认为：占有新技术的企业在利用自己的新技术谋取最大利益时，基本上是按商品输出、直接投资和技术输出这样的先后次序循环前行的。在这个循环周期中，占有新技术的企业先是出口运用这项技术生产的产品。随着市场规模的扩大和收益率的提高，企业会通过对外直接投资的方式扩大生产规模，降低生产成本，提升竞争力。但到了一定阶段，企业的直接投资收益率下降到一定程度，企业便会采用技术输出的方式来获取最佳效益。

（3）N-R 制约论

斋藤优认为，一个国家的经济发展和对外经济活动受国民需求和资源关系的制约，即 N-R 关系的制约。资源能否满足国民需求是一个非常重要的问题。一旦资源不能满足国民需求，就会形成"瓶颈"，N-R 关系成为关键问题，这时就会产生企业技术创新的内在要求和动力。新技术的出现可以节约资本、劳动力和原材料，因为技术创新可使 N-R 关系变得平衡，从而解决了N-R "瓶颈" 问题。N-R 关系不相适应也是技术转移的原因。N-R 关系不相适应会促使企业进行技术创新，但是企业不会因此而轻易地放弃原有的技术，而是会把它转移到需要该项技术的其他企业中。这种情况不仅发生在发达国家和发展中国家的企业之间，也发生在发达国家的企业之间或发展中国家的企业之间。

5.4.2.4　国际技术引进的动因

（1）节约论

企业获得技术的途径有自主研发和购买两种。自主研发和购买都需要花费费用。一些研究表明，自主研发的费用常常高于购买、引进的费用，这促使企业倾向于购买技术，这被称为技术引进的节约论。

（2）追赶论

在现代经济中，企业的竞争力在很大程度上由其拥有的技术水平所决定。但有的企业与竞争对手相比差距较大，自身又缺乏独立的研发能力，为了追赶先进企业，快速缩短技术差距，增强企业竞争能力，引进技术特别是国外的先进技术是一种合理的选择。这就是引进技术的追赶论。第二次世界大战后，日本企业在世界上的迅速崛起，在很大程度上得益于技术的引进。

（3）减少风险论

企业一般是厌恶风险的。技术引进比起自行开发来说风险较小，特别是引进成熟技术，这是影响技术引进选择的又一重要因素。

5.4.3 技术引进与技术输出决策

5.4.3.1 技术引进决策

企业引进技术无论是为了节约费用、追赶先进水平，还是为了减少风险，其目的都必须通过增强市场竞争力来实现，因此，在引进技术时必须慎重考虑各个方面的因素。引进技术项目必须明确产品的销售对象是国内市场还是国际市场，以及市场潜力的大小；在明确销售市场和潜力的同时，考虑本企业的资源条件；在明确了产品市场目标后，再着手选择适合生产该产品的技术和设备，不同的技术和设备包含着不同的资本密集程度和知识密集程度，它们的价格差异也会很大。总之，在引进技术时必须对其先进性、适用性、可靠性、经济性等多方面进行综合平衡，全面考虑。

5.4.3.2 技术输出决策

当一个企业拥有某项技术时，它可能会考虑把该项技术转让出去。但企业通常不首先考虑这样做，特别是那些国际企业。它们投资研发一项技术的目的是提升竞争力，而不是为了出售这项技术，所以会首先考虑利用该技术在本国进行生产销售；但为进一步开拓国际市场，会在其他国家或地区进行直接投资。企业在决定技术输出之前首先要对产品出口、直接投资和技术输出三者进行选择比较，一般以企业利益最大化为衡量标准。企业在进行技术输出时通常要考虑以下因素：

（1）投资环境

如果一个国家的投资环境较差、市场规模较小，或者企业缺少资金、人力和经验等投资要素，则企业往往倾向于向该国企业转让技术。

（2）权衡投资风险和技术秘密外泄风险

相对于直接投资，技术输出的政治风险和经济风险较小，但输出后的技术可能泄露给竞争对手，使本企业在竞争中处于不利境地。

（3）转移成本

一项现成的设计和完整的工艺转让起来比较容易，转让成本也会比较低。如果一项专有技术需要经过较多学习、训练才能掌握，那么外部转移比较困难，转让的成本也比较高，这通常会妨碍专有技术的转让。

（4）技术的生命周期

一般来讲，新建工厂需时较长，如果技术的生命周期短，产业技术更新快，转让技术可能比对外直接投资更加实际。

（5）政府政策和干预程度

一些发展中国家有严格规定，任何外国投资都必须满足投资和技术转让两个条件；还有一些国家划定一些投资领域，禁止外资进入，但技术转让是允许的。

技术输出除了要在商品出口和对外直接投资方面进行抉择外，还需要特别注意的是，不要把"关键技术"转让给具有或潜在具有威胁性的竞争对手。

管理视野 5-1

素养园地

跨国公司生产环节中面临的知识产权风险

在我国"创新驱动发展""知识强国建设"两大主题下，跨国公司知识产权管理越来越受重视，其中生产环节的知识产权管理问题也日益突出。所谓生产环节的知识产权管理，就是指跨国公司在工艺技术更新、自主加工等生产过程中，根据其自身的知识产权制定各项规章制度、采取相应措施和策略的经营活动。在生产环节中，跨国公司知识产权风险众多。根据类别不同，知识产权风险可以分为商标侵权风险、专利侵权风险、著作权侵权风险、不正当竞争风险等。

一、商标侵权风险

这里的商标风险是指跨国公司在商标使用、运营等活动中，因自身或对方管理不当而带来的不利后果。按照对象的不同，商标风险可以分为违法违规性商标风险和侵权性商标风险。

1.违法违规性商标风险

这种情况是指跨国公司在生产环节中对注册的商标使用行为不当，违反了相关法律和法规或强制性规定，会导致自身因非法生产使用而受到惩罚的风险。

2.侵权性商标风险

侵权性商标风险分两种情形：

一是自身商标生产使用不当，导致侵犯他人商标权，可能引起侵权之诉。

二是对方商标生产使用不当，导致自身商标权受到侵犯，蒙受损失。其常在协同生产和贴牌生产两种模式中出现。

二、专利侵权风险

专利侵权是指未经专利权人许可实施其专利的行为，即以生产经营为目的制造、使用、销售、许诺销售、进口其专利产品或依照其专利方法直接获得的产品。美国专利与商标局和司法机构支持商业模式的专利保护，亚马逊就成功阻止了 Barnesandnoble 公司使用与其"一次点击购物"相类似的技术。

三、著作权侵权风险

著作权侵权在跨境电子商务活动中也常常发生。因信息的电子化表现，复制、篡改变得更加容易，利用著作内容、名称来获利，在经营的店铺中通过使用侵权的图片、视频、文字等形式对店铺及商品进行宣传，即为俗称的"盗图"，无视别人的智力劳动，或者存有侥幸心理，选择性忽视有趣的文案、夺人眼球的图片、视频背后的产权价值，在电商网络平台上传播侵犯他人著作权的视频、音乐、动画等，或是传播侵权产品信息，再转为线下完成交易。在有些情况下，著作权侵权和商标侵权同时发生，如米菲兔的品牌方在2019年发起了维权诉讼，起诉基于商标侵权和著作权侵权。

四、不正当竞争风险

商家在宣传产品时，对于商品的质量、原材料、款式等表述有虚假不真实、容易造成消费者混淆的行为，存在"蹭名牌""搭便车"的行为，在"引人误解的虚假宣传"的同时也构成不正当竞争行为。2012年年底发生的案例——卡地亚诉益实多公司、梦克拉公司一案起因就是使用"卡地亚款"等产品设计创意，是侵犯商标权的行为。梦克拉公司在1号店销售的饰品的宣传内容，不能证明涉案商品的设计风格源自卡地亚商品，也不能证明其与卡地亚有业务合作等关系，属于虚假宣传，同时构成不正当竞争的行为。

资料来源　李静宇，吴金蓉. 跨境电子商务中的知识产权风险与应对［J］. 现代商业，2023（22）：35-39.

本章小结

　　生产管理是对企业日常生产活动的计划、组织和控制，是和产品制造密切相关的各项管理工作的总称，是整个企业管理的重要组成部分。本章主要介绍了生产系统的含义和国际企业生产系统及管理的相关理论。

　　从国际企业的生产管理来看，厂址选择涉及多个层次。国际企业生产系统的营运过程包括生产性活动和辅助性活动。

　　随着经济全球化进程的加快，国际企业加紧实行全球技术研发和转移战略，利用海外的科技和人才资源，以支持其海外市场的开发，服务其全球市场战略。国际企业的技术开发管理有平行结构和层级结构两种形式。对国际企业创新成果的保护一般有合同方式和一体化方式两种。技术转移的类型有垂直转移和水平转移两种，而技术转移的实施方式通常通过技术许可证和贸易或投资方式进行。

关键术语

　　生产标准化（production standardization）　外包战略（outsourcing strategy）　混合式采购（mixing purchasing）　R&D 战略联盟（strategic alliance of R&D）　专有状态（specific state）　技术转移（technology transfer）

即测即评

第 5 章在线测试题

复习与思考

1. 试述国际企业生产系统的设计思想。
2. 决定国际企业厂址选择的因素是什么?
3. 国际企业生产系统在营运过程中会遇到哪些问题?
4. 国际企业技术转移的方式是什么?
5. 技术引进和技术输出决策分别应考虑的因素是什么?
6. 什么是层级结构? 何谓平行结构?
7. 试述对技术创新成果的保护。

案例分析

案例1

中兴供应链的转型升级

1985年, 中兴通讯股份有限公司(简称"中兴通讯")的前身深圳市中兴半导体有限公司(简称"中兴半导体")成立, 公司创立之初主要从事通信交换设备的研发和制造。经过近40年的发展, 中兴通讯成长为全球领先的综合通信与信息解决方案提供商。

20世纪90年代初, 中兴通讯已开始着手搭建供应链管理体系。当时, 整机的计划、制造、交付等供应链职能分布在各个产品事业部, 以更好地支撑产品经营的快速发展。同时, 成立中兴康讯公司作为整个集团的采购和单板加工平台, 以发挥规模化采购和单板制造的优势。中兴通讯供应链在起步阶段不断完善职能、健全流程, 并积极探索计算机技术在供应链的应用。1998年, 中兴通讯自主开发的供应链管理信息系统STEP成功上线, 开始走供应链信息化的道路。

随着时间的推移, 各个事业部的供应链专业能力和运作效率参差不齐, 彼此之间资源不共享、协同效率低所带来的各种问题日益凸显, 让中兴通讯在高速发展期捉襟见肘。

2007年, 中兴通讯对产品事业部进行整合, 以更好地迎接3G时代的到来。与此同时, 中兴通讯供应链进行第一次重大变革: 建立了敏捷供应链管理体系, 将分散的供应链职能和资源集中整合; 根据供应链运作参考模型

SCOR，进一步完善了计划、采购、制造、交付等在内的逆向的端到端供应链业务和组织结构；供应链战略上升为公司核心战略之一。中兴通讯供应链的此次变革有力支撑了公司 3G 产品的快速上市和市场交付。

2010 年，随着公司全球市场的高速拓展，中兴通讯供应链开启第二次变革，推进全球供应网络布局，在欧洲、美洲、非洲、亚太建立了区域交付中心，并在巴西、印度建立本地工厂。同时，中兴通讯进一步加强供应链内外部协同，搭建销售与运营计划（S&OP）运作机制，将营销预测、产品规划、新品计划与供应链体系全面对接，实现供应链与营销、产品的融合运作。中兴通讯供应链持续开发与优化供应商管理系统（SCM）、生产制造系统（MES）、仓储管理系统（WMS）等，基本建立了统一的供应链信息技术系统平台，实现了供应链业务流程的一体化运作，支撑公司全球业务的高效运转。

2018 年，面对日益复杂的外部环境与挑战，中兴通讯集团层面提出新的战略调整。为更好地支撑公司战略发展，供应链进行第三次重大变革，首次提出 SPIRE 的供应链战略，深化产业链协同，加强战略采购，并推进智能制造升级，开启供应链数字化转型新征程。

目前，供应链作为中兴通讯材料采购、产品制造、合同发货的重要平台，现有员工 1 万余人，建成深圳、南京、西安、河源、长沙五大智能制造生产基地，面向客户订单实现柔性化、数字化、智能化生产；携手全球数千家供应商合作伙伴，与优质资源构建互信、稳定、可持续的共赢关系；在国内和海外建立全球多元物流网络，物流线路覆盖全球各大洲，全年产品发货量超过 100 万立方米。

资料来源　孙静，贺竞成，刘婷婷. 中兴通讯：战略引领供应链转型升级［J］. 清华管理评论，2023（9）：6-15.

问题：

（1）简述中兴供应链的特点。

（2）试论述中兴供应链三次变革的历程。

案例 2

跨国公司产业链和供应链调整

作为全球新能源汽车的领军企业，特斯拉在 2023 年《财富》世界 500 强榜单上名列第 152 位，是入榜的新能源汽车企业之首，具有充分的影响力和代表性。近年来，特斯拉持续加大在华投资，致力于和中国市场共同成长。在不确定背景下，特斯拉亦在不断调整其全球布局。其全球布局的调整主要表现在不断加码对中国投资、筹建墨西哥工厂、探讨印度投资设厂、向产业上下游延伸等。

一、不断加码对中国投资

特斯拉对上海工厂扩产，其产能从2020年年底的45万辆增至2023年第三季度的超95万辆。2023年4月，特斯拉与临港片区签约，在上海新建特斯拉储能超级工厂项目，项目计划在2023年第三季度开工，2024年第二季度投产，其产品将主要用于出口。

二、筹建墨西哥工厂

2023年8月，特斯拉宣布将在墨西哥新莱昂州建设一座超级工厂，总投资超过50亿美元，计划产能为每年100万辆。特斯拉在墨西哥建厂主要有以下多重考虑：

一是墨西哥位置优越，同时辐射南美和北美市场，更好地满足潜在市场需求。

二是墨西哥签署了《美国-墨西哥-加拿大协定》，根据美国《通胀削减法案》可以享受税收优惠。

三是墨西哥具有成熟的汽车产业链和低成本工人，有利于降低生产成本。

四是墨西哥锂矿丰富，有利于特斯拉就近低成本生产锂电池。

五是在墨西哥设厂能够减少因贸易摩擦带来的不确定性。

三、探讨印度投资设厂

多年来，特斯拉一直酝酿进军印度市场，但特斯拉与印度政府就其高额的进口关税进行谈判未果，导致其推延投资计划。特斯拉看中电动车在印度市场的巨大前景。印度已是全球第三大汽车市场，但目前印度市场上电动汽车占比不足1%。

四、向产业上下游延伸

特斯拉公司努力向产业链上游延伸，不断增强产业链和供应链的主动权。

一是在关键原料电池供应上，特斯拉寻求更高的自主权。为降低对中国石墨供应的依赖，特斯拉公司积极拓宽石墨的采购渠道。2021年12月，特斯拉公司与澳大利亚Syrah Resources公司签约，自2025年起特斯拉每年将从Syrah Resources公司采购8 000吨石墨。

二是特斯拉掌握核心零件的设计和生产，包括电机电控、电池模组、一体化铸造底盘等，最大程度享受供应链延伸和一体化优势。

三是特斯拉开创全球直营模式，直接面对客户销售汽车、提供售后以及维修保养服务，以掌握宝贵的客户资源，以便后续提供更多商务服务，同时降低中间环节成本。

资料来源 李洪涛，张菲，何曼青. 从特斯拉看跨国公司产业链供应链调整〔J〕. 中国外资，2023（23）：64-66.

问题：

（1）试用产品生命周期理论分析跨国公司进行产业布局调整的动因。

（2）试总结特斯拉产业布局调整的方式对我国汽车业发展历程的启示和帮助。

第6章 国际企业的营销管理

学习目标

通过本章的学习，你应该掌握：国际市场营销的概念与内涵；国际市场营销应考虑的新因素；国际市场营销的基本策略；国际企业营销的品牌策略；国际市场营销风险的控制方法。

6.1 国际企业营销管理概述

跨国界的市场营销活动是国际企业管理的普遍现象和重要活动，因而了解国际企业的营销原理、国际企业营销存在的误区与风险控制是十分必要的。国际市场营销（international marketing）是企业跨越国界进行的市场营销活动。国际企业的市场营销行为受到的制约因素与国内市场营销相比更为复杂，需要考虑的因素会更多。它既受到全球经济、政治、文化、技术发展趋势的影响，也受到目标国家或地区市场的政治、经济、法律、技术、产业状况等营销环境因素的影响。在第二次世界大战前，国际市场营销以产品的出口销售为主；第二次世界大战后，国际企业的海外直接投资组织生产与营销更为普遍。近些年来，国际企业进行全球资源、市场的配置更为明显，它们更多采用全球营销的方式来开展经营活动。

6.1.1 国际市场营销与国内市场营销、全球市场营销

6.1.1.1 国际市场营销与国内市场营销的区别

国际企业的市场营销是一种国际营销行为，这种特征导致国际市场营销

与国内市场营销存在以下差异：

（1）国际市场营销是一种交叉文化的管理

国际市场营销活动的开展往往是在两个或多个国家或地区开展的，不同国家或地区的核心文化价值观念、语言、宗教信仰、政治制度、法律和法规都存在差异，国际企业要熟悉这种文化差异，并对这种差异进行有效的管理，才能避免文化差异带来的营销风险。

（2）国际市场营销需要设置跨国协调与控制机制

国际企业在许多国家都有营销业务，需要对各国的营销活动进行统一规划、控制与协调，使母公司与各国子公司间的营销活动成为一个灵活运转的整体。这就需要设置跨国协调与控制机制，通过统一的战略规划与合理的组织结构设置提高国际企业在国际市场上的竞争力。

（3）国际市场营销的环境更为复杂

企业在国内市场营销中只需考虑一个国家的政治、经济、文化、技术、法律、资源条件等因素。在国际市场营销环境中，国际企业需要考虑不同国家的政治体制、国际关系、关税等诸多因素，环境更不稳定，变化更大。尤其是在当今全球政治、经济一体化的情况下，国际市场营销面临更大的不确定性与风险。

（4）国际市场营销的手段更多样和更复杂

国内市场营销的手段主要是产品、价格、渠道和促销等企业可以控制的手段。这些因素在国际市场上会存在差异，如麦当劳的汉堡在美国与中国就存在口味上的差异。同时，国际市场营销需利用权力与公共关系等来增强对市场的控制力。

（5）国际市场营销的观念与国内市场营销存在差异

国内市场营销大多采用市场营销观念与社会市场营销观念，而对大市场营销观念的应用较少。在国际市场营销中，由于国际政治关系的复杂性与法律制度的差异，国际企业需要应用大市场营销观念来适应东道国的市场环境。

6.1.1.2　国际市场营销与全球市场营销的比较

国际市场营销与全球市场营销是两个相互关联的概念，它们之间既有相似之处，也存在差异。

所谓国际市场营销，是指国际企业通过满足国际市场需求，以实现自己的战略目标而进行的多国型市场营销活动。全球市场营销是将一组国家市场（不管是国内市场和一个别的国家的市场，还是国内市场和多个别的国家的市场）视为一个单位，把具有相似需求的潜在购买者群体归入一个全球细分市场，只要成本低、文化上可行，就制订谋求标准化的营销计划。这意味着公司的全球营销计划包括标准化的产品和因国而异的广告，或者对所有的国家都采用标准化的主题，但根据不同国家、不同文化的独特市场特征作一些形式上的调整；或者采用标准化的品牌和形象，调整产品满足特定国家的需求等，即从全球角度制订营销计划和营销组合方案。只要营销组合可行，就寻求标准化效益；只要文化的独特性要求调整产品和产品形象等，就予以调整。无论何时何地，只要可能，企业就将其工艺、标志、大部分广告、店面装潢和布局等都标准化。全球市场营销是一种国际市场营销活动，但并不是所有的国际市场营销活动都可以被称为全球市场营销。

全球市场营销与国际市场营销相比存在以下差别：

①全球市场营销在战略规划上与国际市场营销存在差异。全球市场营销在战略上将全球市场看成一个总体市场，对总体市场的各细分市场进行营销规划；国际市场营销更多关注的是市场的差异化。

②全球市场营销比国际市场营销需要更高的协调性。全球市场要求营销管理者对全球市场的营销组织进行整体协调，保持整体的一致性；国际市场营销则不需要太高的协调性。

③全球市场营销比国际市场营销更关注营销的适应性。全球市场营销依据不同的市场环境的要求，在维持低成本的情况下，尽量适应当地市场的要求。

④全球市场营销比国际市场营销涉及更多的国度。

6.1.2 国际市场营销的影响因素

6.1.2.1 国际市场营销应考虑的常规因素

在进行国际市场营销环境分析时通常会考虑国际市场的宏观环境与微观环境。宏观环境是指国际企业在开展营销活动时需要考虑的母国与东道国的政治、经济、法律、文化、技术等不可控制的因素；微观环境是指国际企业在跨越国境开展营销活动的情况下，企业的内部环境、竞争环境、产品的市场环境等因素。

（1）政治环境

政治体现了各国政府的意志，不同国家的政治都具有独特性，这种独特性的差异会对国际企业的营销活动造成影响。国际市场营销的政治环境主要包括政策的稳定性、国家关系、国家主权、民族主义、政府对经济管理的作用等因素。

（2）经济环境

经济环境是指对国际企业的国际市场营销活动产生影响的世界经济、母国经济、东道国经济因素，主要包括人口、经济发展水平、国民收入、基础设施、经济政策等。

（3）法律环境

法律环境是指国际企业在进行市场营销过程中与经营活动有关的法律和法规，主要包括国际公约、国际惯例、涉外法律、东道国法律等内容。

（4）文化环境

文化环境是指国际企业在开展市场营销活动时遇到的文化因素。文化因素包括物质文化、社会制度、人和宇宙、美学、语言等。这些因素在一定程度上会影响到市场营销的成功与失败，因为正是这些因素构成了市场营销的文化环境。

6.1.2.2 影响国际市场营销的若干新因素

除上述传统因素外，国际企业在开展国际市场营销时还需注意一些新的不可控制的因素。这些因素包括国际道德法则、知识产权保护、绿色贸易壁垒、新经济模式等。

（1）国际道德法则

SA8000，即社会责任标准，是根据《国际劳工组织公约》《世界人权宣言》和联合国《儿童权利公约》等国际条约制定的全球第一个企业道德规范资质标准。它具有通用性，适用于世界各国、任何行业、不同规模的企业和公共机构。国际企业不关注国际道德法则，将会在开展国际市场营销活动时受到影响，如何成为一个全球负责任的企业是国际企业管理者需要深思的问题。

❖ **管理实践6-1**

跨国公司的道德问题——损害消费者利益

在国外进行市场营销的过程中，一些跨国公司常常不加警示性标志就将婴儿配方奶粉、香烟、化学品、杀虫剂等产品出售给没有足够知识加以辨别的国外消费者。在一些发展中国家，跨国公司利用消费者对其产品较高的信任度，故意向市场销售质量低于发达国家标准的产品。还有部分跨国公司在明知产品存在瑕疵或对消费者的身体健康存在隐患的情况下，故意隐瞒真相，或者对消费者进行误导性的宣传。这方面最典型的是雀巢公司婴儿奶粉事件。

20世纪70年代初，有报告指出跨国食品公司为了商业利益而片面宣传其产品对母乳的替代作用，发展中国家的一些父母由于相信了这些宣传，每年有1 000万名婴儿因非母乳喂养而营养不良、患病或死亡。雀巢作为婴儿奶粉产业的市场领导者，成了公众批评的焦点。对雀巢的指责集中在公司产品的宣传与推广上。雀巢在第三世界国家的营销努力不仅针对消费者，还针对医生和其他医务人员。在公司的宣传中，关于婴儿营养的小册子对母乳喂养忽略不提或是贬低其作用，公司的广告刻意将母乳喂养描述为原始人和不方便的。在某些国家，雀巢甚至利用护士、营养师和接生婆组成了自己特殊的宣传队伍。

另一个引起公众普遍关注的隐瞒产品瑕疵的跨国公司是杜邦公司。2001年，美国国家环境保护局指控杜邦公司在1981年6月至2001年3月间隐瞒了公司特氟龙产品制造过程中全氟辛酸成分可能危害人体健康的信息，违反了《有毒物质控制法》。2004年7月8日，美国国家环境保护局再一次对杜邦提起诉讼，指控杜邦生产的不粘锅涂料特氟龙可能致癌，美国政府对杜邦开出了3.3亿美元的罚单。

资料来源　周凌霄. 跨国公司企业道德问题研究 [J]. 经济问题探索，2007（3）：156-160.

（2）知识产权保护

仿制与盗用是一个难以控制的主要国际问题。国际企业可能由于没有在世界范围内实施保护而面临知识产权方面的损失。可口可乐、苹果这样的品牌，以及外观设计产权与计算机软件产权都是无法估价的。万宝路、微软这些品牌的知识产权均遭受过侵犯。因而，国际企业在开展国际市场营销活动时，一方面要遵守知识产权法规，另一方面要注意保护自身的知识产权。

（3）绿色贸易壁垒

跨国公司需要面对种类日益繁多的旨在处理环境问题的立法。对环境的关注已从工业污染、有害废物处理和滥伐森林扩展至消费品本身。绿色营销法律关注产品包装及对固态废物的处理。德国已通过最为严格的绿色营销法律，对包装废物的处理与回收作出了规定。许多欧洲国家也已制订计划，以确定产品标准，使达到这些标准的产品比其他同类产品对环境危害更小。达标的产品将被授予"生态标志"（eco-lable）。制造商可将此标志展示在产品包装上，以提醒顾客该产品对环境无害。国际企业在全球化的竞争中应注意这些新的贸易壁垒，中国的农产品及其他一些产品就曾因绿色贸易壁垒而无法进入美国及欧洲市场。要提高国际市场竞争力，只有了解绿色贸易壁垒的内容才能有效回避它。

（4）新经济模式

随着网络的普及与各种应用软件的开发利用，全球经济的增长方式与模式发生了变化。传统的边际收益递减的模式逐渐向边际收益递减与边际收益递增并存的模式转变。互联网也改变了企业营销的模式，维基经济学给企业带来了创意集市、全球范围内的无缝合作，即在公司规模、资金和其他资源有限的条件下，借助信息技术与网络平台通过主动开放与协作，在全球范围内开展投资、贸易、生产运作，实现新型的大规模协作。全球市场成为一个开放统一的市场，国际企业需要留意经济模式的转变，采用恰当的对策来应对外部复杂环境带来的冲击。

6.1.3 国际市场营销的误区、教训与措施

6.1.3.1 国际市场营销的误区

（1）语言及翻译的误区

在国际市场营销中，由于语言及翻译失误导致营销失败的例子很多。宝洁公司在欧洲市场开展业务时，曾因缺乏对市场细微差异的了解而使帕芙（Puff）牌卫生纸促销失败。"puff"在德国某些地区指的是妓院，而在英国被广泛用来指同性恋。伊莱克斯在美国曾用了"没有什么能像伊莱克斯这么能吸（suck）"的广告语，而在美国"suck"是"低劣"的意思。

（2）产品配送的误区

很多知名的跨国企业因为在产品配送的细节上失误，所以企业的营销活动陷入困境。马来西亚的宝腾 Saga 车就因为时任总理马哈蒂尔不顾市场规律而直接投产，并销往美国，结果没有考虑将韩国等地的配件空运到美国的成本过高，同时没有取得美国政府的相关批文，最后不得不将管理权交给日本人。

（3）广告的误区

广告是促销的主要手段之一，但文化、语言等的差异导致不同的国家与民族对广告词的理解出现差异，使广告的效果完全不一样。很多国际企业在

广告上出现失误，导致营销失败。同时，在广告上很多国家都有地方规则，国际企业忽视这些规则就会受到地方政府的惩处。

❖ **管理实践6-2**

国际营销中的文化因素

不同的国家和地区由于语言、价值观、宗教信仰、风俗习惯等的不同会形成不同的文化，最终使国家和地区之间产生文化差异。如可口可乐公司在中国的广告翻译为"饮可口可乐，万事如意"，其中"万事如意"就是地道的中国表达。相反，在中国备受欢迎的白象方便面被推到英语国家时却碰壁，原因是把白象直接翻译为"White Elephant"，而该词在英语中指昂贵而没有用的东西。这就是只顾语言不顾文化的后果。此外，中国在2004年禁播了一则耐克的广告，广告中展示的是篮球巨星詹姆斯和卡通功夫人物及两条龙搏斗。中国人认为该则广告严重侮辱了中国的国家尊严，因为功夫和龙都是代表中国的国家形象。可见，价值观对国际营销的影响不容小觑。

资料来源　杨佩，韦静. 国际营销中的文化因素分析［J］. 考试周刊，2013（62）：22.

（4）国内的国际错误

很多国家是由多民族构成的，如中国有56个民族，民族语言、风俗习惯等的差异导致需求的多样性。国际企业在营销过程中容易忽视这些差异，认为国内市场的需求是没有差异的，从而犯了一些国内的国际错误，导致营销的失败。迪士尼这样的跨国公司也曾在国际营销过程中由粗心大意导致其营销陷入困境。其动画电影《光年正传》正是由于违反了阿联酋的媒体和内容方面的法律，未获准在阿联酋所有电影院公开放映，使营销陷入困境。

（5）营销的思维与逻辑误区

国际企业的管理者在营销过程中容易犯的一个错误就是由文化的遗传性导致的思维与逻辑的固化，使营销管理者不能按顾客的思维考虑问题而陷入困境。美国通用磨坊食品公司与宝洁公司在日本开展营销活动时，由于按照美国人的思维习惯来考虑问题，忽略了日本主妇的需求，导致营销失误。在美国，贝蒂·克罗克被视为擅长烤蛋糕的人，其配方使美国母亲在早晨感到温馨灿烂，而不只是制作程序。通用磨坊食品公司直接将这一产品向日本市场进行投放，而没有考虑节俭的日本主妇是否愿意这样做，导致产品在日本不能打开市场。宝洁公司由于没能了解日本的营销渠道的规律，采用了降价打折方式而受到批发商的抵制。

6.1.3.2 国际市场营销的教训与措施

国际企业在多个国家从事商务活动时，需要注意的是这种活动不是简单的商务活动，它是在多种文化背景下有差异的活动。国际企业的营销管理者需要关注的是他们在做什么，而不是知道什么。国际企业的营销者需要从自己与他人的失误中吸取教训，回避错误。以下几点是在开展国际市场营销活动时必须记住的：

①顾客至上是国际企业开展营销战略的前提，企业永远不能以欺诈的方式获得利润。不了解其他国家消费者的行为习惯和想法就进行国际市场营销等于给企业自掘坟墓。

②不要让成功的经验影响自己良好的判断。不同的人有不同的想法、不同的需求与欲望，一种产品无法适合全球所有的消费者。营销者需要依据市场的具体情况与人合作，或是自己开发能满足需求的产品。

③国际市场营销与国内市场营销一样需要投入时间与努力，需要注意国际市场营销中的细节，按照规范的程序进行营销。

④文化差异是国际市场营销永恒的主题。在进入国际市场时，首先要了解东道国的文化，并将其作为国际市场营销计划的核心要素。

⑤任何放眼全球的公司都应当在世界范围内做一个负责的合作伙伴。国际企业需要认识到世界是由多元化的民族组成的，这些民族有权决定消费什么与不消费什么，以及有权决定他们愿意为这种权利支付的价格。国际企业在开展市场营销活动时，不能损害东道国消费者的利益，要对他们负责任。

为了在国际市场营销活动中少犯错误，国际企业需要制订预防错误的国际营销计划。这一计划由以下几个方面构成：

①要对国家或地区进行详细的分析与研究，建立国家知识库，编辑国家记事本。

②根据国家记事本搜集信息数据库。

③起草最适合公司的海外营销计划。

④应像重视营销计划的其他要素一样重视物流。

⑤应瞄准特殊市场。

⑥在开发与改进产品时需要注意产品的可调整性与灵活性。

⑦进行全面交流。

6.2 国际企业的营销组合策略

国内市场营销组合由产品、价格、渠道、促销构成。国际市场营销的组合策略在原则上并无多大差别，只是内容有些差异，由国际产品策略、国际营销价格策略、国际营销渠道策略与国际营销促销策略构成。

6.2.1 国际产品策略

国际企业在外国市场的业务主要取决于但不完全取决于它在该市场出售什么产品。例如，某广告机构可能在外国市场从事广告业务，但它的业务范围可能是完全拥有一个服务种类齐全的企业，或是仅仅与当地的广告机构进行业务合作，因而了解产品的相关概念对掌握国际市场营销组合策略具有重要的意义。

6.2.1.1 基本概念

所谓产品是指消费者在购买时得到的所有东西，包括实物、包装装潢、牌号、服务等以及与此有关的精神收益。图6-1表示整体产品是由核心产品与附属产品特征构成的。

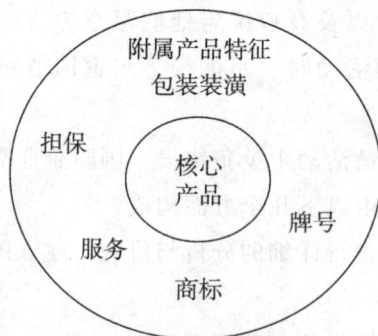

附属产品特征
包装装潢

担保

核心
产品

牌号

服务

商标

图6-1 整体产品概念

按照产品的市场适应状况可将产品分为本地产品、国际产品与全球产品。这种划分方式有利于国际企业进行市场扩展。

①本地产品是指只在当地市场有需求潜力的产品。

②国际产品是指产品不仅在本地市场有需求，而且在其他国家或地区的市场上有发展潜力。

③全球产品是指产品用来满足全球各个市场的消费需求。

6.2.1.2　产品扩展策略

进入国际市场的国际企业需要考虑如何使本企业的产品适应目标市场的消费者需求，一般而言有以下三种策略供国际企业选择：

（1）产品直接延伸策略

产品直接延伸策略是指把产品直接推向国外市场，不加任何改动。采用这一策略的企业高层管理者直接指示营销人员拿这种产品去寻找顾客。适宜采用这种策略的产品主要有资源性产品（石油、煤炭、钢材、农产品等）、某些技术性较强的工业品（如计算机、机床成套设备等）、特有的产品（如中国的丝绸、陶瓷，巴黎的香水等）、具有巨大市场优势与技术优势的产品（如可口可乐），以及本国处于产品生命周期的饱和期、衰退期而东道国处于引入期、成长期的产品。

（2）产品适应策略

产品适应策略是指依据目标市场的需求特点，对现有产品的某些方面稍作更改或调整后再行销售，以更好地满足国际市场需求。产品适应策略有强制性适应改进产品、非强制性适应改进产品两种。

强制性适应是指为适应各国法律和法规、政策、贸易规定而进行的更改与调整。影响产品适应的强制性因素主要包括各国对进口产品的标准所作的特殊规定、各国对计量标准及某些特殊的技术标准的规定、各国气候等自然条件的特殊性。

非强制性适应是指企业为了提高在国际市场上的竞争力，适应目标市场的非强制性影响因素，主动对产品作出的各种改进。影响产品适应的非强制性因素主要包括文化的适应性、各国消费者的收入水平、消费者的不同偏好、各国教育水平的差异等因素。

（3）产品创新策略

产品创新策略是指依据目标市场需求，提供与国内市场完全不同的产品。产品创新主要包括后向创新与前向创新两种方式。前向创新是指创造一个全新的产品以满足另一个国家或地区的需求，如雀巢公司依据中国的营养需求状况推出食品的新品种。后向创新是指老产品翻新，把以前的某种产品加以适当改变，以适合某国或地区的需求，如日本松下公司最初进入中国市场就采用过这种策略。

产品扩展策略需要结合其他策略使用，依据产品与促销改进的配合情况，可分为产品促销同步延伸、产品延伸促销不变、产品改变促销不变、产品促销双重改变等几种方式。企业要依据目标市场的具体情况选择合适的组合方式。

6.2.1.3 产品生命周期理论

各国在科技进步及经济发展水平等方面的差别而形成的同一产品在各国的研发、生产、销售和消费上的时间差异，被称为产品生命周期。美国哈佛大学商学院教授雷蒙德·弗农的产品生命周期理论将产品生命周期划分为3个阶段：新产品阶段、成熟产品阶段、标准化产品阶段。由于发达国家、较发达国家及发展中国家的经济发展、科技发展水平不同，因此，产品进入这3个阶段的时间先后不一样。该理论请参见本书2.2部分的介绍。

产品生命周期理论指出了不同国家的比较优势。中国这样的发展中国家的国际企业，要依据国际产品生命周期理论来适当地进行产品的市场拓展。海尔智家、联想的国际化模式值得很多中国企业参考。

6.2.1.4 国际营销的新产品策略

国际市场新产品的研发是一个复杂的系统工程，它需要营销、研发、生产等各部门的参与，而且风险较大，因此遵循科学的研发程序十分重要。新产品的研发过程分为8个步骤：构思产生、构思筛选、概念测试、营销战略发展、商业分析、产品实体开发、市场试销、商业化。这8个步骤与国内市场大致相同，我们只选产品的构思产生、构思筛选、概念测试3个步骤进行说明。

（1）构思产生

国际市场新产品的构思可来源于诸多方面：国外消费者对现有产品的反应以及新的需求、公司技术人员及经理人员、国外经销商和企业海外营销人员、国外科技情报、国外营销调研公司、国际竞争对手的产品的启示、国际产品展览会，以及政府出版的行业指导手册等。

（2）构思筛选

其包括以下两个步骤：确定筛选标准、确定筛选方法。对构思进行筛选的主要方法是建立一系列的评分模型。评分模型一般包括评价因素、评价等级、权数和评分人员。其中，确定合理的评价因素和适当的权数是评分模型是否科学的关键。评价国际市场新产品研发是否成功主要从企业拓展海外市场目标、技术优势、生产的可能性、产品的国际市场吸引力、产品的盈利能力等方面进行，以增强筛选的准确程度。

（3）概念测试

概念测试主要是调查消费者对新产品概念的反应。测试的内容如下：产品概念的可传播性和可信度、消费者对该产品的需求程度、该产品与现有产品的差距、消费者对该产品的认知价值、消费者的购买意图、谁会购买此产品及购买频率。

6.2.2　国际营销价格策略

国际企业开展国际营销时，由于国际市场的交货地点、计算货币以及其他条件比国内市场更复杂，因而其定价策略具有一些特殊性。国际企业可采用本国货币、东道国货币、第三国货币进行计价，价格核算可采用离岸价、到岸价、成本加运费的方式进行。国际企业要处理好价格问题，需要了解一般定价的内容与定价的特殊问题。一般定价的内容主要指定价目标、价格影响因素、定价方法等；特殊问题主要指倾销价格、国际灰色市场、转移定价等问题。

6.2.2.1　定价目标

国际企业的定价目标主要包括：

①维持生存；

②当期利润最大化；

③市场占有率最大化；

④产品质量最优化。

6.2.2.2　价格影响因素

影响国际企业定价的因素除国内市场的价格影响因素外，还有汇率风险、东道国的政策等。国际企业在制定价格时应考虑以下因素：①企业的目标；②经营成本；③东道国政策、法规；④国际市场的供求关系；⑤国际市场的竞争状况；⑥经济周期和通货膨胀；⑦汇率变动；⑧关税；⑨企业营销组合与产品系列等内部因素。这些因素的具体内容与国内市场大致相同，在此不作深入阐述。

6.2.2.3 定价方法

国际市场营销定价的基本方法与国内市场营销相同，也分为成本导向定价法、需求导向定价法和竞争导向定价法；在定价策略上也与国内定价相似，包括新产品定价策略、心理定价策略、折扣与折让定价策略和地理定价策略。国际企业在制定价格时要依据价格影响因素，结合定价的方法进行具体分析与设计。一般而言，国际企业选择统一定价、差别市场定价、成本定价、新产品定价等方式。

（1）统一定价

统一定价是指在企业的各国市场上采用全球统一的价格，如可口可乐在世界各地都以1美元的同等价格销售，企业在不同市场的利润率是不一样的。这种方法适用于消费者没有基本的消费差异、产品易于标准化的情形。

（2）差别市场定价

国际企业依据不同国家的市场需求的差异，以及各国所能承受的价格进行销售。这种方法忽略了不同国家的成本差异，容易出现国际性窜货的现象，使企业的渠道失控。

（3）成本定价

依据不同国家成本的不同，按照统一的标准进行成本加价。这种方法考虑了成本问题，但忽略了市场的需求与承受能力。一般而言，低价消费品不宜采用本方法。

（4）新产品定价

新产品定价有撇脂定价与渗透定价两种方法。撇脂定价是指用高于同类产品的价格进行高价销售的一种方法，适用于奢侈品与质量难以判断的产品。渗透定价是以低于同类产品的价格进行低价销售以求快速占领市场的方法。该方法适用于价格需求弹性较大的产品。

6.2.2.4 倾销价格

倾销（dumping）是指公司用低于国内市场的价格在国外销售同一产品的做法。现在各国政府对倾销都很重视，中国的产品由于价格低廉经常遇到欧美国家以倾销为由征收高关税。倾销价格是我国跨国公司走向国际市场需要重点关注的问题之一。

6.2.2.5　国际灰色市场

国际灰色市场是指由于同样的产品在不同地域的售价不同，低售价国家的经销商把产品运到高售价国家销售的情况，也被称为国际性窜货。国际灰色市场会打乱国际企业的渠道战略，使国际企业失去对其渠道的控制。国际企业开展国际营销时需要注意这一点。

6.2.2.6　转移定价

转移定价（transfer pricing）是指国际企业在向其国外子公司转让原材料、零部件商品时所确定的一种内部定价方法。转移定价有两种形式：低于正常交易价格、高于正常交易价格。

国际企业采用低于正常交易价格的形式向其子公司转让产品主要有以下原因：

一是为减轻关税的影响，转移价格低能使国际企业在东道国关税较高的情况下保持竞争力；

二是帮助子公司进入一个竞争激烈的市场；

三是某些国家的所得税税率较低，国际企业出于避税的需要。

国际企业采用高于正常交易价格的形式向其子公司转让产品主要由于外国的关税率较高、东道国限制国际企业向母国汇回红利等。

6.2.3　国际营销渠道策略

国际企业需要将产品送至消费者手中的分销问题需要进行整体的分销渠道规划与管理，它涉及公司总部进行整体规划、国与国之间的分销渠道以及国外市场内部的分销渠道 3 个环节。国与国之间的分销渠道状况是存在显著差别的。在日本，零售商是受批发商控制的；在美国，零售商能越过批发商直接与厂商交易。这种差别导致国际企业的分销渠道规划与管理较国内市场营销更为复杂，需要优化的问题更多。渠道管理需要考虑影响国际企业渠道选择的因素、可选择的渠道方式、渠道管理等问题。

6.2.3.1　影响国际企业渠道选择的因素

市场营销人员在选择国际分销渠道时一般要考虑 6 个因素：成本（cost）、资金（capital）、控制（control）、覆盖（coverage）、特征（character）和连续性（continuity）。这 6 个因素被称为渠道决策的 6 个"C"。

成本是指开发与保持渠道所需的费用,渠道战略要求以最小的成本使其他的
C 达到最高效率。资金是指选择分销渠道时需要注意的资金要求与现金流转
方式。控制是指对渠道成员的管理能力与控制能力。覆盖是指对目标市场的
覆盖与占有程度。特征是指分销渠道是否符合本公司与目标市场的特性。连
续性是指分销渠道的连续性。

6.2.3.2 可选择的渠道方式

可选择的渠道方式主要有以下几种:

(1)出口

出口包括直接出口与间接出口两种:

① 直接出口是指企业自己办理全部的出口业务,将产品直接卖给外国
经销商的方式。

② 间接出口是指企业委托国内的代理商,将产品销到外国市场的方式。

(2)许可经营

许可经营是指企业将有许可价值的东西(如图纸、专利、品牌或技术诀
窍等)许可给国外的企业使用,以收取许可费的经营方式。

(3)直接投资

直接投资是国际企业直接到东道国进行投资生产的方式。在东道国建立
分公司是直接投资的一种,它是在东道国建立一家分支机构开展经营的方
式。国际企业可采用如图 6-2 所示的渠道类型进行渠道的选择。

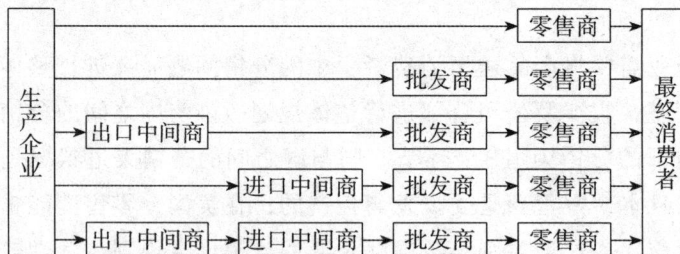

图 6-2 国际企业的渠道选择

6.2.3.3 渠道管理

国际分销渠道管理,从广义上讲包括确定国际分销目标,选择分销策
略,选择、激励、评价、控制渠道成员,以及渠道改进等。

（1）确定国际分销的目标

目标可能是预期达到的顾客服务水平、中介机构应该发挥的功能、以尽可能少的投资在新的国际市场上实现产品分销数量的增长、提高市场渗透率等。在制定国际分销目标时，除了必须考虑前面所述的6个"C"以外，更重要的是必须考虑目标市场顾客对分销服务的需求。

（2）选择分销策略

企业可选择广泛性分销、有选择性分销与专营性分销3种方式。广泛性分销是指企业选择尽可能多的分销商销售其产品。有选择性分销是国际企业精心挑选符合条件的中间商销售其产品。专营性分销是在某一国家或地区只选择一家分销商经销其产品。

（3）选择国外中间商

国外中间商的选择会直接关系到国际营销的效果甚至成败，因为中间商的质量和效率将影响产品在国际市场上的销路、信誉、效益和发展潜力。但是，从事国际营销的企业对国外中间商的吸引力是不同的。一般来说，那些知名度高、享有盛誉、产品销路好的企业，可以轻而易举地选择到合格的中间商；那些知名度低、产品利润率不高的企业，则需要投入大量的精力、时间和费用，才能寻找到足够数量的、合格的中间商。

6.2.4　国际营销促销策略

在国际市场上使用的促销方式同国内市场一样，主要有4种形式：广告、人员推销、营业推广和公共关系。国际市场的环境复杂性与文化差异使得这些形式在具体内容上有差异。

6.2.4.1　国际广告策略

广告是通过广告媒介向消费者传递企业信息与产品的相关信息，促进消费者对企业和产品的认知、了解，引起其购买欲望的促销方式。关于国际广告策略（international advertising strategy）主要需要了解当前广告业的发展趋势、广告的相关策略、广告媒体的选择等内容。

（1）广告业的发展趋势

世界广告业发展存在以下趋势：

①电子信息对广告业的渗透极为引人注目。

②高技术成果在广告中得到广泛运用。

③广告更加注重树立企业和产品的形象。

④广告设计更加注重消费者的心理及需要，突出民族风格。

⑤广告制作更为专业化，广告表现形式更为多样化和注重人情化。

⑥广告活动有全球化倾向，国际广告业的合作进一步发展。

⑦国际广告业也有大规模合并的趋势。

（2）国际广告的相关策略

①标准化策略，是指企业在不同国家和地区的目标市场上，使用主题相同的广告宣传，如美国万宝路香烟和麦当劳快餐店的广告宣传基本上采用标准化策略。

国际广告标准化的主要优点有：

第一，可以降低企业广告促销活动的成本。

第二，充分发挥企业人、财、物的整体效益。

第三，易于与企业营销总目标保持一致，并以统一的整体形象传递给目标市场，从而加深消费者对企业及产品的印象。

国际广告标准化也有其不尽如人意之处，其中最主要的是没考虑到各国市场的特殊性，特别是在特殊性成为矛盾的主要方面时，标准化策略更显得力不从心，所以很多企业采取差异化的国际广告策略。

②差异化策略。由于不同国家和地区存在不同的政治、经济、文化和法律环境，消费者对产品需求动机差异甚大，因此，国际企业应根据不同的市场特点，设计不同的广告主题，传递不同的信息，以迎合不同消费者的需求。如随着啤酒消费人群的年轻化，深谙营销之道的嘉士伯公司开发专属于年轻一代的"冰纯嘉士伯"，从包装到口感都极力迎合青年消费者的需求，并率先开展移动媒体营销，提升影响力和美誉度。

国际广告差异化策略的主要优点在于：

第一，适应不同文化背景的消费者的需求。

第二，利于克服当地市场的进入障碍。

第三，针对性较强。

国际广告差异化策略的缺点是企业总部对各国市场的广告宣传控制较弱，甚至出现相互矛盾的情形，影响企业形象。

③内容策略。设计一则成功的广告，要求广告设计者具有较强的创造力和想象力。广告设计者还必须将广告人的广告目标融于广告内容之中。广告内容设计包括以下几项决策：

第一，以强调情感为主还是以强调理性为主。

第二，以对比为主还是以陈述为主。

第三，以正面叙述为主还是以全面叙述为主。

第四，广告主题长期不变还是经常改变。

（3）国际广告媒体及其选择

在国际市场广告促销活动中，使用最多的广告媒体是网络、电视、杂志、广播、报纸。

媒体的选择应着重考虑以下问题：媒体的传播与影响范围、媒体的社会威望与特点、媒体发布广告的时间是否适宜、媒体费用、媒体组合形式。

世界各地媒体的特点不同，广告管理法规不同，在运用媒体组合策略时，必须考虑各地媒体的具体情况。

6.2.4.2 国际市场人员推销策略

人员推销又称派员推销或直接推销，是一种古老的但很重要的促销形式。它是指企业派出或委托推销人员、销售服务人员或售货员，亲自向国际市场顾客（包括中间商和用户）介绍、宣传、推销产品。

（1）国际市场人员推销的类型

在国际市场上，人员推销通常包括4种类型：

①企业经常性派出的外销人员或跨国公司的销售人员；

②企业临时派出的有特殊任务的推销人员和销售服务人员；

③企业在国外的分支机构（或附属机构）的推销人员；

④国际市场的代理商和经销商。

（2）国际市场人员推销的结构

国际市场人员推销的结构是指推销人员在国际市场的分布和内部构成。它一般包括4种类型：地区结构型、产品结构型、顾客结构型、综合结构型。

由于国际市场的复杂性，国际市场营销对销售人员提出了更高的要求，要求他们熟悉东道国的市场环境、精通东道国语言、精于推销技巧、熟悉产品和企业、善于沟通等；同时，国际企业的营销者需要加强对销售人员的培训、教育、激励，增强他们的执行力。

6.2.4.3 国际市场营业推广策略

国际市场营业推广是指除了人员推销、广告和公共关系等手段以外，在一个比较大的国际目标市场上，企业为了刺激需求、扩大销售而采取的能迅速产生激励作用的促销措施。企业在国际市场采用营业推广这一促销手段时，应特别注意不同国家或地区对营业推广活动的限制、经销商等的合作态度以及当地市场的竞争程度等因素的影响。常用的国际市场营业推广方式有对代理商、经销商、消费者使用折扣，使用赠品，分期付款，举办展销会、博览会和拍卖会，抽奖，竞赛等形式。

6.2.4.4 国际市场公共关系策略

公共关系主要指企业或其他经济组织为了取得国际市场上社会公众和顾客的了解和信赖、促进销售、建立企业与公众之间的良好关系而进行的各种活动的总称。一般来说，企业在国际市场上公共关系的对象包括股东、顾客、供应商、国外进口商、国内出口商、经销商、代理商、竞争者、金融机构、保险公司、信息公司、咨询公司、消费者组织、新闻界、当地政府部门等。本企业内部员工的公共关系也极重要，企业要听取员工的意见和要求，并据以改进企业经营管理，使员工产生在本企业工作的光荣感和自豪感，引导他们向社会公众宣传本企业的产品，制造良好的舆论。对国际市场公共关系，需要了解国际公共关系活动的程序及内容和形式。

（1）国际公共关系活动的程序

其一般包括：

①开展公众调查；

②根据促销目标，确定公共关系目标，制订详细的公共关系计划；

③实施计划与沟通信息；

④公共关系效果评价。

（2）国际公共关系活动的内容和形式

企业开展国际公共关系活动的常见的内容和形式有：

①加强与传播媒介的合作。网络、电视、广播、报纸、杂志等大众传播媒介承担着传播信息、引导舆论和提供娱乐的社会职能，因此企业必须充分利用传播媒介来为其服务。要与这些传媒的记者保持经常的接触，主动提供信息，尽量做到有求必应，建立可靠信誉，建立相互合作关系。同时，企业的公共关系部门要创造具有新闻性的事件，让媒体主动来报道。为了使媒体感兴趣，就要让事件具有新闻价值和可信性，同时符合媒体的要求，如在美国最有名的例子是闪星猫食公司创造的"Morris"猫公关活动。

②改善与消费者的关系。企业运用公共关系同社会沟通思想，增进了解，使消费者对企业形象和产品产生良好的印象。企业应积极搜集和听取目标市场的公众对本公司政策、产品等方面的意见和态度，及时处理意见，消除公众的抱怨情绪；同时，提出改进本公司政策和产品的方案，以消除抱怨情绪产生的根源。企业应开展市场教育，以各种方式向顾客介绍产品的用途

和性能，并帮助顾客迅速掌握产品的使用办法；对来访、来电、来函热情接待和对待，及时答复。

③处理好与政府的关系。与在国内经营不同，国际经营企业（特别是跨国公司）面临来自各个国家和地区的截然不同的要求或压力。一方面，国际经营企业必须随时调整自己的行为，以适应外国政府政策的变化；另一方面，企业又要左右逢源，以协调可能发生的目标冲突和利益矛盾。企业要通过公共关系加强与东道国政府官员的联系，以求得企业经营活动的长期发展。

6.3 国际企业的品牌策略

近些年来，不少全球知名品牌的销量或利润大部分并非来自本国市场，如可口可乐、微软、戴尔、三星、奔驰、宝马等。品牌的全球化与国际化营销问题是国际企业在开展营销时需要认真考虑的问题之一，对全球的品牌营销问题，有必要了解品牌的设计原则、资产管理以及沟通问题。

6.3.1 品牌和商标的设计原则

6.3.1.1 基本概念

根据美国市场营销协会的定义，品牌就是一个名称、专有名词、标记、标志、设计或是将上述综合用于识别一个销售商或销售群体的商品和服务，并且使之同竞争商品和服务区分开来。菲利普·科特勒（Philip Kotler）将品牌定义为："一个名字、名词、符号或设计，或是上述的总和，其目的是要使自己的产品或服务有别于其他竞争者。"[①]林恩·阿普绍（Lynn B. Upshaw）在谈及品牌特征的意义时说：从更广的意义上说……品牌是消费者眼中的产品和服务的全部，也就是人们看到的各种因素集合起来形成的产品表现，包括销售策略、人性化的产品个性以及两者的结合等，或是全部有形或无形要素的自然参与，如品牌名称、标志、图案等。我们认为品牌是企业提供给消费者的一种与众不同的、持续的、积极的体验，是企业无形资产

---

① 科特勒．市场营销管理：分析、规划、执行和控制（下册）[M]．陈乃新，等译．6版．北京：科学技术文献出版社，1991：732．

的复杂综合。

6.3.1.2　设计原则

国际产品品牌和商标的设计除应遵循一般性原则，如简单易懂、便于识别、有助于记忆、构思独特新颖、引人注目、适应产品性质、便于宣传商品外，还应特别注重以下设计原则：

①符合各国消费者的传统文化和风俗习惯。这是国际产品商标设计必须遵循的一个重要原则，主要是遵循《保护工业产权巴黎公约》《商标国际注册马德里协定》《商标注册条约》等。

②符合国际商标法和目标国商标法的规定。

6.3.2　品牌策略

一般来说，国际企业在经营产品和服务的过程中，国际品牌策略是重要的组成部分之一。品牌策略是指企业依据自身状况和市场情况，最合理、有效地运用品牌商标的策略。国际品牌策略与国内市场的品牌策略相似，主要有以下几种：

6.3.2.1　无品牌策略

所谓无品牌策略，是指对一些品牌资产管理成本过高的产品不使用品牌。下列产品通常可采用无品牌策略：

①农、牧、矿业初级产品；

②电力、煤炭等这些并不会因生产经营者不同而形成不同特点的产品；

③消费者购买时习惯于不辨认品牌和商标或无必要选择品牌和商标的产品，如盐、糖及品种繁多的技术含量不高的小商品等。

6.3.2.2　采用自身品牌或中间商品牌策略

国际企业在进入国际市场时也要依据自身与渠道企业的实力对比以及对品牌的管理能力状况，决定使用自身品牌还是渠道企业的品牌。大型的跨国公司像肯德基、微软等为加强品牌资产的建设都使用自身品牌，均通过广告和品牌代言塑造了自身独特的品牌形象。沃尔玛除了销售其他制造商的品牌产品外，还推出了自己的渠道品牌，如"Great Value""Equate"，借助其品牌信誉迅速打开产品销路。

6.3.2.3　统一品牌策略

对多产品线的国际企业需要考虑不同的产品是使用同一品牌还是使用不同的品牌。如果企业所有的产品都使用同一个品牌，这种策略就是统一品牌策略。如日本东芝家用电器公司，其全部产品均采用"Toshiba"这一品牌；我国海尔智家集团的系列产品如空调、彩电、冰箱等也全部采用"海尔"这一品牌。

6.3.2.4　个别品牌策略

个别品牌策略是指对不同的产品线的产品分别使用不同的品牌名进行营销的策略。例如，美国杜邦公司在全世界销售 30 000 种左右产品，共使用约 2 000 个品牌，为保护这些品牌而注册了 15 000 个商标。

6.3.2.5　同一产品的国际品牌策略

对出口到不同国家或地区的同一产品，企业往往面临着是采取单一的国际品牌还是在不同国家或地区分别采用不同的品牌这两种策略的选择。选择单一的国际品牌的理由是：为世界市场创造一种优秀的品牌或商标比为各国市场创造品牌要容易得多。例如，雀巢咖啡公司的品牌名称是"Nescafe"，但销售到德国的品牌名称是"Nescafe Gold"，销售到英国的品牌名称则是"Nescafe Gold Blend"，为此所花的广告宣传和销售费用也大大增加。

6.3.3　品牌资产管理

品牌资产是一种重要的无形资产，不同的企业由于其资产管理意识不一样，品牌资产管理方法也不一样。国际企业要管理好品牌资产需要恰当界定品牌资产的概念、识别品牌资产的要素、使用恰当的品牌资产管理方法。

6.3.3.1　品牌资产的概念与要素

品牌资产是指企业使用品牌时的市场效应给企业带来的价值。

一些学者认为品牌资产由品牌忠诚度、品牌价值、品牌认知度、品牌影响力、品牌联想等构成。也有学者认为品牌资产主要包括 5 个方面，即品牌忠诚度、品牌认知度、品牌感知质量、品牌联想、其他专有资产（如商标、专利、渠道关系等），这些资产通过多种方式向消费者和企业提供价值。我们认为品牌资产的管理应采纳综合品牌的概念，因而品牌资产应包括品牌的承诺、原则、任务、价值观、故事、公司行动、惯例等内容。

6.3.3.2 综合品牌资产管理构建的步骤

综合品牌资产管理认为品牌居于企业所有行动和部门的中心，品牌与企业的人力资源、经营、营销、行政管理、研究与开发、服务都有关系，是企业所有的员工都应关注的问题。要创建自己的品牌与品牌结构需要按以下9个步骤进行：

（1）宣传综合品牌概念

国际企业的管理者必须坚信开发综合品牌是个好主意，通过不断地向员工灌输这种思想，让员工时刻记住自己在为消费者塑造品牌体验，时刻在塑造企业的品牌形象。

（2）建立品牌开发小组

既然品牌是企业所有部门与所有员工的事情，要增加与创造品牌价值就人人有份，国际企业应当成立专门的品牌开发小组来规划品牌资产的管理。

（3）实施品牌审议

品牌开发过程的一个重要步骤是发现人们心中对企业的印象，这是进行品牌资产建设的前提与素材，因而企业需要从品牌所有利益相关者的角度出发来审议品牌战略，发现品牌资产。品牌资产是顾客体验到价值并愿意为此多支付的价值。品牌资产包括企业的名望、信誉度价值、高质量产品或服务特性等。企业需要寻找到诸多要素中最核心、最独特的品牌价值，从而确定对哪些资产进行品牌开发与建设，以获得最大的回报。

（4）撰写品牌环境报告

品牌调查报告需要分析品牌所处的环境、品牌的竞争状况、品牌的优劣势、品牌现在的体验以及消费者需要的体验，通过环境报告来对品牌资产进行诊断。

（5）确定品牌结构

国际企业需要确定企业究竟有多少个品牌，以及这些品牌之间在数量、类型以及相互关系上的结构，最重要的是要从消费者体验的角度考虑各品牌之间的体验逻辑关系。

（6）创造品牌的基本工具

品牌创造的工具包括任务、价值观、故事，以及原则、个性化与相关性。企业需要深入分析这些工具对品牌价值创造的作用，从而充分利用它们来创造品牌价值。

综合品牌模式如图6-3所示。

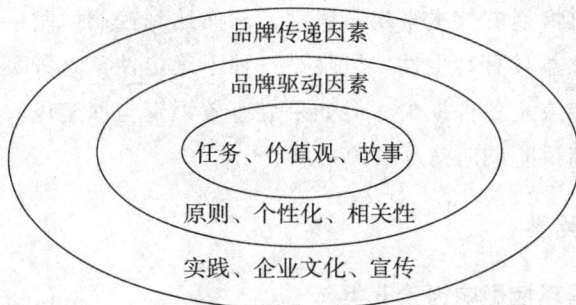

图 6-3　综合品牌模式

（7）召开品牌开发小组会议，确定最终的品牌工具

通过这种方式促使品牌小组的每个成员都在品牌工具上达成一致，为品牌战略的统一执行提供基础。

（8）确定企业对客户的战略任务

企业需要确定自己在客户心中扮演什么角色、为客户创造何种体验。

（9）开发品牌战略

这主要是指统一协调企业资源、规章条例、企业文化和内外交流，以实现所要求的客户体验计划。

6.4　管理国际市场营销风险

6.4.1　国际市场营销风险的概念与类型

6.4.1.1　基本概念

1901年，美国的威雷特（A. H. Willett）在他的博士论文《风险与保险经济理论》中第一次为风险下了定义，指出风险是关于不愿发生的事件发生的不确定性之客观体现。国际市场营销风险可以定义为国际企业在开展国际营销活动时导致费用、损失与损害产生的可以认识与控制的不确定性。

一般而言，风险具有以下特征：

①客观性。

②相对性。

③可控性。一般而言，企业可以通过过去的统计资料与有关方法来识别风险，进而通过恰当的技术来规避风险，从而达到控制风险的目标。

④风险与收益具有共生性。风险是一种不确定性，这种不确定性可能会带来费用的增加或是各种损失，但如果能有效识别与回避风险，则可将风险转化为收益。高风险同时意味着高收益。

6.4.1.2 类型

（1）按营销环境影响因素分类

①政治风险，是指由于战争、政变、政治体制变革及其他政治动荡等不确定因素而形成的风险。它具体表现在政府更迭、政局动荡、种族冲突、宗教冲突、恐怖活动、战争等方面，主要对国际营销的市场需求的稳定性、仓储与物流的安全性、企业营销人员的安全性、财产的安全性产生影响。

②文化风险，是指企业在国际化经营过程中由于文化环境因素的复杂性和不确定性，使用的营销手段不能适应当地文化，使企业实际收益与预期收益目标相背离，甚至导致企业经营活动失败的可能性。在国际营销过程中，企业不可避免地要面临不同文化，甚至文化冲突，如果对文化差异或者文化冲突处理不当，有时会危及企业经营目标的实现。因此，利用和控制文化差异，防止差异演化为冲突，消除已有的文化冲突，对企业实现跨国营销十分必要。

③技术风险，是指新技术、新材料、新工具、新产品给企业的国际营销活动带来的不确定性。技术风险包括新技术研发投入高成本带来的收益不确定性、专利流失造成的风险，以及新材料出现导致材料成本上升、新工具出现导致原有的营销方式的成本上升等风险。

④财务风险，是指企业营销项目相关的筹资、投资、使用资本等活动引起的不确定性，主要表现为国际营销广告投入的不可预期性、销售订单的不确定性、用于营销的融资不确定性等。

⑤外汇风险，是指国际汇率市场的不稳定性、变化性对企业资产造成的风险，一般包括会计风险、交易风险、税收风险等。

⑥政策风险，是指东道国的经济、政治、税收、财政等政策的变化导致的国际企业营销的不确定性。

（2）按引发营销风险的因素分类

①营销纯粹风险，包括财产风险、营销责任风险和营销人员风险等。

财产风险指的是与企业财产有关的风险。财产指的是企业的产品和品牌、商誉等有形与无形资产，具体指企业财产与权益、抵押权、留置权、作为承租人的权益、作为受托人的权益等。

营销责任风险主要有产品责任风险、雇主责任风险、合同责任风险以及广告责任风险等。

营销人员风险指的是营销人员因面临疾病和非正常事故而产生的风险，容易造成重要营销人物损失、信用损失及业务损失。

②营销投机风险，包括购买风险、销售风险和生产风险。

购买风险包括购买方式风险、物资质量风险、物资价格与时间风险、选择供货单位风险。

销售风险包括合同风险、信用销售风险、销售人员道德和心理风险等。

生产风险指的是产品质量风险，包括研发设计、制造过程及使用过程等方面的质量风险，还有产品适时生产的风险和产品库存风险。

（3）按国际企业营销的过程分类

按照国际企业营销的过程，营销风险可被分为观念风险、国际市场进入风险与国际营销策略风险。后者一般包括：

①产品风险，是指产品在市场上适销不对路的风险。

②定价风险，是指产品营销定价不当，导致市场竞争加剧、用户利益受损或企业利润受损的风险。

③分销渠道风险，是指企业所选择的分销渠道不能履行分销责任、不能满足分销目标以及由此造成一系列不良后果的风险。

④促销风险，是指企业在开展促销活动过程中，由于促销行为不当或出现干扰促销活动的不利因素，企业促销活动受阻、受损甚至失败的风险。

（4）按营销风险的来源分类

①营销内部风险，是指营销主体自身因素导致的风险。

②营销外部风险，是指营销主体外的因素导致的风险。

（5）按营销风险存在的条件分类

按营销风险存在的条件，营销风险可被分为静态市场营销风险和动态市场营销风险。

（6）按营销风险的可控程度分类

按营销风险的可控程度，营销风险可被分为可控风险和不可控风险。

（7）按营销风险的影响程度分类

按营销风险的影响程度，营销风险可被分为战略性营销风险、管理性营销风险和一般性营销风险。

此外，国际市场营销风险还有风险的影响时限、风险的后果等标准。

6.4.2　国际市场营销风险控制策略

6.4.2.1　营销风险产生的原因

一般而言，企业营销风险的成因主要有两种：

（1）外部因素

其包括：①市场需求的变化；②经济形势与经济政策的变化；③科技进步；④营销活动的复杂性；⑤竞争对手力量的变化；⑥各国政策、法规的变化；⑦外部的其他因素。

（2）内部因素

其包括：①企业受传统营销观念的影响；②企业缺乏营销风险的处理机制；③企业营销人员的因素；④企业信用销售的风险。

6.4.2.2　营销风险控制的策略

营销风险管理不仅包括将纯粹风险的不利性减轻到最低程度，还应包括将投机风险的收益性增加到最大程度。

（1）建立和完善纵向一体化的政府服务体系，提供宏观政策信息支撑

纵向一体化的服务体系是指从中央到省（自治区、直辖市）、地级市，各级政府部门明确管理和服务目标，从不同的层次上为企业提供国际市场政策和法规信息。在我国加入WTO的背景下，商务部等中央部门从国家战略的角度出发，结合企业的实际情况，积极参与WTO规则的制定及修改，并及时将信息反馈给企业，为它们提供目标市场的产业政策和法规，让它们熟悉国际市场的游戏规则，避免犯规；同时，加强与他国或国际组织对应部门的交流与合作，切实把握他国应对我国企业的政策和法律走向，建立起政策、法律风险预警机制，为企业提供服务。

（2）发挥行业协会的引导和协调作用

行业协会是为了实现一定的共同目标，由企业和相关团体组成的联合体。借由行业协会，可加强企业国际市场营销信息的沟通。

（3）**企业做好市场细分，正确制定国际市场营销决策**

准确的目标市场信息是企业作出正确决策的保证。

（4）**建立和完善企业营销风险防范与处理机构**

该机构的主要职能是全面负责企业的市场营销风险的防范与处理工作，包括营销风险意识的培养、营销风险控制观念的建立、企业营销风险控制目标的确定、营销风险控制的组织建设、营销风险控制的程序、营销风险控制的资源、保障营销风险控制的战略选择等。

（5）**防范营销人员给企业带来风险**

为了避免和减少营销人员给企业带来的风险，企业可采取如下措施：

一是采取由第三人对营销人员担保的办法，当出现营销人员给企业带来危害的情况时，由担保人承担连带责任；

二是营销人员和销售机构的销售收入先汇入企业或企业指定的账户，以减少营销人员掌握大笔现金的机会；

三是在货物、现金等管理上实行类似于财务管理的互相制衡的管理体制；

四是对营销过程进行全方位的监控，杜绝只管营销结果而不管营销过程的粗放式管理方法；

五是建立营销巡查制度，使营销管理人员亲自掌握第一手信息，做到防微杜渐；

六是严格挑选营销人员，品行最重要，能力居其次。

（6）**从源头上杜绝来自经销商和客户的风险**

企业可采取如下措施：

一是进行信用调查，对经销商和客户进行挑选，建立客户档案；

二是与经销商和客户建立长期、稳定、互相信任的合作关系；

三是对不了解商业信用的新客户，在交易条件和交易程序上要严格进行控制，避免风险发生；

四是规范与经销商和客户的业务关系，一切业务都要有合同；

五是对营销人员，特别是新招聘的营销人员进行全面的培训，做到不培训合格不能从事营销工作。

与减少营销风险有关的培训内容包括信用调查技巧、客户识别技巧、财务结算、《中华人民共和国民法典》相关知识等，并要求营销人员对营销风险发生的各种方式有比较透彻的了解。同时，企业可通过严格执行信用（赊销）审批制度，制定合理的信用政策，包括信用（赊销）期间、信用（赊销）标准、折让和折扣等，从源头上杜绝来自经销商和客户的风险。

素养园地

跨国公司的"道德采购"

近些年来，在国际社会舆论和消费者运动的压力下，为了维护自身的品牌形象和企业声誉，以大型品牌和零售商为代表的跨国公司越来越重视将供应链采购管理延伸到发展中国家的社会和环境领域，并要求其承包商遵循同样的生产行为规范。在这种情况下，道德采购（ethical sourcing）的概念应运而生，并逐渐在全球范围内得到推广。道德采购是指跨国公司通过实施企业行为守则以及负责任的采购政策，对供应商的生产行为进行监督和约束，以确保其购买行为对供应国社会和环境等方面产生积极影响的采购形式。目前，道德采购逐步成为国际采购政策的主流，对国际贸易的可持续发展也产生深远的影响。

一、星巴克的道德采购实践

星巴克"共爱地球平台"表述了道德采购的一些内容："我们一直坚持采购和提供最优质的咖啡。我们致力于使100%的星巴克咖啡豆均按照最高的道德贸易标准和负责任的种植规范来采购。我们认为这在提高咖啡品质的同时，也帮助了种植者去创造更美好的未来和为我们的地球创造更稳定的气候。"

星巴克道德采购的目标是：100%的咖啡以负责任的方式种植和合乎道德的方式交易。所有咖啡100%以合乎道德的方式采购。增加对种植者贷款组织的投资，能够为种植者及其社区创造更美好的未来。推行种植者激励计划，能够防止森林滥伐，积极减少对气候变化的影响。与保护国际组织的合作项目在印度尼西亚苏门答腊岛和墨西哥恰帕斯州进行试点。加强与和云南咖啡产地的相关政府部门、咖啡种植者及经销商的合作，确保通过促进咖啡种植社区的经济发展，来切实改善咖啡种植者的生活。

二、凯马特道德采购准则

凯马特公司致力于以可以反映公司崇高的道德观和价值观的方式来经营和管理公司："我们希望我们的供应商在公司运营和管理中能够尊重并遵守与凯马特一致的理念，我们同样会保留终止与那些不愿分担和不愿承担责任的供应商合作的权利。"凯马特的道德采购准则列出了公司的最低要求和期望，其涉及的准则要求包括以下方面：

（1）童工。国际劳工组织第138号公约规定的最低用工年龄是15周岁。

（2）工资、福利、工时等透明记录。供应商必须遵守与当地工资、加班补偿以及福利待遇相关的法律和法规。

（3）强迫/抵债劳工。工厂不得使用任何形式的强迫劳动。强迫劳动的意思是员工在人身受到威胁或遭受其他的处罚（如服刑期间、契约、以劳动抵偿债务）的情况下进行的非自愿的工作或服务。

（4）歧视。这是指是否雇佣的所有决定条件必须是基于个人的工作能力，而不是基于其他个人因素，如性别、种族、宗教或个人信仰。

（5）骚扰和虐待。工人应享有尊严及受到尊重。

（6）结社自由。只要结社在产品生产国是合法的，供应商就应该依法尊重员工结社的权利。

（7）环境。工厂至少要满足所有生产所在国的环境保护方面的相关法律和法规，并向符合国际环保标准的目标努力。

（8）商业诚信。供应商必须具有高度的敬业专业精神，特别是诚实、公平交易和适当对待其员工，这几方面在任何情况下都是必须遵守的。

（9）遵守法律规定。所有供应商和工厂在经营时完全遵循所在国家的法律要求。

资料来源　Cooper. 轻度剖析跨国公司的"道德采购"［J］. 中国外资，2021（3）：46-47.

本章小结

当前国际经济、政治、法律、文化环境发生了剧烈变化，国际企业在营销过程中走入了思维与逻辑、翻译、产品配送等各种误区。国际企业需要在产品、价格、渠道、促销等方面进行市场营销策略组合调整，制定恰当的营销战略与策略。

关键术语

国际市场营销（international marketing）　产品（product）　国际产品生命周期（international product life cycle）　倾销（dumping）　转移定价

（transfer pricing） 国际广告策略（international advertising strategy）

即测即评

第6章在线测试题

复习与思考

1. 国际市场营销与国内市场营销有何区别？国际市场营销的新问题有哪些？

2. 国际企业如何进行市场进入策划？

3. 国际企业的市场营销组合策略包括哪些内容？国际市场营销的方式有哪些？

4. 国际企业的品牌如何运作？

5. 国际市场营销有哪些风险？如何控制这些风险？

6. 国际企业在市场营销中存在哪些误区？如何避免这些误区？

案例分析

中央企业在"一带一路"市场品牌国际化路径

共建"一带一路"倡议为中国企业带来了难得的国际化发展机遇，"一带一路"共建国家成为中国企业"走出去"的重要目的地。央企作为中国企业走出去的战略主力军，相比"一带一路"新兴市场中的企业具有实力强、规模大的竞争优势，且在国内市场有足够的资本积累。但央企并不完全具备发达国家跨国企业在管理经验、技术和品牌等方面的所有权优势，而且由于央企进入目标国家晚于发达国家，处于后来者地位，其在获取市场资源上存在劣势。

中材水泥是 H 股上市公司中国建材股份有限公司的全资子公司，主业为水泥制造。中国建材集团是中国最大的综合性建材产业集团、世界 500 强企业，其水泥、商品混凝土、玻璃纤维、石膏板、风电叶片产能居世界前列。中国建材集团旗下的中国中材国际工程股份有限公司迄今已在全球建成近 400 条水泥 EPC 生产线，国际市场占有率超过 40%，连续 10 年保持全球领先。

2014 年，国内水泥产能过剩，为响应国际产能合作国家战略，中国建材集团进一步推进国际化战略，在水泥工程承包成功走出去的基础上，以非洲为切入点在海外投资水泥制造业，选取赞比亚作为首个产能合作东道国。作为集团第一个海外水泥投资项目的负责方，中材水泥缺乏海外项目经验，在项目评估、资源勘探、地契获取、征地拆迁等一系列环节遇到了种种困难，但最终只用了一年半时间就完成了前期工作，并于 2016 年 5 月动工，2018 年 7 月正式投产。项目建设速度之快，创造了集团海外工程同等规模项目之最。中材水泥逐步探索出"中国建材赞比亚工业园"产业集群模式，目前已实现良好的经济和社会效益，与较早进入赞比亚的欧美跨国公司比肩而邻。

此外，中材水泥已成功融入东道国社会，在东道国市场建立了良好的品牌形象，获得了包括赞比亚总统、部长、酋长在内的东道国高级官员的赞赏，影响力不断扩大。在中国建材集团内部，该项目被誉为"中国水泥行业走出去的样板"。

一、品牌进入期：洞察与整合能力

中材水泥在赞比亚的海外经营承接国家"走出去"的任务，得到中国政府和母公司的大力支持，但仍然面临严峻的以品牌认知合法性缺失为主的外部挑战，即品牌在东道国市场缺乏存在和进入市场的可理解性和理所当然性，缺乏社会权威（酋长）的许可，难以获取有效的运营基础资源。在这一阶段，中材水泥可利用的优势资源包括：来自母国政府的信息、外交、中介和金融支持，来自集团网络的信息和品牌优势，以及来自自身的政治能力和华人网络资产。

为获取准入许可和打开市场，中材水泥发挥了企业的洞察与整合能力，通过识别市场机会、整合公司内外资源板块，争取到了关键运营资源，把握住了进入东道国市场的机会。在识别市场机会方面，中材水泥充分了解了当地产业和制度环境，最大限度获取了来自中国政府和国内商业网络的可靠信息；同时派遣具有丰富海外经验的员工多次实地考察。此外，获取重要运营资源（土地和矿山）是难度最大、耗时最长的环节。赞比亚地契批复权掌握在酋长手中，中材水泥借助参赞和当地华人引荐，顺利与酋长建立联系，并获取信任，最终顺利取得地契。随后，依托母国政府、集团内部资源市场和自身的华人网络，中材水泥获取了金融、矿山、人力、设备等生产要素。综上可见，在品牌进入期，获得认知合法性，尤其是建立权威、制度和规范，以及当地人对中材水泥的品牌认知，是中材水泥的战略重点，贯穿中材水泥的两项重要战略行动（识别机会和获得运营资源）中，其间体现了企业对市场信息的把握和对内外部资源模块的整合能力。

二、品牌差异化优势打造期：开发与增值能力

在品牌差异化优势打造期，中材水泥已解决了市场准入许可的问题，建立了品牌存在的理所当然性，认知合法性缺失不再构成主要挑战，取而代之的挑战是企业作为市场后来者，如何与市场先入者竞争的问题。赞比亚当时共有5家水泥厂。其中，拉法基是世界建材行业领导者，丹高特则是非洲水泥巨头。这两家水泥厂在赞比亚深耕多年，已形成良好的品牌声誉，其本土化程度高。因而在该阶段，中材水泥面临的合法性挑战主要在于需获取品牌实用合法性，需建立区别于竞争者的品牌差异度、进一步打开并占领市场。品牌差异和竞争优势的打造，依托企业对品牌的更新与升级，以产品异质性激发市场需求。中材水泥通过不断积累国际化经验，针对性地调整和升级企业营销能力，依托大使馆的中介作用、集团网络的品牌和市场优势，以及自身的竞争和质量优势，发挥开发与增值能力，开发和打造符合东道国市场需求的多元产品，实现产业升级，引领市场新需求，建立了自身品牌在东道国水泥品牌中的持续性差异优势。在多元化产品打造策略下，中材水泥充分利用当地资源和需求，借助集团内部市场和成熟的产业链，打造了水泥、商品混凝土、骨料等多元化产品，产生营销合力，提升了企业整体市场竞争力，迅速在市场中站稳脚跟。中材水泥通过发挥自身的后发优势和使用竞争经验，观察行业标准，使用引领行业标准和构建竞合关系的具体策略引领市场需求，从而获取了客户评价体系下的品牌实用合法性，取得了建立品牌差异化优势的阶段性成果。

三、品牌形象培育期：沟通与联结能力

在获取市场准入和品牌差异化优势并逐渐确立市场地位后，中材水泥面对相对不突出的品牌认知合法性和实用合法性的挑战。但由于文化和习惯上的差异，中材水泥还面临社会舆论和民众视角下"水土不服"的外来者形象问题，需要通过获取品牌道德合法性来巩固品牌形象和声誉。在这一阶段，已经部分完成品牌国际化的中材水泥对母国政府和集团资源的依赖较少，其只依托母国政府的中介作用和集团品牌形象优势，并更多地转

向依靠自身的竞争管理经验和网络资源。在能力发展和战略行动上，品牌形象的打造依赖企业对自身正面形象的塑造，以及企业对社会舆论的沟通和关注。于是，企业能力进一步发展为面向媒体和社会公众的沟通与联结能力。一方面，中材水泥通过实施合规经营、生态环境保护、社区建设等措施提升品牌道德合法性，打造赞比亚本地企业形象，并通过媒体进行品牌宣传。另一方面，中材水泥着手优化对赞比亚本地员工的管理，如采用师傅带徒弟方式提升赞方员工的技能水平，选择素质较好的员工走上中层管理岗位，招聘赞比亚大学毕业生和中国的赞比亚留学生等。人力资源属地化和员工培训模式的革新不仅降低了运营成本，还能增强企业所在国对企业的信任和解决文化冲突。依托自身的社会责任意识、管理经验和媒体资源，中材水泥通过不断发挥沟通与联结能力，提升了品牌道德合法性，在当地政府面前和社区中建立了极佳的品牌形象。品牌形象的建立进一步为中材水泥带来了强有力的社会资本和政治关联，强化了母国的国际形象，带动更多中国企业协作出海。

资料来源　于春玲，梁璐琪，张硕，等. 中央企业在"一带一路"市场品牌国际化路径双案例研究——以中材水泥和中油瑞飞为例 ［J］. 营销科学学报，2024，4（1）：139-157.

问题：

（1）简述中材水泥的品牌战略。

（2）本案例给我国其他央企提供了哪些启示？

第7章 国际企业的文化管理

学习目标

通过本章的学习，你应该掌握：国际企业文化管理中的冲突与整合；企业文化的概念与层面；跨文化管理；国际企业文化的冲突；国际企业文化的整合；国际企业文化划分的标准；美国、日本、中国企业管理文化比较。

7.1 国际企业文化冲突与整合

7.1.1 跨文化管理

企业文化是一种观念形态的价值观，是企业长期形成的稳定的文化观念和历史传统，以及特有的经营精神和风格，包括企业独特的指导思想、发展战略、经营哲学、价值观念、道德规范、风俗习惯等。企业文化是社会文化的重要组成部分，它体现民族文化的特色，并从民族文化中汲取营养，是民族历史文化在企业生产经营过程中的凝结和浓缩。这一方面意味着企业文化是对本民族历史文化的继承和发展，另一方面给企业开展跨国经营带来了无形的压力。

伴随着经济全球化的发展，跨国公司成为重要的经济载体，而跨国公司中的跨文化管理成为决定一家公司能否真正实现跨国经营的基础。跨国公司是跨国界、跨民族、跨地域的特殊公司，在某种意义上说，跨国公司就是跨国文化公司。企业文化建设决定着跨国经营的成败。跨国公司必须在异域文化环境中努力建设具有本国公司特色的企业文化，树立共同的价值标准、道德标准和行为模式等，把具有不同文化背景的各国员工凝聚起来，共同实施公司的经营战略。

跨文化管理（intercultural management）又称交叉文化管理，就是在跨国经营中，对不同种族、不同文化类型、不同文化发展阶段的子公司所在国的文化采取包容的管理方法。其目的在于在不同形态的文化氛围中设计出切实可行的组织结构和管理机制，在管理过程中寻找超越文化冲突的公司目标，以维系不同文化背景的员工共同的行为准则，从而最大限度地控制和利用企业的潜力与价值。跨文化公司的经营管理过程既表现为不同文化间的冲突或离散过程，又表现为不同文化间的交汇或融合。文化冲突是指不同形态的文化或者文化因素之间相互对立、相互排斥的过程；文化融合是指不同形态的文化或者文化因素之间相互结合、相互吸收的过程。

跨文化管理并不是一个新的事物，它起源于古老的国际商贸往来。早在古代，埃及人、腓尼基人、希腊人就开始了海外贸易，并懂得了如何与不同文化背景下的人们做生意。到了文艺复兴时期，丹麦、英国以及其他一些欧洲国家的商人更是建立起了世界范围的商业企业集团。当他们与自己文化环境以外的人们进行贸易时，他们就会对与他们不同文化背景下产生的语言、信仰以及习惯比较敏感，以避免发生冲突并顺利实现交易。这事实上就是在从事跨文化的经营与管理活动。不过这时的跨文化管理活动完全取决于从事贸易活动的商人们的个人经验，有关文化和文化差异及相似的研究也仅仅是人类学家的事。企业还很少注意对文化及其差异的研究，跨文化管理还没有成为一门独立的科学。

20世纪70年代末，跨文化管理在美国逐步形成和发展起来，真正成为一门科学。兴起这一研究的直接原因是第二次世界大战后美国跨国公司进行跨国经营时的失败教训。美国管理学界一直认为，是他们将管理理论进行了系统化的整理和总结，最先提出了科学管理的思想，并将这一思想应用于管理实践，从而实现了劳动生产率的大幅提高，因此他们认为美国公司的管理理论和管理实践应该是放之四海皆准的。然而，在第二次世界大战后，美国跨国公司跨国经营的实践使这种看法受到了有力的挑战。实践证明，美国的跨国公司在跨国经营过程中照搬照抄美国本土的管理理论与方法到其他国家很难取得成功，而许多案例也证明对文化差异的迟钝以及缺乏文化背景知识是导致美国跨国公司在新文化环境中失败的主要原因。一项统计调查显示，美国管理者因为不懂得当地的语言而在国际商务谈判中屡屡受挫。因此，美国人也不得不去研究别国的管理经验，从文化差异的角度来探讨失败的原因，从而产生了跨文化管理这个新的研究领域。

　　除此以外，日本在20世纪60年代末和70年代初企业管理的成功也是跨文化管理研究兴起的重要原因。在这一时期，日本的跨国公司和合资企业的管理效益明显比美国和欧洲的公司好。在这种情况下，美国也明显感觉到了来自日本企业的压力，产生了研究和学习日本企业的需要。美国人对日本企业的研究大体上有两种方式：①专门研究日本企业，从中总结出值得借鉴的东西。②联系美国企业实际与日本企业进行对比研究。经过研究，美国人发现，美国、日本管理的根本差异并不在于表面的一些具体做法，而在于对管理因素的认识有所不同。例如，美国人过分强调诸如技术、设备、方法、规章、组织机构、财务分析这些硬的因素，而日本人比较注重诸如目标、宗旨、信念、人和价值准则等这些软的因素；美国人偏重从经济学的角度去考虑管理问题，而日本人更偏重从社会学的角度去考虑管理问题；美国人在管理中注重的是科学因素，而日本人在管理中更注意的是哲学因素等。研究结果清楚地表明，日本人并没有仿照美国的管理系统进行管理，而是建立了更适合其民族文化和环境的管理系统，这个系统远比美国已有的管理系统成功。这一研究结果使人们更多地研究文化以及不同文化下的管理行为。

　　21世纪后，随着新兴经济体在世界经济舞台上越来越活跃，出现了大量来自发展中国家的新兴跨国公司。来自中国、印度等的一些企业陆续来到国际市场上，并成为相关行业中的优秀企业。对这些新兴经济体企业文化的研究也成为跨文化研究的一个热点。特别像中国、印度这样的国家，自身都带有浓厚的文化色彩，这些国家的企业自然也带着独特的企业文化。如何用包容性更强的企业文化来塑造企业竞争力，如何发扬自身的民族文化的优点，如何在更广阔的环境中通过文化的力量来增强企业的竞争优势，成为这些新兴经济体思考的问题。

7.1.2　国际企业文化的冲突

　　文化差异必然会产生摩擦或冲突。从冲突导致不和谐或对抗的角度来看，文化冲突的破坏作用是呈指数倍数递增的。因文化同质度的高低不同，文化矛盾及冲突的表现也各不相同，有轻微摩擦、激烈对抗、局部对峙、全面动荡、日渐融合、持久冲撞等。而那些长时间、高强度、大面积的冲突，主要还是来自核心文化的严重分歧和新理念与传统观念间的急剧碰撞。文化是具有相同的教育和生活经验的许多人所共有的心理程序。不同的群体、地域或国家的程序各有差异，这是因为其"心理程序"是在多年的生活、工作、教育中形成的，具有不同的思维模式。可见，文化是一个群体在价值观念、信仰、态度、行为准则、风俗习惯等方面所表现出来的区别于另一群体的显著特征。正是这种文化在群体中的差异导致了跨国经营中的文化冲突。文化冲突的诱因主要有以下几种：

7.1.2.1　种族优越感

这是指认定一个种族优越于其他种族，认为自己的文化价值体系较其他种族优越。如果一位跨国公司的管理者以此种观点对待东道国的人，他的行为将可能被当地人所记恨，也可能遭到抵制，引发冲突，造成管理失败。这样的文化冲突更多地体现在当来自发达国家的企业进入一个发展中国家时。很多企业在刚刚进入新的市场时，往往高层管理者倾向于使用本国人，而随着企业在当地的不断发展，企业会不断地增加当地员工，淡化自己作为外国企业的特点，从而减少来自文化上的冲突。

7.1.2.2　以自我为中心的管理

文化定型是指人们对其他民族或种族持有预想而导致成见。例如，大多数人认为中国人吃苦耐劳，英国人保守刻板，美国人开放随和，但是这些并不是一成不变的。在商务环境中，不要把每一个人都严格地烙上这样的特征。管理是一门艺术，而非一种教条。精明的跨国公司管理者不仅需要具备在本土管理公司的能力，更应具备在不同文化环境中从事综合管理的能力。如果片面以自我为中心，死守教条，不知变通，则势必导致管理上的失败。

7.1.2.3　沟通误会

沟通是人际或群体之间交流和传递信息的过程。由于语言或非语言障碍的存在，人们对时空、习俗、价值观等的认识也有所不同，充分沟通往往有一定难度，容易产生沟通误会。例如，西班牙人想将百威（Budweiser）啤酒翻译成"啤酒国王"，使用了"Cerveza"这个词，可是啤酒（cerveza）在西班牙语中是一个阴性名词，因而翻译的结果是"啤酒女王"。

7.1.2.4　不同的感性认识

感性认识是通过感觉器官对客观事物局部的、现象的和外在的认识。一个人独特的感性认识是在自己特殊文化背景中通过亲身经历获得并发展起来的，存在某种惯性，其变化速度赶不上环境变化的速度，一旦进入异域文化，这种惯性就常常导致错误的估计和判断。现代化商场上汇聚了来自全世界不同文化背景的商务人员，他们对各自的文化价值内涵有着独特的解释，从而形成自己特有的为人处世的方式，并具体反映到商务活动的处事风格上。

7.1.2.5　文化态度

人的个性是基于一定的生理素质，在特定的社会文化环境和社会实践活动中形成并发展起来的。管理者在从一个文化领域进入另一个文化领域时，必然遇到与自己个性特征不完全相同的人群。能否正确理解受特定文化影响的员工的特点，就成为异域文化中管理者成功驾驭文化冲突的关键所在。

比如，在我国社会现代化发展水平不断提高及国际化程度不断深入的环境下，跨境商务英语的使用率越来越高，但由于文化背景的不同，在对国际商务英语相关问题进行翻译的过程中，不同对照翻译的情况时有发生。例如，对于"dragon"这一单词的翻译，西方人的认知与东方人的认知完全不同。中国的人文历史告诉我们，"龙"这一神异之物代表了祥瑞和好运，我们中华民族也是"龙的传人"。而在西方人的认知中，"龙"是一种会带来厄运与灾难的野兽，是一切坏事的象征。他们认为能跟中国的"dragon"具有同等地位的是"tiger"，二者是在认知程度方面相符合的神兽。可见在工作人员开展翻译工作的过程中，如果没有对这个重要的文化内涵差异给予足够重视，则必然导致传递的文化信息不对称，翻译内容出现错误。①

> ❖ **管理实践 7-1**
> ### "巴黎世家"一款裤子涉嫌歧视
> 法国奢侈品牌"巴黎世家"推出的一款灰色运动裤在网上引发热议。批评者认为，这条售价 1 190 美元的运动裤涉嫌"种族歧视"，"挪用黑人文化"，但"巴黎世家"负责人坚称这是品牌文化的延伸，此番言论让事件再度发酵。英国广播公司（BBC）报道称，这条名为 Trompe L'Oeil 的运动裤采用了拼搭设计，灰色的裤子叠加了一圈红蓝格子上沿，裤子下垂，比较暴露。一条被浏览过 160 万次的 TikTok 帖文称，这条裤子涉嫌"种族

① 王翠文. 浅析国际商务翻译活动中的文化差异因素 [J]. 商展经济，2021（2）：80-82.

歧视"。这种"裤子下垂"的穿法是从20世纪90年代的滑冰运动员和嘻哈艺术家中流行开来的。然而，美国的部分州在21世纪初颁布法案禁止穿这种裤子，批评人士认为这种禁令根本就是在"歧视黑人"。例如，在路易斯安那州什里夫波特市，当地执法部门通常以禁止穿下垂裤子的命令为由，将黑人当作目标，搜查和逮捕穿这种裤子的黑人。《什里夫波特时报》2019年援引当地警方数据称，自2007年以来，什里夫波特因裤子"下垂"而被捕的726人中，黑人男子占了96%。

图7-1　Trompe L'Oeil

当公司进行国际化经营时，某种企业内部或外部文化环境越发散，企业国际化经营的难度就越大。如图7-2所示，文化的5种特性之间的距离越大，企业面临的文化环境挑战就越大，就越需要企业进行跨文化管理。

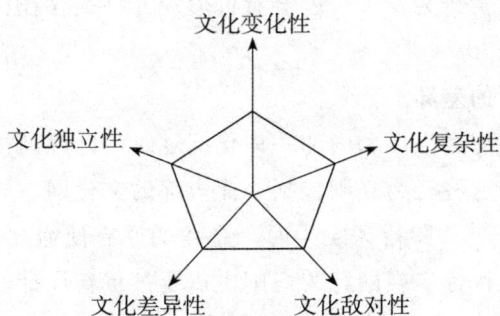

图7-2　文化冲突的表现

跨文化冲突表现在国际企业管理的各个方面，其中某些特定的管理职能对文化更加敏感些，主要表现在员工激励、组织协调、领导职权和人力资源等方面。不同的文化，需要用不同的方法在该文化的环境里进行管理。掌握跨文化管理的艺术与技巧是我们从容驰骋于国际舞台、实现成功经营的保证。从企业文化本身的特点及属性来说，企业跨国经营中的文化冲突主要来自以下 3 个方面的差异[1]：

（1）价值观的冲突

每个企业在成长过程中都会形成自己独特的价值体系、经营哲学和企业精神。这些基础的价值观念在以往的企业社会实践中，一方面保证了该企业能动地适应外部环境，维持基本社会文化的协调发展；另一方面统一了企业内部成员的思想意识，实现了企业在价值理念和行为方式上的一体化。其由于被广泛传播和反复实践而在员工思想中强化起来，有的甚至转化为常规和惯例。比如说，中国文化深受儒家思想的影响，强调世界上的一切都是相互联系的，在看问题时，人们习惯从大局出发，综合考虑，把握全局。这使中国成为一个注重形象思维、综合思维、统筹兼顾的国家。相反，英语系国家更注重个体思维。他们习惯从个人的角度思考，以便把握全局。文化影响思维，在谈判过程中，不同的思维方式会直接影响谈判者的谈判策略。[2]

当深入到国际企业管理中时，特别是当企业发生并购行为时，由于企业文化具有的刚性和连续性，很难把原企业的价值观统一于新组织或新文化群体的价值体系中。特别是在一个企业的主导价值观被一种新的价值观取代时，原企业文化的接受者就会产生潜意识的抵触情绪和消极行为。即使同一公司的不同文化方进行价值观的融合，也有可能引发价值观的冲突。因此，只要有企业跨国经营行为发生，就会有价值观冲突的存在，也就需要企业进行组织内的文化融合。

（2）行为规则的差异

企业在处理外部适应性和内部一体化问题时，已逐渐摸索出一套适合本组织的行为规则，这些行为规则包括企业内部的文化网、规章制度、奖惩措施和组织结构等。当并购行为发生时，企业的原有使命会被改变或被加强，所以作为保障组织目标实现的行为规则也需要被重新设计。特别是并购企业在行为规则上差异较大时，更需要详细分析。

首先，随着文化影响和传播信息的范围扩大，应该对并购企业双方都进行研究，以实现有效的沟通；

其次，要进行内部人员的调整，从总体上把人力资源配置到更有效的位置；

---

① 夏兆敢，李君. 企业并购后的文化冲突与管理 [J]. 科技创业月刊，2006（7）：130-132.

② 宋一格. 中西商务谈判中的障碍及其应对策略 [J]. 国际商务财会，2021（8）：9-11.

最后，内部的规章制度也应改变，以适应新组织的战略管理。

例如，ABB公司认识到文化差异的客观存在，但是其将文化差异看成发展的优势而非劣势，在"思维全球化和行为当地化"原则的指导下开展跨文化管理，并建立跨文化管理五部曲战略。韩国三星公司每年都会派有潜力的年轻经理到其他国家学习，学习计划由学员自己安排；但是公司提出一些要求，如学员不能住高级宾馆，除了提高语言能力外，还要深入了解所在国家的文化和风土人情等。通过这样的方法，三星公司培养了大批熟谙其他国家市场和文化的国际人才。[①]

(3) 习俗的冲突

企业跨国经营，特别是当采取本土化或全球化模式时，会有一些习俗化的因素存在，如传统的礼仪、共同的生活习惯和趋于一致的道德思想等，特别是一些参与跨国并购的企业，民族的文化差异更大。由于习俗化因素有很深的社会文化根基，又贴近员工的生活，一般影响比较持久，协调难度较大。如何有效地解决习俗化因素的文化冲突，不仅对组织内的价值观塑造、员工积极性调动有重大影响，而且对新组织总体目标的实现具有重要意义。例如，在日本工资和提拔是基于资历，在美国则是基于业绩；日本人对命令言听计从，美国人则会请求更清楚地说明。因此，当这些固定的习惯被打破后，往往在企业内部产生文化的冲突。

❖ 管理实践7-2

联想收购IBM后的跨文化冲突

东西方企业管理文化既存在共性，也存在差异，这就导致企业在跨国经营中不可避免因为雇用当地员工而产生文化冲突。联想收购IBM个人电脑业务的经验对于中国跨国企业处理跨文化冲突具有很好的借鉴意义。2004年年底，联想公布了并购IBM个人电脑业务的最终协议，并购成功后联想集团成为全球最大的个人电脑业务供应商。但由于中美企业文化存在巨大的差异，联想收购IBM之后遇到了一系列跨文化整合的挑战。

一、企业价值观差异带来的文化冲突

联想集团作为一家具有浓重国企背景的民营企业，不仅能够享受到政府预算软约束条件下的低成本资金支持，而且具有现代企业产权明晰、竞

---

① 黄伟东. 企业走向世界的阶梯："跨文化沟通能力"[J]. 信息导刊，2005（44）：24-25.

争充分等特征。追溯联想集团企业价值观的形成，与中国市场化改革的推进密不可分。与大多数中国制造业企业负责人一样，集团创始人倡导标准化、规范化的现代企业管理模式，继任者倾向于泰勒管理制度下的员工标准化，通过强化个体员工的集体意识，提高企业的产能。相比较而言，IBM 则更加鼓励员工的独立研发，倡导员工通过参与竞争提升个人的价值，个人的晋升考核指标也以工作业绩为主，这点与依赖工龄、资历以及学历等指标对员工进行考核的中国企业差异较大。

二、个体文化背景带来的文化冲突

收购后的联想集团海外员工来自全球 160 多个国家和地区，多元文化背景以及多维度的思维方式，使得个体员工在语言、价值观及宗教信仰等方面都存在差异，导致员工之间、员工与管理层之间信息沟通不畅，造成交易成本增加，损害了企业的管理效率。在跨文化冲突原因中，语言问题最为基础，也最为突出。联想集团总共雇用了超过 1 万名外籍员工，工作语言主要为英语。但集团派驻海外工作的国内高层员工跨文化管理经验有限，总体上满足不了交流以及管理的需要，损害了管理层与员工之间的沟通效率，语言沟通问题成为联想与 IBM 之间文化融合的首要问题。员工价值观以及宗教信仰差异带来的文化冲突也较为严重。由于其涉及员工个人的价值信仰，因此急需出台详细、明确的文化融合操作方案，以互相尊重、互相理解为底线，妥善解决文化冲突难题。

三、管理模式差异带来的文化冲突

联想的管理模式具有典型的中国式集权特色，科层组织特征较为明显，强调"上级命令、下级服从"的威权管理关系。而 IBM 组织结构更加扁平化，有利于沟通成本的降低以及管理层与下级沟通效率的提高，降低信息不对称程度，通过"授权式"管理模式增加员工的自主权，使得管理层与员工之间能够针对企业出现的各种问题平等交流、互换意见。联想强势的管理文化容易造成文化冲突问题。很多外国员工希望公司开辟支持员工建言的专门渠道，通过民主化的方式参与公司的管理过程，但这与联想的管理文化格格不入，结果导致联想在收购 IBM 的初期发生了一波不小的国外员工离职潮。

资料来源　颜垒，黄静. 我国企业跨国管理与跨文化冲突［J］. 河南社会科学，2017，25（3）：35-39.

为了衡量组织中的文化差异和冲突，美国学者霍夫斯泰德（G. Hofstede）从 4 种文化指数角度来讨论文化对组织的影响（见表 7-1）。

表 7-1　　　　　　　　　　　文化指数

指　数	特　点
个人主义/集体主义指数	反映了人们促进自我利益的行为取向。指数较高，表示人们接受并尊重个人的成就。在个人主义下，个人与集体、社会的关系比较松散
权力距离指数	衡量人们对社会不公平的容忍程度。指数较高，表示人们易于接受等级制
不确定性规避指数	反映了社会成员对模棱两可或不确定性的容忍程度。指数较高，表示人们难以忍受不确定性
男性化指数	反映了人们对成就或创业的一种倾向。指数较高，表示社会文化充满自信，喜欢自我表现，追逐经济和社会地位

①个人主义/集体主义指数（individualism index，IDI），考察社会是关注个人利益还是关注集体利益。

②权力距离指数（power distance index，PDI），衡量权力在社会或组织中不平等分配的程度。

③不确定性规避指数（uncertainty avoidance index，UAI），是指一个社会在考虑自己利益时受到不确定的事件和模棱两可的环境威胁的程度，其是否通过正式的渠道来避免和控制不确定性。

④男性化指数（masculinity dimension index，MDI），是指社会是否欣赏男性特征，如进攻、武断，或者欣赏其他特征，以及对男性和女性职能的界定。

霍夫斯泰德运用这 4 种指数对不同国家和地区的企业组织进行了测量（见表 7-2 和表 7-3）。在不同文化中，个人主义/集体主义指数以及男性化指数对跨国公司国际化经营或跨文化经营都具有重要的指导意义。

表 7-2　　　　　　　　　文化指数的衡量（一）

国家和地区	IDI 得分	IDI 排名	结　论
美国	91	1	很强的个人主义倾向
英国	89	3	很强的个人主义倾向
法国	71	10/11	较强的个人主义倾向

国家和地区	IDI得分	IDI排名	结　论
德国	67	15	较强的个人主义倾向
日本	46	22/23	较强的集体主义倾向
中国香港	25	37	较强的集体主义倾向
韩国	18	43	较强的集体主义倾向
中国台湾	17	44	较强的集体主义倾向
危地马拉	6	53	很强的集体主义倾向

表7-3　　　　　　　　　文化指数的衡量（二）

国家和地区	MDI得分	MDI排名	结　论
日本	95	1	很强的男性化倾向
英国	66	9/10	较强的男性化倾向
德国	66	9/10	较强的男性化倾向
美国	62	15	中上程度的男性化倾向
中国香港	57	18/19	中上程度的男性化倾向
中国台湾	45	32/33	中等的男性化倾向
法国	43	35/36	中等的男性化倾向
韩国	39	41	中等的男性化倾向
瑞典	5	53	很弱的男性化倾向

7.1.3　文化冲突对企业国际化经营的影响

7.1.3.1　影响跨国公司管理者与当地员工之间的和谐关系

管理是"管"与"理"的有机统一，也就是管理技术与管理艺术的融合。如果跨国公司管理者不相信工人，只"管"他们，而不"理"他们，就会造成管理者和员工关系的疏远和社会距离的增加，影响沟通，甚至造成沟通中断。管理者如果不能正确面对这种文化冲突，对员工采取情绪化的或非理性的态度，则员工也会采取非理性的行动。这样，误会增多，矛盾加深，对立与冲突就成为必然，后果不堪设想。因此，国际企业经营中，企业内的主导文化的树立就至关重要。如果主导文化过于倾向东道国文化或投资国文化，就必然导致管理或被管理的员工产生不和谐的声音。

7.1.3.2　导致跨国公司市场机会的损失和组织机构的低效率

价值取向的不同必然导致不同文化背景的人采取不同的行为方式，而同一公司内部便会产生文化冲突。随着跨国公司经营区位和员工国籍的多元化，这种日益增多的文化冲突就会表现在公司的内部管理和外部经营方面。在内部管理上，人们不同的价值观、不同的生活目标和行为规范必然导致管理费用的增大，增加组织协调的难度，甚至造成组织机构低效率运转。在外部经营中，文化冲突的存在使跨国公司不能以积极和高效的组织形象去面对市场竞争，往往在竞争中处于被动地位，甚至丧失市场机会。

7.1.3.3　使跨国公司全球战略的实施陷入困境

从一般的市场战略、资源战略向全球战略的转变，是跨国公司在世界范围内提高经济效益、增强全球竞争力的重要步骤。为保证全球战略的实施，跨国公司必须具有相当的规模，以全球性的组织机构和科学的管理体系作为载体。但是，目前大多数跨国公司采取矩阵式的组织机构，由于文化冲突和缺乏集体意识，组织程序紊乱，信息阻塞，各部门职责不清，相互争夺地盘，海外子公司与母公司的离心力加大，母公司对子公司的控制难上加难，从而造成跨国公司结构复杂，运转不灵，反应迟钝，大大不利于全球战略的实施。

7.1.4　解决组织跨文化冲突

解决企业国际管理中的跨文化冲突，有 3 种方案可供选择：

7.1.4.1　凌越

凌越是指组织内一种文化凌驾于其他文化之上而扮演统治者的角色，组织内的决策及行为均受这种文化支配，而其他文化被压制。该种方式的好处是能够在短时期内形成一种"统一"的组织文化。其缺点是不利于博采众长，而且其他文化因遭到压制而极易使其成员产生强烈的反感，最终加剧冲突。

7.1.4.2 折中

折中是指不同文化间采取妥协与退让的方式，有意忽略或回避文化差异，从而做到求同存异，以实现组织内的和谐与稳定。但这种和谐与稳定的背后往往潜伏着危机，只有当彼此文化差异很小时，才适合采用此法。例如，如果让10 000个员工折中，就要改变10 000个人的习惯，这是不可能做到的。因此，这种方法适用的范围是比较小的。

7.1.4.3 融合

融合是指不同文化在承认、重视彼此差异的基础上，相互尊重，相互补充，相互协调，从而形成一种"你我合一"的全新的组织文化。这种统一的文化不仅具有较强的稳定性，而且极具"杂交"优势。

7.1.5 跨文化管理策略

7.1.5.1 树立正确的跨文化观念

（1）客观看待文化差异

跨国公司的员工来自不同的国家，具有不同的文化背景，必然有不同的价值观念、态度和行为，从而导致文化差异。文化差异具有客观性。管理有先进和落后之分，但文化本身没有优劣之分，文化差异没有绝对的对与错，管理者应客观看待文化差异。文化差异是一柄双刃剑，一方面会带来矛盾和冲突，引发关系紧张，使管理人员的管理思想、管理方法、管理体制、经营决策方法等无法有效应用到新的文化环境中去；另一方面能给跨国公司带来竞争优势，不同的价值观、态度和行为方式会带来更广阔的思考问题的视角，以及对不同市场需求和环境变化的灵活应变能力。

（2）树立全球文化意识

尽管人类文化存在差异，但是具有某些共同特征的全球文化已出现。各种传媒（包括互联网等）正在打破人们之间和各种文化之间的疆界，人们的视野更加开阔，所能接触的信息越来越多，使每个人更加包容其他文化。全球化的管理人员要很敏感地以一种跨国性战略来满足人类共同的需求，同时加强跨国公司总部和分部之间的协调合作，以建立起承认地方多样化的统一标准，通过全球的系统决策方法把全球各地整合起来，实现资源全球共享。

（3）充分认识到跨文化管理是人的管理

这是因为：

①跨文化管理的主体是人，即企业的经营管理人员。在跨国公司中，每家公司的企业文化可以通过企业的产品、经营模式等转移到国外分公司，但是更重要的是通过熟悉企业文化的经营管理人员转移到国外分公司。

②跨文化的客体也是人，即企业的所有员工。跨文化管理的目的就是要使不同文化融合，形成一种新型的文化。这种新型的文化只有植根于企业所有成员之中，通过企业员工的思想、价值观、行为才能表现出来，才能真正实现跨文化管理的目的；否则，跨文化仅流于形式。

7.1.5.2 建立统一的价值观

作为文化重要组成部分的价值观，是一种比较持久的信念，它可以决定人的行为方式、交往准则，以及用来判断是非、好坏、爱憎等。国际企业需要找到不同文化的结合点，发挥各种文化的优势，在企业内部逐渐建立起统一的价值观。建立统一的价值观首先要发展文化的认同，其次要建立共同经营观。

（1）发展文化认同

这是指在文化差异的基础上求同存异，找到双方都能接受的文化共同点。共同点包括两层意思：

一是本来就存在的共同点，在物质、行为、制度、精神层面上都有；

二是隐藏在不同特点中的共同点，它们是特殊中的共性。

发展文化认同需要跨国经营管理人员熟悉和掌握跨文化沟通与跨文化理解的技能和技巧。

①跨文化沟通（cross-cultural communication）是指不断的沟通会产生理解和信任，最终形成文化融合。企业内部员工士气是否高涨、人际关系是否和谐，主要取决于企业员工之间有效的沟通和相互理解的程度。

②跨文化理解是促成沟通的首要条件。它包含两方面的内容：

一是理解自己的文化，使我们在跨文化交往中能够获得识别自己和有关他文化之间存在的文化上的相同和差异的参照系。

二是善于理解他文化。在某种程度上摆脱原来自身的文化约束，从另一个不同的参照系（他文化）反观原来的文化；同时，能对他文化采取一种较为超然的立场，而不是盲目地落到另一个文化俗套之中。

（2）建立共同经营观

这是指通过文化差异的识别和敏感性训练等，增强企业员工文化鉴别和适应能力。在文化共性认识的基础上,根据环境的要求和企业战略的需求建立起企业共同的经营观和强有力的企业文化。国际企业通过文化的交汇实现跨文化的、和谐的、具有东道国特色的经营管理模式,逐渐建立起跨国公司的管理文化,并逐步建立起以企业价值观为核心的企业文化。

7.1.5.3 实行管理本地化策略

国际企业管理人员要本着"全球化思考,本地化行动"(Global Thinking, Local Doing)的原则进行跨文化管理。本地化策略主要包括人员本地化和语言、文字本地化。

(1)人员本地化

如果国际企业分支机构的管理人员由母(总)公司派出,子(分)公司就会面临很多问题。

首先,不能充分利用当地优秀人才为本企业服务;

其次,很难适应东道国复杂的经营环境(包括经济环境、政治环境、社会文化环境等);

再次,增加母(总)公司的经营成本;

最后,影响企业的经营业绩。

如果实行人员本地化,则不但能充分利用当地人才为本企业服务、提高经营业绩以及降低国际企业海外派遣人员和跨国经营的费用,而且能更好地与当地文化融合,减少当地社会对外来资本的危机心理。以沃尔玛为例,其在1996年进入我国的初期,洋超市的经营方式不适合中国老百姓的需求,遭遇严重"水土不服"。其后,沃尔玛采取本土化战略。截至2012年,沃尔玛中国超过99.9%的员工来自中国本土,商场总经理100%由中国本土人才担任;发展本地供货商,坚持本地采购,使销售的产品中本地产品超过95%。在2023年《财富》世界500强中,沃尔玛位列榜首。

(2)语言、文字本地化

为了方便和尊重当地员工,公司总部与子(分)公司的沟通文字最好使用当地文字,这有利于真正的融合,减少母(总)公司与子(分)公司之间的文化冲突,更有利于建立共同的企业文化。海尔智家提出,只有喝美国咖啡长大的人,才能调出地道的美国咖啡。因此,海尔智家美国贸易公司内没有一个中国员工。其总裁说:"我认为我们就是一家美国公司。"当然,工资也是按照美国标准。

7.1.5.4　学习异质文化

（1）营造学习气氛

首先，鼓励国际企业管理者在文化环境中学习。他们必须能够不受自己的文化视角的约束，在实践中学习目标市场的文化；不但要学习目标市场的语言和非语言的交流手段，而且要学习目标市场的文化、社会特点，熟悉当地的传统和风俗习惯。

其次，鼓励国际企业管理者进行文化间的学习交流。这意味着自我意识的开放，能够卸下自己文化中的包袱和累赘，学习异质文化中新的思想和优势，博采众长，从而达到整体最优。

（2）加强跨文化培训

跨文化培训是防治和解决跨文化冲突的有效途径，其本身也是一种学习方式。当前很多企业偏重员工的纯技术培训，忽视了对员工尤其是管理人员的跨文化培训。培训内容一般包括：

①对他民族文化和母公司文化的认识和了解；

②文化的敏感性、适应性训练；

③语言、习俗、生活方式培训；

④跨文化沟通及冲突处理能力的培训；

⑤对对方先进的管理方法及经营理念的培训等。

通过培训，一方面，通过全面系统地讲授对方文化的价值观念、伦理道德、风俗习惯、法律制度等，增强员工对对方文化的认识和文化敏感性，引导员工理解和尊重对方文化，减少文化冲突以及增强对文化冲突的解决能力；另一方面，跨文化培训包括培养和发展员工的观察能力和面对面交流的能力，使员工在真实的企业环境中理解和学习对方文化。

❖ **管理实践7-3**

肯德基进入中国市场的成功经验

肯德基在中国的影响力极高，其地位是大多数品牌难以比拟的，个中缘由与其本土化经营战略息息相关。

为了迎合我国绝大数年轻人的需求，肯德基借助网络平台举办了诸多面向青年人的活动：青春有你炸鸡店、全网寻找"猫咪老师"、肯德基LPL、KFC深夜食话、肯德基疯狂星期四、三人篮球赛等。

除了展现出品牌青春洋溢的一面，肯德基也很注重对中国传统文化的把握。其在装修风格上贴近当地本土文化氛围，如天津肯德基门店摆上京韵大鼓，挂着扇子，放着天津时调，与曲艺之都紧密联系起来；在荡口古镇，门店沿水而建，整体营造江南水乡的氛围，古色古香的窗棂、红红的大灯笼、手绘的壁画、实木的长桌等。在特定的传统节日，肯德基也从未落下，无论是国人熟悉的春节、中秋、端午、七夕，还是国人关注较少的惊蛰、二月二、腊八，其都能找到独特的商机，如"春暖花开，春分半价桶"。

当然，儿童市场同样生机勃勃。肯德基既满足孩子玩乐的需求，推出KFC快乐儿童餐，也贴心地考虑家长对孩子成长、学习的关心，推出"博物馆奇妙之旅"活动、赠送《儿童历史百科绘本》等。

想要实现有效的产品本土化和文化本土化，持续释放不断更新的品牌活力，肯德基选择从最初就启动本土化经营战略。除了管理层，肯德基在供应链方面的本土化发展同样走在前列。供应链本土化可以极大地减少生产运输成本，并同时符合消费者口味：

一是在1997年以前，采购部供应商的选择是"各自为政"，每一个肯德基市场会各自选定一群本土供应商，这样会导致各市场间价格竞争激烈，市场缺货，市价飙升。随后，肯德基迅速作出调整，用统一管理的模式取代独立运作模式，从而降低了成本和风险。

二是为使产品迎合消费者口味，大部分原材料由本土供应商提供。美国总部对于中国分部管理也十分重视，在人员方面实现了与美国总部的有效对接流通，相关业绩也无须再通过国际集团，而是直接向总公司报告。

资料来源　汪熠，巫念陈. 在华跨国公司本土化经营战略个案研究——以肯德基为例 [J]. 中国市场，2019（29）：80-82.

7.2　世界主要企业文化类型

7.2.1　世界主要企业文化分类的标准

由于不同的文化背景，企业在管理模式、价值观方面存在不同的文化类型。分类的依据主要包括：

7.2.1.1　价值观

价值体系的核心构造不同，表现为人格取向中的文化冲突。

以中国、日本为代表的东方文化是以儒家伦理为基础发展起来的。这是一种以农民社会为主体的农业文化，又是以宗法血缘关系为根基的宗法制度文化。以欧美等国为代表的西方文化是在古代希腊文化和基督教文化基础上发展而来的，是以平民为主体的商业社会文化和市民社会文化。因此，东方文化发展取向是重群体、重道德、重实用，西方文化发展取向则重个体、重科学、重思辨。

美国学者阿伦·肯尼迪和特伦斯·迪尔在《西方企业文化》一书中指出："价值观是任何一种企业文化的基石。价值观作为一家公司成功哲学的精髓，为所有的员工提供了一种走向共同方向的意识，也给他们的日常行为提供了指导方针。"两类不同性质的文化系统决定了东西方人格特质构造和发展取向的整体差异。

东方人格体现的是长期农业文化积淀而形成的人际角色认知、行为模式、个性需求以及自我价值取向。它的基本特征是：

①较强依附性和内向型；

②以自然之和谐为真，以人际和谐为善，以天人之和谐为美；

③注重行为的节俭、封闭、悠闲；

④突出以家庭成员为中心。

西方人格是在西方宗教文化、商业文明熏陶下形成的价值观、社会心态以及行为模式等性质的综合体。它的基本特征是：

①具有强烈的自主性和个人主义体验；

②具有明显的外向、开放色彩；

③体现了社会互动中的平等和民主模式。

价值观也为企业员工提供了共同价值尺度。这种价值观内化后可以成为联结员工个人目标与企业目标的精神纽带，也为企业员工提供了强大的精神支柱，使员工把个人利益同企业利益紧密地联系起来。以上这些特征反映在企业文化上，就会导致企业战略制定上的差异。一项对美日主要大公司的研究表明，美日公司之间存在本质的区别。虽然两个国家的公司都认为财务绩效很重要，但是日本公司更强调可能影响长期财务绩效的目标。

7.2.1.2　管理模式

不同的市场体制隐含着经济模式中的文化差异。英美市场经济、德国市场经济和日本市场经济是资本主义市场经济模式的3种代表。这些不同的市场经济模式隐含着不同的文化背景和价值观念。

基于价值取向的不同,美国和英国的市场经济被称为个人资本主义,日本和德国的市场经济被称为社团资本主义。两者的基本区别是,前者强调个人价值,强调企业的最大利润,强调消费者经济学;后者强调社团价值,强调企业的感情投资,强调生产者经济学。

作为市场经济基础的跨国公司最充分地体现了文化与经济的关系。跨国公司通常拥有雄厚的经济实力,全球经营战略更为其提供了发展机会。但由于战略目标与实施行为的矛盾,跨国公司全球战略经常陷入困境。多样的国际文化环境和文化摩擦是导致跨国公司损失市场机会和低效率的根本原因,从而难以实现预期收益。跨国公司面临的文化困扰,或者是由于管理者忽视文化摩擦,而使得跨国公司全球战略遇到障碍,或者是因为文化造成的摩擦难以通过产品多样化、组织结构复杂化等经营策略来克服,文化造成的偏差只能通过调整文化来纠正。

7.2.1.3　组织结构

企业在组织设计中会因不同的管理层级制度而产生文化冲突。企业组织设计中的文化因素影响主要体现在两个方面:

一是明确个人在组织中的地位和作用,保持一定的权力距离。

二是建立适当的管理控制系统,正确地评估个人的努力程度。

在权力距离较大的组织中,个人在组织中的地位和作用并不那么重要,集体主义倾向占主导地位。在这种文化氛围下,组织的评估体系和方法由管理人员负责组织,建立起以团体为单位的培训和奖励机制,每个成员都将自己看作协作体内的组成分子,与其他成员保持密切的合作关系。相反,在权力距离较小的组织中,个人主义倾向要求业绩评估必须以个人的行为、效率和成就为基础,充分肯定个人对组织的贡献。在组织设计中,一些外资企业常常为精心设计的目标落空而迷惑。殊不知,外资企业的经营绩效不仅取决于自身战略计划和组织的性质,而且与所在国的经济发展水平以及文化亦有密切的联系,不同民族的工作动机和价值观直接影响着海外投资绩效。欧洲人注重权力和地位,美国人欣赏创新精神和成就,日本人则崇尚团队精神和协调。

有关研究还表明:在一个国家经济发展的不同阶段,人们的价值取向会发生变化。在经济困难时期,个人更乐于接受权力主义或家长式管理;在经济繁荣时期,人们则倾向于要求公平与民主。集体主义文化使得企业能够采取联合式的国际竞争策略；个人主义导向的企业往往在强调个别企业利润最大化的基础上参与竞争，很少和其他企业联合。例如，日本企业强调合作精神，企业从原料提供到产品销售都进行稳定的协作。这实际上是一种非价格贸易壁垒，能有效地阻止外国竞争者进入。美国企业则没有这种相互依赖的联系，个人主义文化决定了它们通过革新和创造来提高产品质量并赢得竞争；与协作相比较，更希望个人的智慧、技能和贡献得到社会的承认和回报。这就是说，具有技术和产品质量优势的企业进入美国市场比进入日本市场要容易。

7.2.1.4　管理文化

企业在经营管理中会因不同的决策思维而产生文化冲突。随着管理科学的发展，企业中人的地位和作用经历了 3 次飞跃：从追求物质利益的经济人到处于社会关系中的社会人，再到受价值观念支配的文化人。所有优秀的企业无不重视企业文化以及作为企业文化主体的人在企业创新中的作用。东方文化的适应性、灵活性强，但是，过于灵活的必然结果是不重视正式制度的建立和实施，对环境变化采取实用主义的态度，因时制宜。因此，在企业管理中制度往往不受企业管理者重视。这样，企业管理者个人在道德、知识、能力等各方面的水平就决定了企业的成功或失败。衰败的企业因更换某个管理者就可能使企业变得蒸蒸日上；反之，成功的企业也可能因管理者的调整而陷入困境。

7.2.2　美国企业文化特点

无论从市场还是从市场竞争力来看，美国跨国公司都对世界跨国公司的走向有重要影响，美国企业文化也伴随着美国企业走向全球化而为世人所熟知。但是，美国的跨国公司发展也有曲折的过程，并不是一帆风顺的。

美国跨国公司发展的第一阶段是第二次世界大战后至 20 世纪 60 年代末。作为世界第一经济强国，美国在国内生产总值、工业产量、国际收支等方面都居世界首位。但随着第二次世界大战后欧洲重建和日本经济的崛起，美国跨国公司也经历了严峻的考验，以往通行的美国跨国公司的企业文化也随着美国跨国公司竞争优势的减弱而遭遇了挑战。美国的管理学家这时更多思考的是，如何塑造出更适应新的全球化竞争的企业文化。

美国企业文化的特征主要体现在以下几个方面：

7.2.2.1　企业文化的塑造与员工自我价值的实现并重

美国企业文化同时强调个体与团队。因此，企业文化中的核心理念与员工个体的自我价值之间的联系在美国企业中体现得淋漓尽致。惠普确立了"相信任何人都能在工作中追求完美和创造性，只要赋予他们适宜的环境，他们一定能成功"的经营理论，"惠普文化包括核心理念、企业目标、企业经营理论与管理方法。员工不仅接受和认同惠普文化，而且将惠普文化深深地植根于员工的信仰之中，变成他们良好的职业习惯和工作风格"。"尊重每一位员工"是沃尔玛的3项基本信仰之一，公司通过各种途径来帮助员工发挥自己的潜力。IBM把"尊重个人"作为核心理念，在企业内部人人平等，公司里不设领导专用场所和设备，就连每个办公室和每张桌子都没有头衔标志。美国小企业管理局将20世纪对美国影响巨大的65项发明进行了研究，发现它们基本上是由个人完成的。杰克·韦尔奇接任美国通用电气公司总裁后，推行全员决策。公司在决策讨论会上邀请那些没有参与过决策会议的员工出席会议，听取员工的意见。因为员工对自己的工作要比老板清楚，这样作出的决策才有针对性，避免决策失误。美国必和必拓公司规定：管理人员不能随意对员工发号施令，需认真对待员工的意见，尊重每一位员工。这些都体现了美国企业文化的特点，同时与美国文化中的核心理念相符。

美国著名的苹果公司认为，要开发每个人的智力闪光点。"人人参与""群言堂"的企业文化使该公司不断开发出具有轰动效应的新产品。从笔记本式苹果电脑到现在的iPhone产品系列，无不折射出该企业的文化特点。丰田提出了"创意功夫提案制度"，为员工建议设置奖金，并在"光荣走廊"上展示优秀建言者的头像。这种做法鼓励了员工积极提出改进意见，丰田公司在40年间收到了超过2 000万个提案，其中99%被采纳。

7.2.2.2　提倡竞争和创新

竞争出效益，竞争出成果，竞争出人才，但竞争的目的不在于消灭对手，而在于参与竞争的各方更加努力工作。美国企业十分重视为员工提供公平的竞争环境和竞争规则，充分调动其积极性，发挥他们的才能。福克斯波罗公司的一位科研人员把研制的新产品给总经理看，总经理看后非常高兴，觉得应当当场给予奖励，可总经理当时身边无可奖之物，于是只好用一只香蕉来奖励员工，以后该公司就用"金香蕉"来奖励杰出科研创新者。IBM公司对员工的评价是以其贡献来衡量的，提倡高效率和卓越精神，鼓励所有管理人员成为计算机应用技术专家。福特汽车公司在晋升管理者时，凭业绩取人，严格按照其能力对应其职位的原则行事。福特汽车公司前总裁亨利·福特说："最高职位是不能遗传的，只能靠自己去争取。"

管理视野 7-1

7.2.2.3　以人为本，激励创新

美国企业将"人"作为企业发展的根本，激励员工在实现自我价值的同时促进企业创新。但是美国继承了科学管理方法所带来的思想，尊重制度，同时享受制度所带来的效率。国际上先进的美国 IT 公司都秉承了这一传统。如 IBM 公司前董事长托马斯·约翰·沃森信奉丹麦哲学家哥尔科加德的名言："野鸭或许能被人驯服，但一旦驯服，野鸭就失去了它的野性，再也无法海阔天空地自由飞翔了。"他强调公司需要的不是驯服、听话、平庸的人，而是那些不畏风险、勇于创新的拔尖人才。而这种优势的得来，也是美国企业文化长期积累和爆发的必然结果。即使在传统行业中，也不乏鲜活的例子。杜邦公司成功的经验是发扬不停顿精神，不断开发新产品。创新就免不了要犯错误和失败。从对 20 世纪 40 年代以来的创业投资统计来看，其成功概率仅为 20%，这就要求企业允许创新者失败。

7.2.2.4　减少沟通环节，提倡利益共享

移民文化组成的美国民族文化，融合了世界各民族的文化，形成了美国实用主义哲学。美国实用主义哲学培育了美国人的务实精神，认为"有用就是真理"，注重实际效果，很少有形式主义，上级与下级沟通直接，表达意见明确。这种淡化阶层的思想使得更多的企业员工能够在企业内部的文化中获得更多的尊重，从而大大增强对企业的归属感。美国许多企业实行股份制。员工持股使其除工资收入外还能分到红利，也增加了员工参与经营管理的权利，提升了他们的身份、地位，增强了安全感。沃尔玛公司、希尔顿国际酒店集团公司均将一部分股份作为工资或福利分给员工。惠普公司等还通过增加员工的福利（如为其子女提供助学金）让员工共享

公司成果。而其他耳熟能详的美国IT公司，也都早已用期权将企业和员工的共同未来衔接并紧密结合起来，一步步打造完全新型的跨国性的行业巨无霸企业。

7.2.3　日本企业文化特点

在日本，企业文化的表现形式是多种多样的，如"社风""社训""组织风土""经营原则"等。其中，"组织风土"是企业中的文化因素，如企业全体员工共同具有的价值观念、员工对企业的向心力、企业中的人际关系等。这是日本企业在管理实践中发展出来的，也可以说是对日本独特的企业文化的阐释。这种企业文化是在企业内部把全员力量统一于共同目标之下的一种文化观念、历史传统、价值标准、道德规范和生活准则，是增强企业员工凝聚力的意识形态。例如，松下公司把"认清我们身为企业人的责任，追求进步，促进社会大众的福利，致力于社会文化的长远发展"作为公司的基本纲领。

7.2.3.1　"和"的观念

"和"是被运用到日本企业管理范畴中的哲学概念和行动指南，其内涵是指爱人、仁慈、和谐、互助、团结、合作、忍让，它是日本企业成为高效能团队的精神主导和联系纽带。日本企业文化包含"和、信、诚"的成分，人们注重在共同活动中与他人合作，追求与他人的和谐相处，并时刻约束自己。所有的日本企业都依靠"和"的观念行事。在日本人看来，一个团体或企业如果失败，则多半由于缺乏"和"的精神；真正实行了"和"的团体，势必和谐和成功。理想的工作环境使人的潜能得到良好的发挥，找到人生的归宿，达到幸福的境界。"和"的观念很大程度上影响了企业内的各项规则和制度，并引导了日本企业的经营哲学。日本企业实行的自主管理和全员管理、集体决策和共同负责、人与人之间的上下沟通，都与"和"的观念密不可分，从而强化企业命运共同体建设。例如，松下公司是日本第一家有公司歌曲和价值准则的公司。每天早晨8点钟，公司所有的员工朗诵本公司的纲领、信条、七大精神，并在一起唱公司歌曲。一名高级管理者说，松下公司好像将全体员工融为一体了。

7.2.3.2　对企业的忠诚度

在日本的企业中，评价员工的首要标准是其对企业的忠诚度。个人能力和合作意识并非不重要，但是在评价体系中的权重低于前者。虽然终身雇佣制名义上已经取消，但仍然有不少人选择从一而终。很多公司还将不主动裁员作为一个基本准则，如果员工实在太差，就用不加薪的方法来传递信息。跳槽不是不可以，而是不能太频繁，并且在下一次应聘时要给出令人信服的理由。因为在日本企业家眼中，一个对以前公司弃如敝屣的人，绝对不值得信赖。

7.2.3.3　注重细节管理

日本企业在创新上不像美国企业那样高调，但日本企业注重企业文化管理中的细节，并且随着时代的发展，愿意接受先进的技术或思想，以创新自己的企业。日本企业家多是风险规避者，他们不愿意付出创新的高风险成本，但是其令人尊敬之处就在于实现了模仿时滞最小化。往往是欧美企业研制出新技术不久，日本企业就用巨资购买之，并且在极短的时间内消化吸收之，然后用全球领先的工艺迅速地生产成品，而且其产品无论在品质还是价格上往往都优于欧美的竞争对手。比如日本的索尼公司，在 2006 年打破了家庭企业的世袭制度，从美国引入了 CEO 管理自己的企业，这在当时的日本企业引起了很大的争议。但陆续有更多的日本企业愿意迎接新的企业文化的融入，以创新企业的增长点。

7.2.3.4　年功序列工资制

这种工资制是依据员工的学历、工龄、能力、效率等确定员工的工资的。工资的实际构成主要包括三个部分：

① 基本工资+调整工资+按资格排名获得的奖励+奖金，其中，奖金一般是 2.5 个月的工资。

② 扣除，即各种费用的扣除，包含各种保险、所得税等。

③ 员工休假期间的工资。资历深的员工会带薪休假，资历浅的员工会发按休假时长计算的比例工资。随着员工工龄的增加，工资中所能体现的待遇越来越好。日本的企业是遵守资历的，在公司服务的时间越长，在公司里获得的尊重越多。

7.2.3.5　企业工会制

日本企业工会组织形式分为两种：

一是以企业为单位成立的工会，工人一进企业就自动成为工会会员，而科长以上的管理人员不是工会成员；

二是按工种和行业组成的工会，这种工会占工会总数的比重很小。

在欧美，企业工会多是在行业范围内组织，不同企业的工人会通过工会协调行动，工会的力量比日本的大，可以起到抑制资方滥用权力、联合劳动者为争取自身利益与资方对抗的作用。日本企业的工会以第一种类型为主，力量有限，但其容易与资方达成各种协议。因此，日本企业推行工会制度，以缓解劳资关系的紧张。日本企业工会的作用主要表现在：与资方商议员工福利、工资待遇、生产条件等问题，维护工会会员的利益，同时积极参与企业管理的各项活动，协助资方贯彻完成各项生产任务。

无论是年功序列工资制还是企业工会制，日本企业经营模式都紧紧围绕"人"这个中心，从不同侧面来调整企业的生产关系，缓和劳资矛盾，推动企业经营管理的改善和提高。

7.2.4　中国企业文化特点

中国企业文化的特点与中国传统文化是紧密相承的。传统的儒家规范和伦理包括"仁、义、礼"等很多内容，使中国企业具有独特的特点。例如，中国近代的民族资本家在创办企业的过程中经常宣扬"实业救国"的思想；民生实业（集团）有限公司的创始人卢作孚提出企业要"服务社会，便利人群，开发产业，富强国家"，形成了独具特色的民生精神；家电企业长虹最早以"以产业报国"作为自己的广告语。随着中国企业的国际化，更多的企业将传统的中国文化与现代企业文化结合起来，追求"厚德载物，和谐共生"。与西方管理的以个人主义价值观为上的企业文化不同，中国传统文化的核心是整体至上。因此，这一特点也反映在中国企业文化上，更多的企业价值观体现了团结、牺牲小我以换取整体利益等特点。

随着中国企业的快速成长，其越来越多地出现在世界经济舞台上。中国企业海外并购、海外经营，各种经营行为都在考验中国企业跨文化管理的能力。如果说以往是外籍管理者管理中国员工，那么未来中国企业所面临的问题可能是如何有效地管理外籍员工。这些管理行为的前提就是必须有适合全球市场的管理文化作为支撑。

中国企业文化塑造中，海尔智家以其独特的文化成为中国跨国企业文化的个中翘楚。海尔智家的企业文化淡化了东道国企业文化的特点，而以包容性更强的全球文化为基本特点。海尔智家文化=日本文化（团队意识+吃苦精神）+美国文化（个人价值+创新精神）+中国传统文化。海尔智家从一个只有800人、亏损147万元的集体企业，奇迹般地成为2020年营业收入为 2 614.28 亿元的大型企业，成为中国家电行业的招牌，正是依靠其创新文化：

①人的价值高于物的价值；

②共同价值高于个体价值；

③共同协作的价值高于独立单干的价值；

④社会价值高于利润价值；

⑤在激发人的潜能上，提出"源头论""航空母舰"等；

⑥在发展战略上，提出"无形资产盘活有形资产""东方亮了再亮西方"等；

⑦在市场和服务战略上，提出"3个零"——零库存、零运营成本、与用户零距离，提出"真诚到永远，用户永远是对的""只有淡季的思想，没有淡季的市场""先卖信誉后卖产品"等；

⑧在管理战略上，提出并实施了"日清日高，日清日毕"的OEC管理方法等。①

其创新的思想塑造了中国典型的企业文化，同时折射出全球企业文化的特点。

素养园地

中国跨国企业在国家文化软联通中的作用

习近平总书记于2013年提出了共建"一带一路"倡议，旨在实现中国与"一带一路"共建国家经济发展的共赢。中国商务部统计数据显示，2023年我国与"一带一路"共建国家进出口额达19.47万亿元。中国向"一带一路"共建国家的出口有效满足了这些国家社会经济发展对各种产品的需求，为其经济发展提供了有力支持。因此，共建"一带一路"倡议的提出既是中国经济发展的需要，也是"一带一路"共建国家经济发展的需要。

在"一带一路"背景下，大量中国企业开始纷纷局部海外市场，特别是参与共建国家的经济发展。但是"一带一路"共建国家众多，不同国家具有不同的文化背景，导致中国企业在"一带一路"共建国家的经营发展过程中不可避免会遇到文化冲突，具体体现在经营理念、制度建设以及人力资源管理等多个方面。这些文化冲突如果得不到及时有效解决，将会严重影响企业

---

① 刘俊心，李靖，张建庆. 企业文化学［M］. 天津：天津大学出版社，2004：140.

的经营质量和效率，进而影响企业的经营绩效。因此，为了更好推动"一带一路"倡议发展，提升企业自身经营发展能力，中国的跨国企业应该以中华传统文化为基石，构建多元和包容的企业文化，不断提升企业文化管理水平。

跨国企业在国家文化软联通中具有天然优势。

首先，跨国企业是母国国家文化的优质承载者，跨国企业文化与母国国家文化有着天然的关联，二者在行为层、制度层、精神层存在深刻的联系。

其次，文化软联通的最终目标是人心相通。在接触他国人群的数量上跨国企业有显著优势。跨国企业的产品和服务面向东道国的广大消费者，管理模式面向东道国员工，发展愿景面向所有投资者，接触的人群具有数量大、种类多、阶层跨度广的特点。这一过程中，跨国企业承载的国家文化有巨大的释放空间。

另外，跨国企业为"一带一路"共建国家和地区进行基础设施建设，能促进投资，缓解就业压力。因此，建立在为东道国带来效益基础上的文化联通更加有活力和动力。为此，要充分发挥中国企业在"一带一路"中的国家文化软联通作用。

首先，要植入跨国企业的发展愿景。发展愿景是关于未来的高远目标与蓝图，一个好的发展愿景会产生巨大的文化感召力，可以凝聚信念和初心。"一带一路"是构建人类命运共同体的具体实践，人类命运共同体中的开放包容、共赢共享、绿色低碳等可以作为中国企业发展愿景的重要指导思想，企业要将为人类谋幸福的使命感和历史责任感融入自身发展战略中。借助企业的发展，将国家文化融入企业愿景，使得国家文化在价值观层面与东道国文化有交融的具体路径，以促进双方国家文化的联通。

其次，中国企业的海外经营面临着不同文化背景、不同种族、不同国家人员，这就涉及跨文化管理。"一带一路"倡导和谐包容原则，在差异中寻求共同点；中华传统文化中儒家的"仁"、墨家的"兼爱"、道家的"慈爱"具有深厚的包容底蕴；社会主义核心理念中的"和谐""自由""友善"等在解决跨文化的文化差异中应当发挥应有的文化作用，并根据企业内部差异情况调整管理模式，避免管理僵硬化损害企业利益和国家形象。

最后，中国企业在"一带一路"海外市场可以以消费行为为切入点，通过研究东道国国民的消费偏好来触摸其国家文化。用承载中国文化的产品、品牌在市场上与他国国民反复互动，使文化传播、反馈、联动在市场中循环进行，加深中国企业对他国文化的理解与把握，同时改进国家文化融入企业产品、品牌的方式与技术。此外，这一过程基于经济行为、理性行为，是他国市场认可的结果，避免了单方面的文化输出。

另外，共建"一带一路"倡议下中国企业在他国首先要对社会流行文化保持高度的敏感性，洞察社会流行文化风向，把握他国社会流行文化的发展规律，融入东道国核心理念，增强与东道国文化的软联通能力。

资料来源 [1] 张晓旭."一带一路"倡议下中国跨国企业在国家文化软联通中的作用研究 [J]. 决策探索，2021（3）：45-46. [2] 张云迪，孟瑶，商贺婧，等."一带一路"视角下的跨国企业文化管理提升策略 [J]. 现代企业文化，2022（29）：1-3.

本章小结

本章通过跨国企业中文化冲突的原因分析，介绍了国际企业跨文化沟通的重要性以及如何避免文化冲突，通过文化指数来规避文化冲突对企业国际化经营造成的风险。本章详细介绍了美国、日本和中国企业文化的特点。

关键术语

跨文化沟通（cross-cultural communication） 个人主义/集体主义指数（individualism index，IDI） 权力距离指数（power distance index，PDI）不确定性规避指数（uncertainty avoidance index，UAI） 男性化指数（masculinity dimension index，MDI）

即测即评

第 7 章在线测试题

复习与思考

1. 跨文化沟通在国际企业管理中的重要性是什么？

2. 文化冲突表现在哪些方面？结合图表，分析企业避免文化冲突的方法。

3. 试用文化差异指数比较中国与美国企业文化的特点。

4. 跨国文化沟通障碍产生的原因是什么？

5. 比较美国企业文化与日本企业文化的相似点与不同点。试用你所熟悉的美国和日本企业作对比。

6. 中国企业在国际化经营中，应该如何发挥中国传统文化的优点？中国传统文化对中国企业国际化经营有哪些障碍？

7. 结合中国企业国际化成功和失败的案例，分析跨文化管理对中国企业成长的必要性。

8. 是否存在一种适合所有企业的"全球企业文化"？

案例分析

海底捞在美国的跨文化经营

海底捞品牌创建于 1994 年，历经多年的发展，海底捞国际控股有限公司已经成长为国际知名的餐饮企业。2013 年，美国洛杉矶店开始试营业，海底捞正式进入美国市场。海底捞的创始人说，客户是海底捞的商务中心。它的成功在于其品牌定位，它定位于为工人和普通大众提供一流服务和品尝美食的机会。很多餐饮公司都在食物和价格上展开激烈的竞争，创新很难。但是，海底捞使用了另一项王牌——服务，同时采用了多渠道管理策略和差异化服务。在满足客户基本需求的前提下，海底捞将服务转移到细节上，也就是说，通过满足他们的差异化需求，客户会感受到尊重，然后成为忠实的客户。差异化服务的实现是与员工对工作和创新的热情密切相关的，这一切都源于企业文化——自己改变自己的命运。但是，除了这些之外，随着公司的发展和环境的变化，其当前的企业文化越来越不适用于跨文化经营。

在服务方面，在中国，顾客在海底捞用餐等候时，可以免费享受各种美食、美甲、上网等多种服务。这些服务符合中国人的习惯。然而在美国,海底捞未考虑当地的具体情况,仍采用其原始的服务措施,从而减少了客户数量,并减少了反馈。

首先,尽管美国人习惯于预约看医生或修理汽车,但就饮食而言,他们并没有提前预约的习惯。但是洛杉矶的海底捞需要提前预订,如果没有预订的话,则顾客可能在门口等一两个小时,这对于美国顾客来说显然是不能接受的。许多给予海底捞较低评分的美国顾客对此表示抱怨。

其次,海底捞在美国依然使用纯正的中文服务,不提供英语菜单和英语电话预订服务,这对当地人来说非常不便。

最后,当客人用餐时,服务员经常问顾客需求,这对美国顾客来说似乎侵犯了隐私。尤其是当顾客在交谈,服务人员路过听到时,可能会插入这个话题或者会为此作一些准备,对中国顾客来说可能很暖心,但是这和美国文化背道而驰,美国顾客从中只能感受到隐私被侵犯。美国食品工业更加关注适度的服务,并且美国人更加关注个人隐私和社交距离。美国文化属于个人主义文化,更加强调个人的兴趣、目标和成就,人们非常重视自己的隐私。

在定位方面,定位是指品牌在客户心目中占据的位置,以及品牌与竞争对手产品之间的区别。海底捞的美食选择和周到的服务似乎非常适合美国的文化观念,但其在美国发展的起伏主要是由于定位错误。

首先,中国大城市的消费者愿意在健康的新鲜食品上花费更多,但在美国,食品安全和健康问题与国内相比并没有那么重要。此外,国外华人餐厅经常给外国人以便宜和服务差的印象。因此,让美国人花大价钱吃中国火锅,仅仅是为了体验他们周到的服务,并不是那么吸引人。

其次,美国人不习惯食用过多的调料,四川风格的火锅中有大量的胡椒粉和其他香料,改变他们的饮食习惯并非易事。

海底捞在美国主打中高端市场,定位为每人40~50美元。而海外80%的中国普通饮食消费者的人均消费为20~30美元。在美国,火锅无法满足人们的日常饮食需求,因此很难形成固定消费。同时,中国食品在美国市场上更多地针对低收入人群,因此,在美国,海底捞想保持高端市场的愿望更加困难。此外,海底捞必须使用相应的服务人员来服务高端人群。服务人员最好的人选是当地人,或融入当地社区的中国人或亚洲人,但是这些人对火锅很陌生。他们很难接受火锅文化,在短时期内很难为高端消费者提供相应的高质量服务。美国人进餐时关心的是成本效益。如果美国人认为他们花相同的钱却没有得到相应的服务,那么他们自然不会给予赞美。

资料来源　潘婷. 基于企业文化研究海底捞在美国的现状 [J]. 河北企业，2021（1）: 136-137.

问题：

（1）从海底捞在美国的经营管理中可以看出跨国公司在哪些文化方面容易产生冲突？

（2）结合案例分析跨文化管理对中国企业发展的重要性。

第8章 国际企业的财务管理

学习目标

通过本章的学习，你应该掌握：国际财务管理组织模式；外汇风险的识别；外汇风险管理的方法；主要的国际筹资风险管理工具；国际企业内部资金转移的形式。

8.1 国际企业财务管理概述

企业的财务活动按其是否跨越本国国界，可以分为国内财务活动和国际财务活动两类。与国内财务活动不同，国际财务活动是指企业跨越了本国国界，与其他国家的企业、个人发生财务关系，包括从国外筹集资金，向国外投资，与外国的企业、个人发生资金往来结算，将企业的收益分配给外国投资者，或从国外投资取得收益等。

作为跨越国界从事生产经营的国际企业，其财务活动既有国内方面的，也有国际方面的。由于国际化进程的差别，国际企业的国际财务活动规模各异。跨国公司的国际化程度较高，是国际企业的重要代表，拥有丰富多样的国际财务活动，因而在本章中我们阐述国际企业的财务管理，是以跨国公司财务的国际方面为出发点进行深入的探究。至于国际企业的国内财务活动方面，与一般企业的财务管理要求没有不同，财务管理课程已对其作出了详细说明。

8.1.1 国际企业财务管理的特点

国际企业的经营业务涉及许多国家，使得国际企业必须面对完全不同于国内环境的国际财务环境。在新的环境中，各国的政治、经济、法律、文化等方面千差万别，国际企业在财务管理中就需要遵循国际惯例，执行有关国家的法律、政策、制度，使用外国货币，了解有关国家的利率、税率、汇率、通货膨胀率等变化，并分析其对财务收益的影响。因此，国际企业财务管理的范围更为开阔，情况也更为复杂，形成了区别于国内财务管理活动的新特点。其集中表现为：

8.1.1.1 国际机遇

企业的财务活动如果突破一国范围的限制，全新的国际财务环境将给企业带来更多的经济机遇，使企业更容易获得有利的国际融资和投资机会。

（1）多样的筹资选择

在资金来源方面，国际企业可以比较容易地从国际金融市场、母（总）公司所在国、子（分）公司所在国筹集到不同币种的资金；在筹资方式方面，国际企业可以在采用国内筹资方式外，积极利用外商直接投资、国际信贷、国际证券、国际租赁、国际补偿贸易等方式筹集到不同期限的资金。国际企业应根据具体情况和实际需要作出恰当的国际筹资选择，以降低融资成本。

（2）广泛的投资渠道

在投资去向方面，国际企业可以在母公司所在国投资，也可以在子公司所在国投资，还可以在其他国家和地区投资，广泛涉足于各个投资回报丰厚的行业；在投资方式方面，可以超越国内投资的界限，开展国际直接投资或国际证券投资。国际企业需要在科学决策的基础上进行严格有效的国际投资管理，以提高投资收益。

国际企业可能获得的筹资成本优势或投资收益机会，会令国际企业价值增大。图8-1可以清晰显示出国际企业在受到国际筹资和投资机会的影响后与可比较的国内企业之间的差异。

在资本的边际成本曲线中，公司资本的边际成本随资产水平提高而上升。因为公司资产水平提高，投资者将对公司要求较高的投资报酬率，无力还债的可能性和债务支出数额也增加，债务成本较高，因此，高债务公司资本的边际成本曲线上升。但国际企业可以比国内企业有更多的筹资优势来降低资本成本，所以资本的边际成本曲线处于右下方。

在项目的边际收益曲线中，每个台阶代表一个独立的投资项目预期得到的边际收益，按项目的边际收益大小由左至右排序。公司可以在获得边际收益最高的项目后，用次高的边际收益承担可能的项目。跨国公司由于选择项目的机会更广泛，因此其边际收益曲线处于右上方。

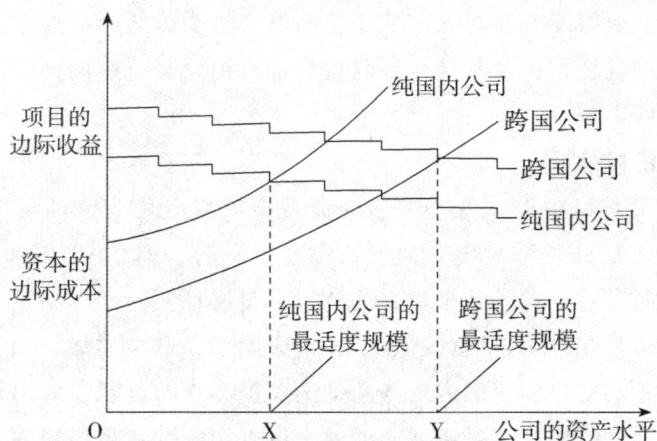

图8-1 对国内企业与国际企业的成本-收益分析

资料来源 马杜拉. 国际财务管理［M］. 杨淑娥、张俊瑞，译. 5版. 大连：东北财经大学出版社，2000.

当项目的边际融资成本超过边际收益，公司就应放弃相应的项目。如图8-1所示，国内公司的最适宜资产水平应保持在X点，但跨国公司最适宜的资产水平由于项目的边际融资成本和边际收益曲线右移而扩大到Y点。尽管该图仍然要受到其他条件的限制，但我们确实可以据此来解释公司向国际发展的动因，以及如果公司考虑进入国际市场，则应具有较大规模的理由。

除上述讨论的方面外，国际机遇还表现在，跨国公司可以利用整个集团统一管理的力量，通过对处在不同国家和地区的各子公司实施融资、投资、外汇等方面的统筹调配，在全球范围内寻求合适的经济机遇，实现企业全球发展战略。

8.1.1.2 国际风险

国际企业在追逐新的国际机遇时，也不可避免地将自身置于新的风险之中。国内财务管理中的风险主要包括经营风险和财务风险，而国际财务管理中除了上述风险外，还包括政治风险、外汇风险、国外经营风险这些新的风险。国际企业在进行财务管理时，应充分考虑这些风险的影响。

（1）政治风险

政治风险是指东道国政治方面的原因使企业现金流量发生变动的可能性。政治风险通常限于一国之内，当一国的政治力量对本国经营环境实施控制时，该国就可能发生政治风险。例如，国际企业在某国投资建厂，该国发生政变，对外资企业实施国有化，从而给国际企业造成损失；或者该国爆发战争或暴动，使国际企业在该国的子公司财产遭受破坏。如果东道国对国际企业的原始投资、利润及其他合法收益施加汇出限制，则同样使国际企业的现金流量受到影响。

（2）外汇风险

外汇风险是指由汇率变动引起企业现金流量发生变动的可能性。1970年以前，绝大部分货币对美元的价格都是固定的，但在1970—1971年，这种固定汇率制度被打破，几乎所有的货币对美元都实行了浮动汇率制。由于货币价值每天都在波动，因此造成了外汇风险的全球性增加。

国际财务活动有别于国内财务活动的关键在于，其资金并不是单纯地由一个国家的货币组成，而是由两个或两个以上国家的货币组成的混合货币资金。在汇率变动的情况下，国际企业由混合货币资金构成的现金流量就会跟随波动，引起国际企业的价值发生不确定性变化。例如，如果人民币持续升值，则以美元计价结算的跨国公司出口换汇取得的人民币收入不断减少。汇率变动也会影响国外客户对企业产品的需求，并最终对现金流量产生变化。例如，当结算货币币值上升时，产品对国外客户变得更贵，从而导致需求量的下降和现金流入的减少。当然，如果汇率反向波动，则会给企业带来收益。

（3）国外经营风险

国外经营风险是指企业在跨国经营时受到东道国经济状况的影响，引起企业现金流量发生变动的可能性。国际企业进入国外市场销售产品，在国外投资设立公司，必然会受到东道国经济状况的影响。如果有关国家经济不景气，市场购买力下降，就会影响到国际企业的收入。

我们将国际企业财务管理中所面临的风险与国内企业进行比较，可以得到图8-2。在图中，国际企业风险因为有新的风险来源，所以要比国内企业的风险高。不过，国际企业风险是国际企业对国外环境了解程度或经验的递减函数，类似于一种学习曲线。随着国际企业对国外市场了解增多，在国外市场经营的实际风险会逐渐降低，国际企业将不断增强自身管理风险的能力，并愿意进一步推动国际化进程。

总之，新的国际财务管理环境使国际企业在获得更多经济机遇的同时，也面临更多的风险。国际企业必须深刻认识在政治、经济、法律、文化等方面的跨国差异，并对这些差异保持敏感。在浮动汇率制的情况下，如何管理混合货币资金的流动成为国际企业财务管理的主要内容。国际财务管理中的资金筹集、运用和分配都和外汇收支有关，外汇管理与财务管理的紧密结合是国际财务管理的基本特点。我们将在研究国际企业外汇风险管理的基础上，进一步讨论国际筹资管理和国际企业内部资金转移管理。

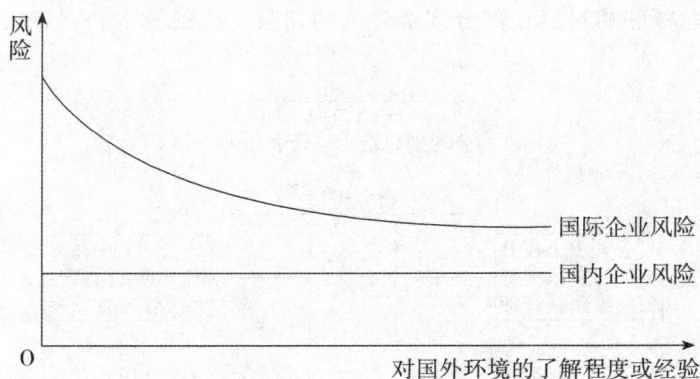

图 8-2 国际企业与国内企业的风险比较

8.1.2 国际企业财务管理的组织

国际企业向国外发展之初，国际经营业务量较少，国际财务活动在企业财务管理中尚未占有重要地位，通常由企业原来的国内财务部门兼管国际财务活动。随着国际化进程的不断深入，企业的国际财务活动大量增多并日趋复杂，国际财务管理的职能要求从国内财务部门分离出来，国际企业就需要建立国际财务管理组织，具体可以采用集权式或分权式跨国财务管理模式。

8.1.2.1 集权式跨国财务管理模式

集权式跨国财务管理模式是将国际财务管理的决策权集中在国际企业总部，国外的分支机构需要按照总部所制定的财务政策和财务决策来具体管理各自的财务活动，以便统一调度和使用资金，来实现企业整体利润的最大化（如图 8-3 所示）。

集权式跨国财务管理模式的优点是：

(1) 发挥总部财务专家的作用

跨国公司，特别是历史悠久和规模大的跨国公司，其总部通常以高薪聘请优秀的财务专家，把财务管理决策权集中于他们手中，然后在更大的范围内和程度上利用专家的智慧和才干，提高公司财务管理水平。

(2) 获取资金调度和运用中的规模经济效益

例如，由公司总部根据国内外生产经营单位的需求统一筹措款项，可在条件较好的资金市场上，以较低的利率借入大量的资金，降低资金使用成本，由公司总部集中管理国内外生产经营单位计划额度外的现金，可增大现金存款的总额和相对延长部分现金存款的期限，得到较多的利息收入。

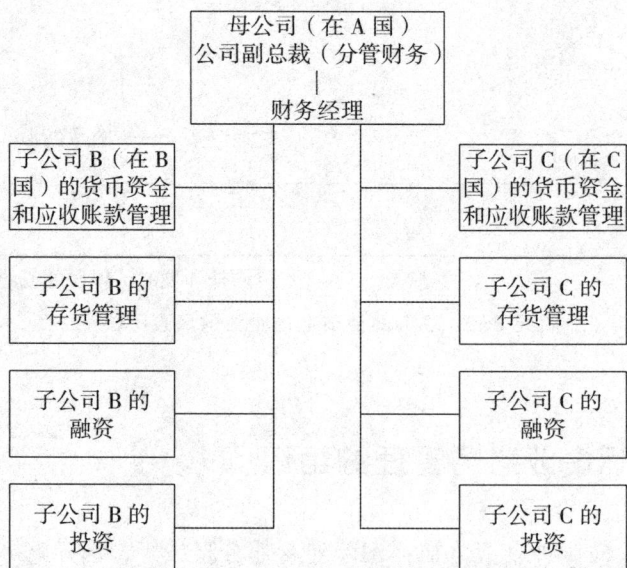

```
                    ┌────────────────────┐
                    │  母公司（在 A 国）  │
                    │ 公司副总裁（分管财务）│
                    │        │            │
                    │     财务经理         │
                    └────────────────────┘
       ┌───────────────────┐      ┌───────────────────┐
       │ 子公司 B（在 B     │      │ 子公司 C（在 C     │
       │ 国）的货币资金      │      │ 国）的货币资金      │
       │ 和应收账款管理      │      │ 和应收账款管理      │
       └───────────────────┘      └───────────────────┘
       ┌───────────────────┐      ┌───────────────────┐
       │    子公司 B 的      │      │    子公司 C 的      │
       │     存货管理        │      │     存货管理        │
       └───────────────────┘      └───────────────────┘
       ┌───────────────────┐      ┌───────────────────┐
       │    子公司 B 的      │      │    子公司 C 的      │
       │      融资          │      │      融资          │
       └───────────────────┘      └───────────────────┘
       ┌───────────────────┐      ┌───────────────────┐
       │    子公司 B 的      │      │    子公司 C 的      │
       │      投资          │      │      投资          │
       └───────────────────┘      └───────────────────┘
```

图 8-3　集权式跨国财务管理模式

资料来源　夏乐书，李琳. 国际财务管理 [M]. 3 版. 大连：东北财经大学出版社，2014.

（3）优化内部资源配置，满足子公司对资金的不同需求

子公司所面临的资金市场条件不同，其对资金的需求因时、因地而有所变化。由公司总部集中行使财务管理决策权，可以在高层次调整公司内部各单位的资金余缺，优化资金配置，保证资金供给，同时有利于公司总部加强对全球性生产经营的控制。

（4）增强克服外汇风险的能力

国外子公司的营运资本和销售收入主要是以单一货币计价的，其所在国的外汇市场往往是狭小的，甚至是非规范化的。因此，国外子公司更容易遭遇外汇风险，其克服外汇风险的能力也很有限。集中的财务管理可以使公司总部的财务专家灵活调整公司的外币种类和结构，在国际金融市场上进行外汇的买卖和保值交易，减少或避免外汇风险给公司造成的经济损失。

集权式跨国财务管理模式的缺点是：

（1）易挫伤子公司经理的积极性

财务管理决策权是公司总部向子公司经理授权的重要组成部分，财务管理决策权的大小与子公司的生产经营活动和经济利益分配都有密切的联系。

集权式跨国财务管理会在一定程度上削弱子公司经理的生产经营自主权，使他们变得消极，甚至对公司总部抱有不满情绪。

（2）易伤害子公司与当地居民特别是当地持股人的关系

公司总部的财务管理决策是从全球性生产经营角度出发的，以实现公司整体利润最大化为根本目的。因此，集权式跨国财务管理很可能忽视子公司的具体情况和直接利益，进而引起公司外部的利益主体、当地居民特别是当地持股人的反对。

（3）易造成母国与东道国间的摩擦

集权式跨国财务管理使公司总部更加方便地采用转移定价等手段抽调子公司的生产要素、产品、利润，逃避子公司所在国的关税和所得税，绕过当地政府政策、法规的限制。这一切都会引起东道国政府的不满，导致两国间的摩擦。

（4）易给子公司经营业绩的考核增加困难

由于实行集权式跨国财务管理，一些子公司不得不放弃可捕捉到的机遇和可以得到的利益，以服从公司全局的需要；另一些子公司却因公司总部的策略安排，得到其他子公司的支持，获得本不属于它们的额外好处。这样，公司总部就难以真实、公平地考核子公司的经营业绩，评价它们对公司整体的实际贡献。

8.1.2.2　分权式跨国财务管理模式

分权式跨国财务管理模式是将国际财务管理的决策权分散到国外的分支机构，各分支机构制定独立的财务政策和财务决策来管理自身的财务活动，以便能在世界范围内抓住机遇、避开风险，因地制宜地运用资金，进而从整体上提高公司的资金使用效益（如图8-4所示）。

分权式跨国财务管理模式的优点是：

（1）信息专门化

下级管理人员通过观察和实践，可得到一些有关市场情况、当地劳动力素质等方面的信息，这些信息很难全部、及时地传递给公司总部，且有的难以数量化、难以描述，而影响公司总部对子公司所提供信息的判断。分权式财务管理可将决策制定放在需要信息、储存信息、选取信息及加工信息的地方，获取信息的专门化效益。

（2）反应迅速

分权式跨国财务管理模式可以使子公司在某种程度上具有决策权，经营单位在制定和实施决策过程中迅速反应，而不必使所有行动方案均等到公司总部同意方可实施。

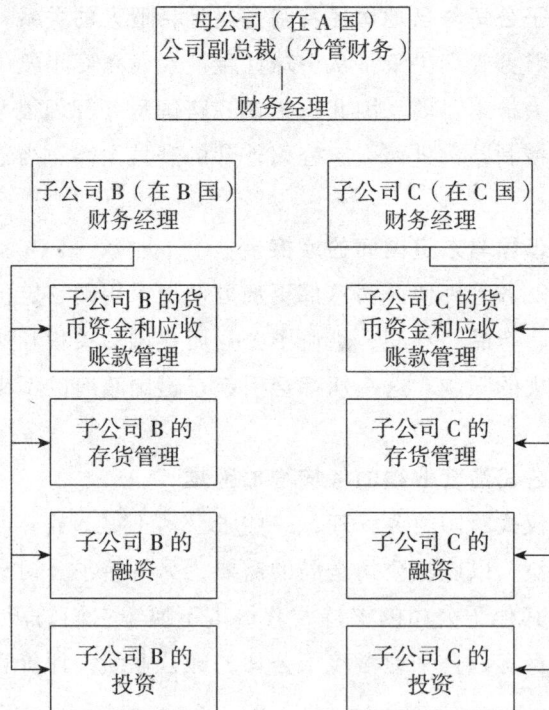

图 8-4　分权式跨国财务管理模式

资料来源　夏乐书，李琳. 国际财务管理［M］. 3 版. 大连：东北财经大学出版社，2014.

（3）减少规模管理引起的复杂性

人们所能解决的复杂问题是有限的，即使采用计算机，也不可能集中、合理地解决有限的资源分配问题。当外部环境具有不确定性时，集中决策所要求的单纯化和直接推断，易导致作出的决策不如分散作出的决策正确。分权式跨国财务管理模式可将较大的问题细分为较小的、更易管理的部分，使复杂的问题简单化。

（4）有利于子公司人员的培训

由于分权，各级经理都可制定决策。通过对较小问题的实践，子公司的经理可学会如何作大的决策，母公司可通过考察下级经理所作决策的结果，评估他们潜在的发展能力，以便将其提升为高级决策者。

（5）激励子公司管理人员的积极性

优秀的管理人员应该雄心勃勃，对自己的工作充满自豪感。如果他们的作用仅限于执行上级指令，他们就可能对分配给他们的工作失去兴趣。分权式跨国财务管理模式赋予子公司管理人员更大的自主权，使他们对分配的任务更主动、兴趣更浓，极大地提高工作效率。

分权式跨国财务管理模式的缺点是：

（1）目标一致性问题

采用分权式跨国财务管理模式时，各责任中心经理可能将最好地实现本部门的目标作为衡量标准，而把其他中心或总公司的目标排除在外，以致损害公司的整体利益，即组织功能失调。避免该情形主要应通过选择适当的控制考核指标和奖惩方法来实现，尤其要注意考核标准的综合性和完整性。另外，公司总部要为各责任中心编制预算，并使子公司预算与公司总部预算协调一致。一系列控制步骤促使各责任中心在实现各自目标的同时实现母公司总的目标。

（2）中心外部影响问题

母公司对子公司的考核，应只限于子公司所能控制的因素和范围。外界不可控因素对责任中心的影响，应从控制考核中剔除掉，否则该责任中心完成指标的积极性会受到影响。例如，当产品或服务从一个单位转移到另一个单位时，常常要为它们定价，以便供应商确认收入、购货商确定投入要素的成本。这种转移价格的制定若不合理，就会影响考核的公平性，从而使其中一方失去积极性，引起不同责任中心间的摩擦和不当竞争，有损整体利益。

8.1.2.3　如何选择适合的国际财务管理模式

分权式和集中式跨国财务管理模式各有利弊，并且在很大程度上其利弊是互为反证的。同时，跨国公司在财务管理决策权集中与分散之间所作的选择是不相同和经常变化的。尽管如此，跨国公司财务管理决策权的配置也有一定的规律可循。一般认为，小型跨国公司因总部缺乏足够的资金来源和财务专家，往往较多地把财务管理决策权交给子公司经理，实行分散化的财务管理。这样，子公司在财务上是相对独立的，它们要靠自己的财力扩大子公司的规模。中型跨国公司拥有较强的经济实力和较多的财务专家，大多实行集中式财务管理。它们通过政策指导、下达命令、信息交流和规定报告程序，统一管理、协调海外子公司的财务活动。大型跨国公司资金雄厚，有大批财务专家，它们试图实行集中式财务管理，但因其产品种类多、分布广和所处环境复杂，而较多地实行集中与分散相结合或偏向于分散式财务管理。在这些公司，总部财务专家只定期向海外子公司提供指导、咨询和信息。在不违背公司整体利益的前提下，日常的财务管理决策大多由子公司经理根据当地具体情况来作出。

除跨国公司规模外，跨国公司的股权结构和技术水平也对财务管理决策权的配置产生影响。股权的集中与分散会产生不同的利益要求。如果跨国公司的海外子公司大多是独资经营的，那么其财务管理会相对集中；如果跨国公司的海外子公司大多是合资经营的，则其财务管理会相对分散。另外，在技术要求高的跨国公司，公司总部大多把主要精力放在技术开发方面，而不是财务管理方面，因此倾向于分散式财务管理；在技术要求低的跨国公司，公司总部大多重视财务管理，因此倾向于集中式财务管理。

有些跨国公司权衡集权式和分权式财务管理模式的利弊，尝试吸收两种模式的优点，实行集权与分权相结合的财务管理模式，即国际企业或者通过子公司享有在总部监督下相对独立的财务决策权的方式，或者通过总部享有重大财务决策权、子公司享有次要及日常财务决策权的方式，实现集权和分权的紧密结合，保证国际企业总体价值最大。

许多国际企业的实践表明，国际企业财务管理决策权的配置应根据自身具备的国内外经营特点和所处的经营环境差异，充分考虑公司规模、生产技术水平、不同国家的传统等因素，在集权和分权之间进行适当选择。

8.2 外汇风险管理

外汇风险是国际财务管理中特有的一种新的风险来源，国际企业在对混合货币资金进行管理时都涉及外汇，当汇率发生变动时就存在外汇风险。如果国际企业能有效地进行外汇风险管理，将会避免汇率变动可能造成的损失，增加收益；否则，则可能蒙受巨大损失。外汇风险管理是国际企业财务管理中一项非常重要的内容，主要包括外汇风险的识别与测量、外汇风险管理的策略与方法。

8.2.1 外汇风险的识别与测量

外汇风险（foreign exchange risk）也称汇率风险（exchange rate risk），是因汇率变动给企业持有的以外币计价的现金流量带来的不确定性。这种不确定性的影响是双向的，可使国际企业的现金流量增加或减少。国际企业从规避风险的角度，着重考虑将汇率变动造成的不利影响降到最低，通常把外汇风险视为外汇损失的可能性。外汇风险有3个构成要素，即外币、时间和汇率变动,只有同时具备这3个要素才能形成外汇风险。时间越长、汇率变动的幅度越大,国际企业的外币现金流量面临的外汇风险也就越大。

8.2.1.1　国际企业外汇风险的类型

国际企业的外汇风险一般包括交易风险、折算风险和经济风险。

(1) 交易风险

交易风险(transaction exposure)是指企业未来现金交易价值受汇率变动影响的风险。这些交易包括以信用方式进行的商品进出口交易、外汇借贷交易、外汇买卖、远期外汇交易及用外汇进行投资等。由于交易的成交和结算之间存在时滞,汇率可能发生改变,所以会对国际企业现金流量产生影响。

交易风险在计量时,首先,应按照货币种类测算国际企业混合币种的净现金流量。承担外汇风险的部分(也被称为风险头寸)不是全部现金流量,因为相同币种的现金流入与流出可以抵销。

其次,如果国际企业有多种货币,则应考虑货币的易变性。标准差可用来计量货币变动程度。

再次,在混合币种情况下,还应充分考虑货币变动相关性。货币变动相关性可用相关系数来计量。

最后,在经过上述程序后,根据对汇率变动幅度的预测来计量交易风险对国际企业的影响程度。

(2) 折算风险

折算风险(translation exposure)又称会计风险,是指国际企业合并财务报表因汇率变动而面临的风险。分散在国外的各子公司通常将子公司所在国货币作为记账本位币,这就要求国际企业在编制财务报告时,应将子公司的外币财务报表用母公司所在国货币来表达,通过编制合并财务报表反映整个集团的绩效。折算时,对于不同的财务报表项目采用不同的汇率(即期汇率、历史汇率、平均汇率),当汇率发生变动时,合并财务报表就会产生损失或收益。

(3) 经济风险

经济风险(economic exposure)是指由汇率波动引起企业未来现金流量现值发生变化的潜在风险。这种风险主要通过汇率变化对未来销售量、价格和成本影响的方向和程度而使国际企业的价值发生改变。与交易风险和折算风险不同,经济风险不是一次性的,其影响力是长期的。因此,评价国际企业的长期经营能否健康发展,经济风险对于企业的意义要比交易风险、折算风险更为重要。

　　经济风险涉及的范围很广，不仅包括财务方面的内容，还包括市场营销、供应和生产等诸多方面。经济风险的计量方法非常复杂，通常是在主观估计汇率变动如何影响利润表相关项目（主要包括预计销售量、售价和成本）的基础上测算国际企业承受的经济风险；观察币值改变对国际企业预计利润的敏感程度，确定不同汇率变动水平下企业未来的现金流量，如果存在多个期间的数据，则经过折现、汇总计算出国际企业的价值。

8.2.1.2　汇率预测

　　外汇风险是由汇率变动引起的，在识别和计量外汇风险过程中，还需要了解汇率变动的方向和幅度，因此应对汇率进行预测。在跨国经营中，国际企业为防止汇率变动造成损失，或者重金聘请金融财务专家，设立专门的研究机构来预测汇率，或者从外部专门的汇率预测机构购买汇率预测信息，来提高外汇风险管理的有效性。汇率高度易变，准确地预测汇率十分困难，但通过对外汇市场中基本经济关系的梳理，至少可以对自由浮动汇率预测提供良好的分析框架。与汇率预测相关的理论包括购买力平价（Purchasing Power Parity，PPP）、费雪效应（Fisher Effect）、国际费雪效应（International Fisher Effect）、利率平价（Interest Rate Parity）等理论。

8.2.2　外汇风险管理的策略与方法

8.2.2.1　外汇风险管理的策略

　　外汇风险管理的策略是指企业根据自身的战略目标和具体情况在外汇风险管理方面所采取的对策与谋略。主要的外汇风险管理策略有保守策略、冒险策略和中间策略，多数企业通常会采用中间策略。影响外汇风险管理策略的因素包括国际企业的经营规模、涉及外汇的经济活动数量、面临风险的规模、外汇风险管理成本、承担外汇风险的能力和管理者对外汇风险所持的态度等。无论采取何种策略，在进行外汇风险管理时都应遵循成本－效益原则，通过管理外汇风险的措施，使外汇风险损失减少的金额超过外汇风险管理成本，获取外汇风险管理的效益。

　　外汇风险管理是一项系统而复杂的工作，应按照合理的程序来进行。其一般的步骤是：

　　①预测外汇汇率变动情况；

②测算承受外汇风险的外币金额；

③根据计算的外汇风险损失额与外汇风险管理成本的比较，确定是否采取外汇风险管理措施；

④选择有效的外汇风险管理方法；

⑤实施选定的外汇风险管理方案。

8.2.2.2　交易风险管理的方法

交易风险对国际企业利益的影响最为直接，在大部分国际企业中由财务主管来监控交易风险。交易风险管理的方法灵活多样，按照企业对风险可控的程度和避险工具所在市场，管理交易风险的方法主要可分为以下类别：

（1）经营决策防范方法

该方法是在涉及外汇交易事项的合同订立之前，进行经营决策时就采取管理措施，提前防范在外汇交易中将会出现的风险，如选择有利的计价货币、适当调整商品价格、在合同中订立货币保值条款或汇率风险分摊条款、提前或推迟结算等。

（2）外汇市场防范方法

该方法是在涉及外汇交易事项的合同订立之后，由于无法将管理外汇交易风险的条款体现在合同中，而只能通过选择外汇市场中的避险工具来防范风险的发生，如即期外汇交易、远期外汇交易、外汇掉期交易、外汇期权交易、外汇期货交易等。

（3）资金市场防范方法

该方法是通过国际货币市场和国际资本市场，通过借款和投资、出口信贷等事后方式来防范风险。

8.2.2.3　折算风险管理的方法

对折算风险，国际企业通常采用资产负债表平衡法，以轧平净风险资产头寸。其基本原理是：使公司合并资产负债表中的外币风险资产与外币风险负债相等。如果达到了这种状态即净风险资产等于零，那么汇率变化引起的风险资产的价值变化恰好被风险负债的价值变化抵消。在进行折算风险管理时，应事先对净风险资产头寸、汇率变动和折算风险损益进行测算，及时调整国外资产和负债来进行资产负债表保值。例如，当风险资产大于风险负债，而外币将贬值时，为了降低折算风险，可采取将软货币兑换成硬货币、尽快收回外币应收款并兑换为硬货币、尽量处理多余的存货和固定资产等措施来降低风险资产数额；如果仍超过风险负债，可借入外币资产并将其兑换为本币，来增加风险负债数额，同时不影响风险资产，以此来减少折算风险的发生。

由于折算风险属于未实现的收益或损失，所以很多人认为，对国际企业来说，折算风险虽然应当关注，但不必刻意管理，而对直接影响企业的交易风险和经济风险必须加以控制。

8.2.2.4　经济风险管理的方法

在大多数国际企业中，交易风险和折算风险通常是由财务人员负责管理，而经济风险因涉及的面非常广泛，关系到企业各个职能部门，所以必须由公司最高决策者进行协调、参与决策。经济风险管理的目标是预测汇率变动对企业未来现金流量现值的影响，并采取防范风险的措施。管理经济风险主要包括经营多元化和财务多元化两个方面。

国际企业在不同业务领域、不同地域进行经营，通过经营多元化产生的资产组合效应，使汇率变化对企业现金流量的综合影响得到中和。

财务多元化是国际企业通过筹资和投资的多元化来降低经济风险，提高资金的获得率，降低资金成本。

❖ **管理实践 8-1**

如何估算汇率变动带来的风险

1985—1990年，日元对美元不断攀升，这对日本的跨国公司造成了重大影响。1985年，1美元=238日元，本田公司在日本设计的一款新型汽车，成本为2 380 000日元（折合为10 000美元），运到美国标明售价为12 000美元，折合为2 856 000日元（238×12 000），成本加价率为20%（（2 856 000-2 380 000）÷2 380 000×100%）。但是，1988年，日元升值为1美元=128日元，如果该款汽车仍然标价12 000美元出售，则本田公司只能获得1 536 000日元（128×12 000），不仅无法获得盈利，反而出现了亏损。假如本田公司还想保持20%的成本加价率，就必须将售价提高到22 312.5美元（2 380 000÷128×（1+20%）），汽车价格的大幅度上涨使新款汽车无法在美国正常销售。到1996年，这种情况更为糟糕。于是，本田公司开始在美国俄亥俄州建厂生产最受欢迎的Accord型号的汽车，成本为10 000美元左右。本田公司通过改变生产经营地域的方式成功地保持了原来的盈利水平，降低了因汇率的变动给企业带来的风险。

资料来源　夏乐书．国际财务管理［M］．大连：东北财经大学出版社，2006.

管理经济风险的重要方法是经营收支货币结构调整法。其要求是通过调整经营收支软硬货币状况，使国际企业在销售收入上增加使用硬货币计价、减少使用软货币计价，而在成本费用、借款上增加使用软货币计价、减少使用硬货币计价，最终减少遭受汇率风险的损失。

8.3　国际筹资管理

国际筹资也称国际融资，是指资金需求者通过一定的渠道和方式从国外的资金供给者那里获得资金，并给资金供给者适当回报的经济活动。国际经验证明，合理利用外资是加快技术进步和经济发展的有效手段。国际企业的国际筹资主要通过国际金融市场运作，广阔而复杂的国际金融市场在给企业提供更多筹资机遇的同时，也带来了更大的风险，尤其是汇率风险。国际筹资管理的目标是，在充分防范各种风险的前提下，从多种来源渠道，以尽可能低的资金成本，及时、适量地获取国际企业经营所需的外汇资金，合理使用，以实现价值最大化。

8.3.1　国际企业的筹资渠道

8.3.1.1　国际企业内部筹资

国际企业内部筹资主要是指资金从母公司流向子公司或从一个子公司流向另一个子公司。其形式主要有：

①母公司来源的股权筹资，即母公司通过购买子公司股票，也就是向子公司投资，使资金流向子公司；

②母公司来源的举债筹资，即母公司利用自有资金或从银行取得借款向子公司放贷；

③子公司间的筹资。

通过母公司来源取得的股票资金，其主要优点是：

①可加强母公司对子公司的所有权和控制权；

②加强海外子公司的举债能力，便于其筹措资金。

其缺点是：

①外汇风险较大；

②汇付利润和偿还投资资本的风险较高；

③财产被没收和国有化的风险较大。

通过母公司来源的举债筹资，其优点是：

①支付利息可以获得税收抵免的利益；

②易于得到较低成本的资金；

③易于汇付利润和偿还资本。

其缺点是：子公司从国外借入资金的外汇风险较大。

8.3.1.2　东道国筹资

东道国是国际企业补充资金的重要来源地。国际企业可以根据东道国的经济状况和金融环境筹集所需要的资金，如通过当地的证券市场进行股权或债券筹资，或通过当地银行取得借款等。

通过东道国筹资的优点是：

①政治风险低；

②支付利息扣税；

③外汇风险小；

④可与当地企业或其他金融机构建立良好的关系。

其缺点是：

①东道国的资金可供量有限；

②母公司对子公司的控制权较弱。

8.3.1.3　国际代理机构和第三国来源筹资

国际企业可以通过各种国际机构，如世界银行、世界金融公司、亚洲开发银行等筹集所需要的资金，也可向第三国银行借款或在第三国资本市场发行股票或债券筹资。国际企业通过各种金融机构贷款可分为两种情况：

（1）意向贷款

这是指贷款与一定的目的（如商品出口、工程项目招标）相联系。这种贷款一般利率低、期限长，有时带有一定的优惠条件。

（2）自由外汇贷款

这是指由国际金融市场上的外国商业银行提供贷款。

这种贷款的优点是：

①贷款方式灵活、手续简便；

②资金供应充足，允许借款者选择借款币种；

③贷款可自由使用，不受贷款银行所限。

其缺点是：贷款利率较高，期限较短。

8.3.1.4　其他国际筹资方式

国际企业在对外贸易结算中通常有融资活动伴随发生，如远期汇票贴现、出口押汇、出售应收账款、进口押汇、信托押汇等[①]。此外，还有国际租赁筹资和国际补偿贸易等国际筹资方式。

8.3.2　国际筹资风险的管理

8.3.2.1　国际筹资风险管理的原则

国际筹资风险管理主要是控制与防范在对外筹资过程中以及所筹资金在使用和偿还过程中发生的汇率和利率风险。在进行风险管理时应坚持以下原则：

（1）均衡原则

①筹资币种与使用币种和偿还币种相平衡、软货币与硬货币相平衡；

②筹资长短期限相平衡；

③总体利率结构（固定利率与浮动利率）相平衡；

④筹资市场结构相平衡；

⑤筹资成本结构（利率、汇率、费用）相平衡。

（2）保值原则

融资管理的目的是防范和减少由汇率和利率等变化所引起的对外债务的增加，而不是为了获利。一些防范风险的金融工具既可用来保值，也可用于投机性交易，因此在使用时应明确使用目的。

（3）全过程原则

风险管理要贯穿始终，包括借、用、还 3 个环节，即不仅在筹措阶段要采取防范风险的措施，在所筹资金使用阶段和偿还阶段同样应注意风险的防范。

8.3.2.2　国际筹资风险管理中的金融工具

在国际金融市场上，为防范外汇借款的利率风险和汇率风险，常用的工具主要有利率互换、货币互换、利率期货、利率期权等。

---

① 贴现和押汇都是提前获得融资的有效手段。贴现是提前转让票据，押汇的本质是质押贷款。

（1）利率互换

利率互换（interest rate swap）是指两个独立的筹资者利用各自的筹资方式或渠道，分别筹措到币种、金额和期限相同但计息方法不同的债务，通过进行付息方式的调换，以期得到各自所需要的利率种类，从而达到降低筹资成本和防范利率风险的目的。

（2）货币互换

货币互换（currency rate swap）是由两个独立的筹资者将各自筹集的等值的、期限相同但不同货币的债务进行货币调换，可由银行担任中介，其目的是将一种货币的债务换成另一种货币的债务，以减少借款成本或防止由远期汇率波动造成的汇率风险。

（3）利率期货

企业从国外借款，实行浮动利率，如果担心利率上浮，则可通过利率期货（interest rate future）交易，让利率固定在约定的水平上。利率期货和外汇期货的道理一致，但利率期货是对将来利率变动做出的标准化合约，不是远期汇率。

（4）利率期权

当借款人因某种原因不愿将浮动利率债务转换为固定利率债务，但又很担心利率风险的存在时，可以选择利率期权（interest rate option）来防范利率风险。国际上常用的利率期权有封顶利率期权、保底利率期权、两头封利率期权。其原理是，通过签订合同，规定利率上限或下限或同时设置上下限的方法来限制浮动利率贷款或其他负债形式成本的增加。在交易中，若实际利率（基准利率）超过协定利率限额，则期权的卖方付给期权的买方利率差额；反之，买方放弃期权，卖方获得期权费收入。利率期权和外汇期权非常类似，都属于期权交易。

8.4　国际企业内部资金转移管理

跨国公司内部的国际财务管理活动应在母公司统一管理下进行。国际企业内部资金转移管理是国际企业直接投资管理的重要内容。国际企业内部资金转移主要有母公司向子公司转移资金、子公司向母公司转移资金、子公司之间转移资金等。

8.4.1　国际企业内部资金转移的套利效应

跨国经营给国际企业内部资金转移带来了新的获利机会。

（1）赋税套利

赋税套利是指将利润从高税率国家的子公司转移到低税率国家的子公司，或从那些处于应税状态的子公司转移到处于亏损状态的子公司，跨国公司可减轻自身的税负。

（2）金融市场套利

内部资金转移可使跨国公司为母公司或子公司的过剩资金寻找投资场所，为资金不足的子公司寻找新的资金来源。

（3）管理体制套利

当子公司汇出利润受到当地政府部门的限制时，跨国公司可通过内部转移定价等方式重新分配利润，以消除管制的影响，加强与当地政府讨价还价的能力。

8.4.2　国际企业内部资金转移的限制因素

在跨国经营中，国际企业面临着大量的内部资金转移障碍或限制：

（1）政治限制

①东道国政府实行外汇管制，使该国货币不可兑换，将资金转移完全封锁；

②对外资企业的股利汇回，征收带有没收性质的税款；

③通过种种制度拖延向外资企业发放必要的许可证明或索要高额费用等法律性限制。

（2）税收限制

一方面，东道国政府可以对资金流出课以重税；另一方面，许多国家税种繁多，税务部门重叠交叉，纳税程序错综复杂，也使资金流出十分困难，有时同一笔收入会被多次征税。

（3）交易成本限制

这不但包括通过银行进行外汇交易和资金转移时所需要支付的费用，还包括当地管理部门的一些规定，诸如要求国际资金的转移必须交由当地指定银行办理，或禁止跨国公司对子公司之间应收、应付账款的国际冲兑等。

8.4.3　国际企业内部资金转移的形式

8.4.3.1　股利汇出

股利汇出（dividend repatriation）是国际企业的子公司向母公司转移资金最重要的手段。其通常占全部汇出资金的一半。国际企业通常把母公司要求子公司按相同公式计算并汇出利润，与母公司根据子公司具体情况确定是否汇出或汇出利润比率这两种策略相结合使用。采取股利汇出资金时，国际企业一般着重考虑以下因素：

①国际企业内部对资金的需求。

②当地货币的汇率变动趋势。

③税负差异。这是指子公司所在的东道国和母公司所在的本土国的税法、税率之间的差异。

④外汇管制要求。国际收支困难的国家通常会采取一定措施限制外资企业汇出股利，如只允许按注册资本的一定百分比汇出股利等。

⑤子公司设立的时间与规模。一般来说，国外子公司设立的时间越长、越接近寿命期，股利汇出的数额就越多；中小规模的公司股利汇出比较灵活，大公司股利汇出有一定的原则，需要服从整个国际企业的战略需要。

8.4.3.2　特许权使用费和管理费

相对于股利汇出来说，特许权使用费和管理费作为资金内部转移方式对国际企业更为有利。特许权使用费和管理费可以被看作无形资产要素的转移价格，但无形资产要素与有形物质产品不同的是，它们往往很难有相应的市场价格作参考。因此，国际企业运用特许权使用费和管理费就更便于应对东道国税务机关的监督和检查。而对比股利汇出，当东道国的税率高于母国税率时，特许权使用费和管理费又有节税的好处。因为股利汇出必须在所得税缴纳之后，而各种费用可以作为税基的减项在所得税之前扣除，这与利息具有抵免所得税作用的道理相同。

8.4.3.3　提前与延迟结汇

国际企业内部资金转移的一个重要原因是公司内部存在商品的交换。母公司通过修改子公司间的信用期限以便提前与延迟结汇，这也是子公司间资金转移的一个重要手段。一般来说，提前结汇相当于把资金从买方子公司转移给卖方子公司，而延迟结汇相当于把资金从卖方转移到买方。从理论上讲，提前与延迟结汇可为跨国公司内部资金转移提供较大的灵活性。

8.4.3.4　多边冲销与再开票中心

（1）多边冲销

多边冲销（multilateral netting）是指多家子公司之间进行相互交易的账款抵消结算。多边冲销给跨国公司带来两方面的好处：

①收支冲销能降低资金的实际转移额。实际资金转移量的减少可以节省资金费用，包括外汇市场的买卖差价、资金转移过程中的机会成本以及银行收取的佣金等。

②多边冲销能促使国际企业加强内部管理。由于冲销一般是以固定汇率在确定的日期统一进行的，因此对跨国公司外汇风险管理和现金需求预测有迫切要求。同时，系统的冲销可使公司建立有规则的支付渠道和银行渠道，使公司本身的业务以及与银行的关系趋向牢固和稳定。

（2）再开票中心

许多建立冲销系统的国际企业发现，成立再开票中心（re-invoicing center）来处理公司内部交易是非常有用的。再开票中心是公司的一个资金经营子公司。在各子公司之间进行商品交换时，生产型子公司把货物卖给再开票中心，后者再转售（一般以稍高的价格）给销售型子公司，但实际上货物是直接由卖方子公司运到买方子公司的，并未经过再开票中心。因此，再开票中心处理的是文件，而不是实际货物。再开票中心一般设在低税率国家，即所谓避税港，该中心所获得的利润被以较低的税率征税。

多边冲销和再开票中心的建立可使公司迅速发现需要资金支持的子公司，并且能够通过提前与延迟支付向该子公司提供资金。不过，再开票中心的主要缺点是公司为建立这一中心要支付一定的额外费用。

8.4.3.5　内部贷款

对资金抽回管制较严的地区，国际企业一般可以采取内部信贷的方式转移资金，即以母公司或其他子公司向该地区贷款的方式供应资金，并按高利率收取利息，以便在短期内将资本调回本国。通过内部信贷的方式转移资金，其还可以利用不同地区间利率的高低差别，将低利率地区的资金调到高利率地区使用。一般来说，由地处利率较低地区的子公司在当地借款，然后将这笔资金贷给投资收益率较高或利率较高地区的子公司使用。

内部贷款的方式主要有直接贷款、背对背贷款和平行贷款。

（1）直接贷款

直接贷款（direct loan）是指国际企业的一个机构通过直接贷款的形式向另一机构提供信贷资金。直接贷款的利率即资金的转移价格。

（2）背对背贷款

为了防止外汇管制，国际企业可利用商业银行或其他金融机构做中介，以背对背贷款（back-to-back loan）的形式向子公司提供资金，即母公司或提供资金的子公司把资金存放在中介银行，银行把等值的资金以当地货币或母公司货币借给当地子公司。银行按协商好的利率对母公司的存款支付利息，借款子公司向银行支付利息。中介银行的利润来自这两个利息的差额。

（3）平行贷款

平行贷款（parallel loan）是指两个不同国家的国际企业，其各自拥有设在对方所在国的子公司，这两家公司分别贷给对方所在国的子公司以同等数量的贷款，而各子公司同时分别得到以所在国货币计算的同等数量资金的一种贷款方法。这样，资金没有跨越国界，各自的子公司在不受东道国外债管制及外汇管制的情况下，顺利地得到了所需要的资金，实现了不同国家之间的资金转移。贷款利息将通过合同规定，直接转移到两家跨国公司的母公司，两家子公司支付的贷款利息还可以作为纳税抵扣项。不过，如何找到交易的另一方是平行贷款中的难点。

8.4.3.6 转移定价

转移定价（transfer pricing）是国际企业以其全球战略为依据，在母公司与子公司之间以及各子公司之间进行产品、服务等交易时采取的内部价格。最初，转移定价是国际企业总部对下属单位业绩考评的一种手段。国际企业通过制定内部转移定价，明确产品或服务在内部转让时的结算、控制依据。随着国际企业的日益发展，下属单位的自主权不断扩大，为实现国际企业整体价值最大化，需要运用转移定价来保证资源在企业内部的最佳配置。在国际市场竞争激烈、生产与资本国际化进程不断加快的情况下，转移定价成为国际企业实现全球战略的重要策略。

转移定价的主要作用是：

（1）资金配置

在跨国经营的母子公司之间，生产经营的波动会导致资金的供求失衡。转移定价可以将资金从剩余的公司转移到短缺的公司，实现国际企业内部资金的供需平衡。如果母公司要从某国转出资金，它可以提高卖给该国子公司产品的价格；反之，母公司也可以通过低价出售给子公司产品的方式来为子公司提供资金。同样，资金的这种配置方式可通过调节子公司卖给母公司的产品价格以及各子公司之间的交易来实现。

【例8-1】某国际企业在A国设立了生产产品的子公司甲，在B国设立了销售产品的子公司乙。假设两国的企业所得税税率都是30%，乙公司最终销售产品的收入为600万欧元。转移定价对国际企业资金的影响见表8-1。

表8-1　　　　　　　转移定价对国际企业资金的影响　　　　　单位：万欧元

项　目	子公司甲（在A国）			子公司乙（在B国）			企业整体
	低价	高价	合理价	低价	高价	合理价	
营业收入	400	500	460	600	600	600	600
减：营业成本	(300)	(300)	(300)	(400)	(500)	(460)	(300)
经营费用	(30)	(30)	(30)	(20)	(20)	(20)	(50)
营业利润	70	170	130	180	80	120	250
减：企业所得税费用	(21)	(51)	(39)	(54)	(24)	(36)	(75)
净利润	49	119	91	126	56	84	175

（2）降低税负

这是国际企业在制定转移价格时考虑的一个主要问题。国际企业希望利用转移定价尽可能地减少有关主权国课征的税收（包括所得税和关税）。转移定价的所得税效应主要取决于各国所得税税率的差别。国际企业可利用转移定价把高税率国家子公司的利润转移到低税率国家的子公司，从而减少整个公司的纳税额。

从事进口货物的公司在经营中还必须缴纳进口关税，一般项目的关税是从价征收的。转移价格越高，关税税负越大；反之，则越小。为降低关税，通常跨国公司向设在高关税国家的子公司出口商品或服务时，制定较低的转移价格；反之，则制定较高的转移价格。事实上，关税因素的引入对所得税效应具有抵消作用。制定较低的转移价格，可以少交关税，但又使子公司进口商品成本较低，导致较高的所得税计税基础。如果制定较高的转移价格，虽可减少企业所得税的缴纳额，但要多缴关税。因此，要权衡两者的利弊得失来作出恰当的决策。

【例8-2】延续表8-1，假定A国的企业所得税税率为30%，B国的企业所得税税率为50%，B国子公司需要缴纳进口关税10%，关税是B国子公司营业成本的一部分。转移定价对子公司的影响见表8-2，对国际企业的综合影响见表8-3。

表 8-2　　　　　　　　　　转移定价对子公司的影响　　　　　　　　单位：万欧元

项　目	子公司甲（在A国）			子公司乙（在B国）					
				不考虑关税			考虑关税		
	低价	高价	合理价	低价	高价	合理价	低价	高价	合理价
营业收入	400	500	460	600	600	600	600	600	600
减：营业成本	(300)	(300)	(300)	(400)	(500)	(460)	(440)	(550)	(506)
经营费用	(30)	(30)	(30)	(20)	(20)	(20)	(20)	(20)	(20)
营业利润	70	170	130	180	80	120	140	30	74
减：企业所得税费用	(21)	(51)	(39)	(90)	(40)	(60)	(70)	(15)	(37)
净利润	49	119	91	90	40	60	70	15	37

表 8-3　　　　　　　　　　转移定价对国际企业的影响　　　　　　　　单位：万欧元

项　目	不考虑关税			考虑关税		
	低价	高价	合理价	低价	高价	合理价
营业收入	600	600	600	600	600	600
减：营业成本	(300)	(300)	(300)	(340)	(350)	(346)
经营费用	(50)	(50)	(50)	(50)	(50)	(50)
营业利润	250	250	250	210	200	204
减：企业所得税费用	(111)	(91)	(99)	(91)	(66)	(76)
净利润	139	159	151	119	134	128

（3）降低外汇风险和政治风险

转移定价可将在软货币国家的子公司货币资金转移到在硬货币国家的母公司或者子公司，以此避免或降低国际企业的外汇风险。如果子公司所在国对汇出资本有限制，或者出现国有化风险、政治风险，则利用转移定价是国际企业转移资金、规避风险可考虑的手段。

值得注意的是，国际企业运用转移价格的范围不仅局限于商品的内部贸易，也适用于费用支付、资金借贷和资产租赁等方面。提高使用费、服务费和管理费的收费标准，提高贷款利息率或者租金率，可以实现资金的转移。

国际企业在运用转移定价来实现其战略目标时，还需要考虑控制权和内部市场方面存在的限制条件：

第一，控制权。转移定价的运用对有关子公司的利益会产生有利或不利影响。如果母公司无法对子公司的生产经营和重大财务决策施加影响，不能有效控制子公司，则转移定价将无法得到实施。母公司对子公司的控制权越大，进行转移定价的可能性就越大。

第二，内部市场。这是指母公司和子公司之间以及各子公司之间形成的交易市场。国际企业建立起完善的内部市场是有效运用转移定价的重要条件。为了避免受到有关国家的限制，国际企业应注意交易商品的特殊化，增加内部市场商品与外部市场商品的不可比性，获取实施转移定价的机会。

8.4.4 资金冻结条件下的资金转移策略

一国政府在遇到外汇短缺而又不能通过借债或吸引外国投资获得资金时，就会限制外汇从该国流出。在多数情况下，政府对股利、贷款偿还、特许权使用费和管理费的金额与汇出时机进行限制。因此，解冻被冻结的资金并加以有效利用是跨国公司区别于国内企业的一项特殊工作。投资后的解冻策略主要包括：

（1）汇出冻结资金

在东道国实行外汇管制，子公司资金被冻结时，跨国公司仍可采取直接或间接方法把资金部分地转移出来。直接转移渠道有转移定价调整、特许权使用费和管理费、提前或延迟结汇以及支付股利等；间接转移渠道包括平行贷款或背对背贷款、为向外转移资金购买商品、为整个公司范围内的使用而购买资本商品和当地的服务、进行研究和开发工作，以及举行公司大会、度假等消费性活动。

（2）冻结资金保值

如果跨国公司在采取上述方法进行资金转移后，尚有相当多的现金无法汇出，跨国公司就只能考虑将资金用于当地的长期投资或短期投资。长期投资包括固定资产投资、现行业务的扩展和新业务的开发；短期投资包括购买当地证券、购买当地生产的存货和购买进口的存货。

素养园地

美的跨国并购库卡

在当今全球经济一体化的趋势下，许多企业积极实施"走出去"战略。通过海外跨国并购，我国企业可以获取国外企业先进的专利技术和管理经验，增强企业自身的竞争力，以此来完成企业的转型升级，进一步提升企业的海外知名度。2016年5月18日，美的集团公告正式确认并对外宣布全面收购库卡（KUKA）公司，收购价为每股115欧元，预计交易对价最高不超过40亿欧元，约合人民币292亿元。美的集团看中的不是库卡公司的盈利能力，而是技术水平和研发实力，这些正是美的集团目前所缺少的能力。从初步入股全球机器人公司"四大家族"之一的库卡，到2017年完成对库卡的收购要约，再到2022年第四季度完成全面收购并私有化，美的集团探索了一条"中国制造2025"对接"德国工业4.0"的独特路径。

企业跨国并购存在的财务风险如下：

1. 融资风险

企业跨国并购的融资风险是指企业在完成并购之前是否融得并购时应该支付的资金。我国股票和债券市场发展还不是很完善，所以企业外部融资会产生较高的风险。企业融资包括内部融资和外部融资。

2. 支付风险

海外跨国并购中支付方式的选择是一个特别重要的环节，对跨国并购是否成功起着不可或缺的作用。企业跨国并购的支付风险是指采用不同的支付方式而面临的财务风险，我国企业跨国并购采用的支付方式主要包括现金支付、股权支付和混合支付。

3. 外汇风险

外汇风险是指在一定时期的国际交易中，以外币计价的资产与负债，由于汇率的波动而引起其价值变动的可能性。跨国并购是在不同国家发生的交易，需要考虑汇率的变动，被并购企业的股价也会随汇率的波动而发生改变。我国企业跨国并购或者从国际借入外币都会受到汇率的影响。如果被并购国家货币升值，我国企业跨国并购就需要支付更多的现金来完成收购。如果从国际银行借款，汇率增长，那么偿付的本金和利息也会随之增长。我国企业要求使用人民币制定财务报表，在被收购企业会计报表转换成我国企业财务报表时，汇率的波动会造成很大的不便，增大会计人员的工作难度，同时带来很大的转换风险。

4.整合风险

整合风险是指企业并购成功后因管理、人事、财务等方面的不同而产生的风险，包括企业的财务结构调整、人事变动调整、不同的文化差异以及运营方式的整合等。美的集团和库卡公司因地域不同，很多方面也产生了差异：美的集团作为我国家电企业的代表之一，生产的家电更加符合当代人们生活的需求；库卡作为机器人方面的领军人物，注重的是创新和发展，是在人们基本需求之上的一种科技。二者在发展战略上有很大差异。美的集团和库卡公司位于亚、欧两个大洲，文化上存在很大差异，运营方式上也会有所不同，管理层的决议也会产生矛盾。在财务结构上两国采用不同的会计准则，在后期整合方面如果不能够统一会造成很大的财务风险。

资料来源 王雪，闫禹. 我国企业跨国并购财务风险问题研究——以美的跨国并购库卡为例 [J]. 现代商业，2024（1）：177-180.

本章小结

本章阐述了在全新的国际财务管理环境中，国际企业应如何进行混合货币资金的筹集、运用与分配，以实现整个企业的价值最大化；重点分析了外汇风险管理、国际筹资管理和国际企业内部资金转移管理等内容。国际企业应根据实际情况，在集权模式和分权模式之间恰当配置财务管理决策权。外汇管理与财务管理的紧密结合是国际财务管理的基本特点。国际企业需要对影响企业的交易风险、折算风险和经济风险进行控制。在国际筹资风险管理中，常用的金融工具包括利率互换、货币互换、利率期货、利率期权等。国际企业内部资金转移的手段包括股利汇出、特许权使用费和管理费、提前与延迟结汇、多边冲销与再开票中心、内部贷款、转移定价等。

关键术语

外汇风险（foreign exchange risk） 交易风险（transaction exposure）
折算风险（translation exposure） 经济风险（economic exposure） 利率
互换（interest rate swap） 货币互换（currency swap） 再开票中心（re-invoicing center） 背对背贷款（back-to-back loan） 平行贷款（parallel

loan） 转移定价（transfer pricing）

即测即评

第8章在线测试题

复习与思考

1. 与国内财务管理相比，国际财务管理有哪些新的机遇和风险？

2. 国际企业的国际财务管理组织可采取何种模式？原因是什么？

3. 什么是外汇风险？形成外汇风险的因素有哪些？

4. 什么是交易风险、折算风险和经济风险？三者有什么不同？

5. 在国际筹资风险管理中，主要的金融工具有哪些？

6. 举例说明如何防范经济风险。

7. 国际企业采用股利汇出方式进行内部资金转移管理时应考虑的因素有哪些？

8. 跨国企业内部贷款的主要方式有何不同？

案例分析

人民币汇率呈现波动回升态势

2023年，人民币汇率波动起伏较大，年内经历了较长时间的贬值阶段，在岸和离岸汇率一度跌破7.35，创近15年来最低水平。11月下旬以来，人民币汇率逐渐企稳回升。年内汇率波动与国内外经济金融形势动态演变有关。2024年随着国内经济复苏动能增强，美联储停止加息周期，对人民币汇率有利的国内外因素将更多显现，人民币汇率有望延续回升态势。

年内人民币汇率双向波动特点明显，呈现先升后贬再升的特点。从人民币对美元即期汇率走势看，截至 2023 年 11 月 24 日，人民币年内贬值幅度为 3.5%。具体分阶段来看，2023 年人民币汇率走势可以被划分为 5 个阶段：

第一阶段是防疫政策放松下的汇率升值期。该阶段实际上最早始于 2022 年 11 月初。2022 年年底，我国全面优化疫情防控措施，推出多项稳定经济增长的刺激政策。在相关政策利好带动下，市场对我国经济加快复苏的信心增强，人民币汇率由年初的 6.9050 升至 2 月 2 日的 6.7221，此阶段升值幅度为 2.7%。

第二阶段是美联储持续加息下的汇率回调期。受美联储在 2023 年 2 月和 3 月连续加息影响，中美利差走阔，我国跨境资本流入放缓，人民币汇率在 3 月 8 日贬至 6.9706，此阶段贬值幅度为 3.6%。

第三阶段是欧美银行业流动性风险和美国政府债务上限博弈阶段下的汇率区间波动期。2023 年 3 月 11 日，美国硅谷银行突然宣布倒闭，恐慌情绪迅速笼罩华尔街，引发储户挤兑等风险，导致美国中小银行爆发流动性危机，市场对美国经济走势和爆发金融危机的担忧加剧，推动美元指数回调。之后虽然在美联储和美国联邦存款保险公司（FDIC）快速采取的稳定措施影响下，银行业流动性风险逐渐得到缓解；但进入 5 月，美国政府债务上限问题逐渐发酵，对美债违约和美国经济衰退的担忧再度升温。与此同时，国内经济下行压力逐渐凸显，经济复苏不及预期，导致此阶段人民币汇率主要呈现区间波动，2023 年 3 月 8 日至 5 月 10 日，人民币汇率整体在 6.8289～6.9706 区间波动。

第四阶段是国内经济增长压力加大下的汇率回调期。在此阶段，国内部分经济指标逐步回落，房地产、信托等领域风险有所凸显，导致市场情绪快速变化，汇率波动幅度加大，人民币即期汇率从 2023 年 5 月 10 日的 6.9229 贬至 11 月 1 日的 7.3187，此阶段贬值幅度为 5.4%。

第五阶段是美联储加息预期回落下的汇率企稳期。进入 2023 年 11 月，美国经济下行压力加快显现，劳动力市场开始降温，零售和食品服务销售额环比增速由正转负，私人消费对美国经济的带动作用减弱，使得美联储加息预期降温，美债收益率和美元指数逐渐回落，对人民币汇率的制约减弱。另一方面，我国财政货币政策持续加码，国内经济复苏势头逐渐向好，经济内生动力有所增强，推动人民币汇率反弹。2023 年 11 月 24 日，人民币即期汇率升至 7.1529。

从汇率走势看，人民币汇率有涨有跌是正常现象，目前处于新一轮升值周期的起步阶段。短期内人民币汇率可能有所波动，但不会偏离升值的大趋势。人民币汇率具有坚实的稳定基础，无论是从外汇储备规模、国内外经济相对增速、经济增长潜力、跨境资本流动形势还是健全的宏观审慎政策工具体系等角度看，人民币汇率均具备企稳回升的基础，这在过去几轮汇率波动中表现得非常明显。对此，我们应有清醒的认识，市场主体应树立"风险中性"理念，合理利用金融衍生品工具和人民币计价结算体系降低汇率波动风险。

资料来源　王有鑫，徐扬. 2023年人民币汇率波动特点、原因及后市研判 [J]. 中国货币市场，2023（12）：43-48.

问题：

（1）分析汇率双向波动常态化对于企业的经营管理方面会产生怎样的影响？

（2）针对汇率双向波动常态化对企业的影响，企业可以采用哪些金融工具来尽量减少筹资风险？

主要参考文献

[1] 马述忠，濮方清，潘钢健，等. 数字贸易学 [M]. 北京：中国人民大学出版社，2024.

[2] 陈荣秋，马士华. 生产与运作管理 [M]. 5版. 北京：高等教育出版社，2021.

[3] 赵曙明. 国际人力资源管理 [M]. 6版. 南京：南京大学出版社，2021.

[4] 雅各布斯，蔡斯. 运营管理 [M]. 苏强，霍佳震，邱灿华，译. 15版. 北京：机械工业出版社，2020.

[5] 夏乐书，李琳. 国际财务管理 [M]. 5版. 大连：东北财经大学出版社，2020.

[6] 薛荣久. 国际贸易 [M]. 7版. 北京：对外经济贸易大学出版社，2020.

[7] 刘淑莲. 财务管理 [M]. 5版. 大连：东北财经大学出版社，2019.

[8] 陈晓萍. 跨文化管理 [M]. 3版. 北京：清华大学出版社，2016.

[9] 卢森斯，多. 国际企业管理——文化、战略与行为 [M]. 周路路，赵曙明，等译. 8版. 北京：机械工业出版社，2015.

[10] 菲茨西蒙斯 J A，菲茨西蒙斯 M J，波多罗伊. 服务管理——运作、战略与信息技术 [M]. 张金成，范秀成，杨坤，译. 北京：机械工业出版社，2015.

[11] 金润圭. 国际企业管理 [M]. 3版. 北京：中国人民大学出版社，2015.

[12] 马杜拉. 国际财务管理 [M]. 张俊瑞，郭慧婷，王鹏，主译. 11版. 北京：北京大学出版社，2014.

[13] 程立茹，周煊. 国际企业管理 [M]. 北京：对外经济贸易大学出版社，2013.

[14] 特朗皮纳斯，特纳．跨文化人员管理［M］．刘现伟，译．北京：经济管理出版社，2011.

[15] 谭力文，吴先明．国际企业管理［M］．3版．武汉：武汉大学出版社，2009.

[16] 曹洪军．国际企业管理［M］．北京：科学出版社，2008.

[17] 胡曙光，门淑莲，张帆．国际经济学［M］．2版．大连：东北财经大学出版社，2007.

[18] 靳志宏，关志民．运营管理［M］．北京：机械工业出版社，2007.

[19] 方虹．国际企业管理［M］．北京：首都经济贸易大学出版社，2006.

[20] 巴特勒．跨国财务［M］．赵银德，张华，译．北京：机械工业出版社，2005.

[21] 盖泽，富兰泽尔．运营管理［M］．刘庆林，等译．9版．北京：人民邮电出版社，2005.

[22] 娄岩．联想与IBM的姻缘际会［M］．北京：中国纺织出版社，2005.

[23] 马春光．国际企业管理［M］．北京：对外经济贸易大学出版社，2005.

[24] 唐锐涛，劳双恩，等．智威汤逊的智［M］．北京：机械工业出版社，2005.

[25] 卒约哥．商业制胜之印度尼西亚［M］．杨磊，译．北京：中国水利水电出版社，2004.

[26] 戴维斯，阿奎拉诺，蔡斯．运营管理基础［M］．汪蓉，等译．4版．北京：机械工业出版社，2004.

[27] 刘俊心，李靖，张建庆．企业文化学——现代经营管理制胜宝典［M］．天津：天津大学出版社，2004.

[28] 洛德．商业制胜之德国［M］．陈子慕，颜竹，译．北京：中国水利水电出版社，2004.

[29] 马春光．国际企业跨文化管理［M］．北京：对外经济贸易大学出版社，2004.

[30] 托巴兹，麦克格雷戈．商业制胜之泰国［M］．李清清，徐树祥，译．北京：中国水利水电出版社，2004.

[31] 马春光．国际企业经营与管理［M］．北京：中国对外经济贸易出

版社，2002.

[32] 乔恩特，华纳. 跨文化管理 [M]. 卢长怀，孙红英，杨洁，译. 大连：东北财经大学出版社，1999.

[33] 小岛清. 对外贸易论 [M]. 周保廉，译. 天津：南开大学出版社，1987.

[34] LEWIS R D. When cultures collide [M]. London: Nicholas Brealey Publishing, 1996.

[35] BRISLIN R, YOSHIDA T. Intercultural communication training: An introduction [M]. Thousand Oaks: Sage, 1994.

[36] ROOT F R. Entry strategies for international markets [M]. London: Lexington Books, 1994.

[37] TROMPENAARS F, HAMPDEN-TURNER C. Riding the waves of culture: Understanding diversity in global business [M]. New York: Irwin, 1994.

[38] IWAO S. The Japanese women: Traditional image and changing reality [M]. New York: Free Press, 1993.

[39] BARRY D. Dave Barry does Japan [M]. New York: Random House, 1992.

[40] ARGYLE M. Bodily communication [M]. 2nd ed. London: Methuen, 1988.

[41] HALL E. Beyond culture [M]. New York: Anchor Books, 1977.

[42] HYMER S H. The international operations of national firms: A study of direct foreign investment [M]. Cambridge, MA: MIT Press, 1976.

[43] HOLTGRAVES T. Styles of language use: Individual and cultural variability in conversational indirectness [J]. Journal of Personality and Social Psychology, 1997, 73 (3): 624-637.

[44] WELLS L T, Jr. The product life cycle and international trade [D]. Cambridge, MA: Division of Research, Graduate School of Business Administration, Harvard University, 1972.